"十四五"国家重点出版物出版规划项目

中国水电移民安置实践与管理创新丛书

乌江流域卷

主 编 黄 谨
副主编 倪 剑 李湘峰 尹忠武

·北京·

内 容 提 要

本书为《中国水电移民安置实践与管理创新丛书》分卷之一，回顾了贵州省乌江流域水电移民安置规划与实施、安置政策、管理模式等发展历程，从尊重历史的角度，总结和提炼了乌江流域各阶段水电移民安置实践、管理经验和创新成果，展现了乌江流域水电移民安置取得的良好实施效果，并对新形势下移民安置工作前景进行了展望，具有较强的理论性和技术指导性。

本书可为从事水电工程建设征地移民安置工作相关人员提供借鉴，也可作为大专院校相关专业师生的参考书。

图书在版编目（CIP）数据

中国水电移民安置实践与管理创新丛书. 乌江流域卷 / 黄谨主编. -- 北京 : 中国水利水电出版社, 2025. 3.
ISBN 978-7-5226-3204-9

Ⅰ. D632.4

中国国家版本馆CIP数据核字第2025860CP3号

书　　名	中国水电移民安置实践与管理创新丛书 **乌江流域卷** WU JIANG LIUYU JUAN
作　　者	主　编　黄　谨 副主编　倪　剑　李湘峰　尹忠武
出版发行	中国水利水电出版社 （北京市海淀区玉渊潭南路1号D座　100038） 网址：www.waterpub.com.cn E-mail：sales@mwr.gov.cn 电话：（010）68545888（营销中心）
经　　售	北京科水图书销售有限公司 电话：（010）68545874、63202643 全国各地新华书店和相关出版物销售网点
排　　版	中国水利水电出版社微机排版中心
印　　刷	北京印匠彩色印刷有限公司
规　　格	184mm×260mm　16开本　13.75印张　335千字
版　　次	2025年3月第1版　2025年3月第1次印刷
印　　数	0001—1000册
定　　价	**120.00元**

凡购买我社图书，如有缺页、倒页、脱页的，本社营销中心负责调换

版权所有·侵权必究

《中国水电移民安置实践与管理创新丛书》编委会

主　编　郭万侦

副主编　李湘峰　尹忠武　黄　谨　朱兆才　辛乾龙　刘　昊　杨　洲

顾　问　龚和平　潘尚兴　王春云　钟广宇　向伟益　王祝安　李红远

编写人员

水电水利规划设计总院：
吴立恒　刘文胜

中国电建集团西北勘测设计研究院有限公司：
王雪双　杨丽洁　邓俊峰　丁世杰

中国电建集团中南勘测设计研究院有限公司：
魏　鹏　段小芳　何治德　孙向宇　刘　慧

中国电建集团成都勘测设计研究院有限公司：
何生兵　邹　正　徐开寿　余　波

中国电建集团昆明勘测设计研究院有限公司：
唐良霁　杨海青　韩江江

中国电建集团贵阳勘测设计研究院有限公司：
倪　剑　周现富　吴旭鹏

长江设计集团有限公司：
李文军　杨荣华　冯秋生

中国长江三峡集团公司移民工作局：
姚英平　张国平

黄河上游水电开发有限责任公司：
李建青

五凌电力有限公司：
赵迪华　徐恒建

国能大渡河流域水电开发有限公司：
熊　强

华能澜沧江水电股份有限公司：
鲜恩伟　张国栋

贵州乌江水电开发有限责任公司：
吉智勇

《乌江流域卷》编委会

主　　编　黄　谨

副 主 编　倪　剑　李湘峰　尹忠武

顾　　问　郭万侦　吴旭鹏　陈绍军　樊　胜
　　　　　吴立恒　刘文胜　杨宝银　付　征

编写人员　第1章　周现富　陈建峰　金　肖
　　　　　第2章　陈建峰　冯秋生　吉智勇
　　　　　第3章　周现富　严云才　费　畅
　　　　　第4章　张华山　张丙文　李湘峰
　　　　　第5章　杨荣华　韩振燕　许　联
　　　　　第6章　李湘峰　周现富　谢骠仕
　　　　　第7章　周现富　张华山　韩振燕

编写单位　中国电建集团贵阳勘测设计研究院有限公司
　　　　　水电水利规划设计总院
　　　　　贵州乌江水电开发有限责任公司
　　　　　长江设计集团有限公司
　　　　　河海大学

丛书序一

水电不仅可以生产大量绿色低碳电量，而且具有灵活的调节作用和储能能力。目前我国电力系统大规模高比例的新能源发展，对水电提出了新的发展要求，也为水电提供了新的发展机遇，水电将为电力系统安全稳定运行和新能源电力消纳贡献不可替代的力量，未来可发展空间仍然巨大。移民安置是水电开发的重要组成部分。自中华人民共和国成立以来，我国水电开发取得了举世瞩目的成就，同时也产生了大规模的移民。为了妥善安置水电移民，党和国家制定了一系列方针政策，保障了移民群众的合法权益，有力推动了我国水电事业发展。伴随着我国经济社会和水电事业的发展，移民安置也经历了从无到有，从摸索中起步，在实践中发展，到如今政策成体系、规划成系列、管理有规章。水电移民在实践中创新，在创新中发展。这些实践创新和管理的经验是我国水电事业的宝贵财富，值得认真研究总结。

水电水利规划设计总院组织全国主要水电设计单位、流域开发业主单位联合编撰的《中国水电移民安置实践与管理创新丛书》，通过大量的数据收集、案例整理、分析总结等工作，全面分析回顾了我国水电移民安置总体情况和演进历程，梳理解析了国家和水电大省的移民安置政策，总结了我国水电移民安置实践经验、移民安置各阶段工作管理和创新情况及安置效果，并结合新时期党中央、国务院的新政策、新精神，对未来水电工程移民安置管理与创新的前景进行了展望。书中包含的大量中国水电移民数据资料、典型案例、大事记和主要人物是我国水电移民安置领域第一手的宝贵资料，具有非常重要的历史价值和借鉴意义。未来，随着我国水电开发的进一步深化，以及步入国际市场，需要业界不断总结、实践、创新，做好移民安置工作，分享移民安置工作新思路和新经验，努力传播我国水电移民工作理念，促进中国水电管理技术和管理经验走向世界。

中国工程院院士 张宗亮

2024 年 6 月

丛书序二

水电是国民经济的重要能源基础设施，也是主要的电力品种。水电开发在我国能源发展战略中具有极其重要的地位。水电事业自中华人民共和国成立后特别是改革开放以来，取得了长足发展，规划设计、开发建设、设备制造、技术创新和运行管理等成就举世瞩目，水电装机容量2004年突破1亿kW大关，跃居世界第一并持续增长。截至2021年年底，水电总装机容量已达3.9亿kW，年发电量1.34万亿kW·h，水电成为推进能源绿色低碳转型、实施可再生能源替代行动的重要力量。中国水电改革创新发展的伟大实践，铸造了雄厚的科技和管理综合实力。中国水电已成为名副其实的中国创造和国之重器，并成为"一带一路"建设的亮丽名片。

水电工程拦河筑坝、蓄水发电不可避免要征（占）用土地，产生移民。移民安置是水电建设必须面对并需要妥善解决的问题，也是推进水电有序开发的关键内容。经统计全国180座大型水电工程、506座中型水电工程的移民人数，总计约732万人。老水电工程的水库移民遗留问题，经多年扶持并结合扶贫攻坚，已基本解决；新建水电工程执行当期政策移民也已得到妥善安置。中国水电移民安置工作经历了政策法规从无到有、管理机构职能不断加强、配套政策不断完善、监管机制不断健全、移民安置不断规范、后期扶持不断强化的发展历程，为促进地方社会经济发展和移民脱贫致富，乃至加快全面建成小康社会进程作出了重要贡献。可以说，中国已经较好地解决了水电工程的移民问题，并积累了丰富经验。总结我国水电建设的先进技术、原创成果和管理经验，移民安置工作一马当先。

自2016年起，水电水利规划设计总院组织中国电建集团西北、中南、成都、昆明、贵阳等勘测设计研究院有限公司，长江设计集团有限公司，以及黄河上游水电开发有限责任公司、五凌电力有限公司、国能大渡河流域水电开发有限公司、华能澜沧江水电股份有限公司、贵州乌江水电开发有限责任公司、中国长江三峡集团公司移民工作局等单位，组建编写委员会，多次组织召开集中办公会，全力推进《中国水电移民安置实践与管理创新丛书》编纂工作。在编纂过程中，水电水利规划设计总院组织对全国水电工程移民数据、大事件、主要任务进行了收集整理和复核，对移民安置总体情况进行了梳理；以重要标志性文件和重大政策时间节点为划分依据，将移民安置演进历程分为移民安置滥觞期、移民安置探索期、移民安置发展期、移民安置完善期四个时期，对各个时期的移民规划设计、移民安置政策、移民工作管理模式进行了回顾，结合典型案例详细阐述了移民安置实施效果，总结了不同时期的移民安置实践经验和理论创新，并对移民行业发展的可持续、走出去及最新技术的应用等进行了展望。该丛书可以说是当前中国水电移民安置领域的扛鼎之作，包含了很多第一手的珍贵历史资料和移民大事件经历者、见证者的口述整理资料，对水电移民领域相关的政府部门和企事业单位人员、相关专业大专院校师生以及所有关注水电移民的读者来说，都会是一套值得借鉴参考的好书。

水电水利规划设计总院原院长

2024 年 6 月

丛书前言

能源是经济社会发展的基础和动力源泉。实现碳达峰碳中和战略目标，能源电力领域绿色低碳发展是关键核心，大力发展可再生能源是重要举措。水电在可再生能源发展中具有不可或缺的重要地位，是能源转型发展的重要支撑。随着我国能源转型、低碳高质量发展进程的逐步推进，水电除了其自身具有的可再生能源发电的传统意义之外，其优秀的调节能力将与新能源形成有效的整体，通过电网给用户带来真正低碳、经济、可靠的电能。

我国是世界上水能资源丰富的国家，我国的水电发展经历了由小到大、由弱到强的历程。中华人民共和国成立后特别是改革开放以来，随着经济社会发展的需要，国家加快了水电工程建设的步伐，一些重大工程相继建成，水电建设迅猛发展，技术日新月异。从2004年起，我国水电装机容量已居世界第一，我国已从水电弱国发展成为世界水电大国和水电强国，未来还将继续进一步重视和加快水电工程的投入和建设。水电在我国实现碳达峰碳中和战略目标、构建新型电力系统的实施路径上占据重要地位，能够为大力发展新能源保驾护航。《国务院关于印发2030年前碳达峰行动方案的通知》（国发〔2021〕23号）指出"因地制宜开发水电。积极推进水电基地建设，推动金沙江上游、澜沧江上游、雅砻江中游、黄河上游等已纳入规划、符合生态环保要求的水电项目开工建设，推进雅鲁藏布江下游水电开发""'十四五'、'十五五'期间分别新增水电装机容量4000万千瓦左右，西南地区以水电为主的可再生能源体系基本建立。"水电作为优质清洁的可再生能源，将在国家能源安全战略中占据重要的地位。

和其他基础设施建设一样，水电工程的建设不可避免地会涉及征收土地、复建基础设施和搬迁移民。为了蓄洪补枯、蓄水蓄能，需要在河流上修筑大坝，抬高坝上游的水位，形成水库。通常，坝越高、库容越大，淹没面积越大，征地移民数量越多。由于农村移民失去了赖以生存的耕地等生产资料，需要进行安置，并对失去的土地等资源进行合理补偿，使被征地农民得以恢复其生活水平。征地移民安置是水电工程建设的重要组成部分，安置效果直接关系到工程建设的顺利推进、效益发挥乃至社会稳定。协调好水电工程建设规模，妥善安置因水电开发而产生的移民，是我国水电开发中的关键问题之一。伴随着中国水电开发建设历程，移民安置工作与时俱进、日新月异，总结我国水电建设的先进技术、原创成果和管理经验，水库移民安置工作一马当先。

当前，党中央提出的"一带一路"倡议是我国在新的历史条件下实行全方位对外开放的重大举措，是推行互利共赢的重要平台，推进"一带一路"建设将开创我国对外开放的新格局。中国水电在扩大国内市场的同时，也在积极走向国际市场。据统计，目前我国已与80多个国家建立了水电规划、建设和投资的长期合作关系，占有国际水电市场50％以上的份额，我国已逐步成为引领和推动世界水电发展的主要力量。中国水电正在完成从"融入"到"引领"的历史性转变，并将在落实"一带一路"倡议中发挥积极的、不可替代的作用。"引领"世界水电发展，亟须加强我国水电技术和管理的国际化研究，助力中国水电走出去。

基于上述契机及形势要求，总结我国水电移民安置实践与管理工作的先进经验及成果，打造立足水电移民安置科技前沿、传播水电移民安置高端知识、反映水电移民安置科技实力和管理理念的精品力作，为开发建设和谐水电提供技术支撑和保障。自2016年起，水电水利规划设计总院组织全国主要水电设计单位、流域水电开发业主单位启动开展《中国水电移民安置实践与管理创新丛书》编纂工作；2017—2019年，完成调研、资料收集和初稿编纂工作；2020—2022年，虽受疫情影响，但通过视频会议、编写组内部整理、人物访谈等方式完善初稿内容，对案例、大事件、政策文件等清单内容做了进一步的修改和完善；2023年，完成最终稿。

《中国水电移民安置实践与管理创新丛书》（简称《移民丛书》）包括综合卷，以及我国目前水电建设开发程度较高的黄河流域、乌江流域、沅江流域、大渡河流域、澜沧江流域、长江干流及金沙江下游流域等6个流域分卷。《移民丛书》总结了我国及典型流域水电资源概况和水电开发、建设及规划情况，收集了截至2022年7月30日全国已投产发电的686座大中型水电站移民安置相关资料，归纳了自中华人民共和国成立以来的移民安置工作总体情况和演进历程；梳理了不同时期移民补偿政策、安置政策、管理政策，总结了不同时期开发建设管理、实施管理、设计咨询管理、监督评估管理制度及其特点；评价了社会效益、经济效益、移民利益保障、生活水平恢复等移民安置实施效果；概括了规划设计、安置实施、管理模式等实践创新经验；从研究探索新形势下的水电移民工作管理机制、开展移民安置政策深化研究、完善全生命周期技术标准体系、推动移民专业信息平台建设与运用工作、加强行业和国际交流合作、拓展未来市场等方面进行了展望。《移民丛书》还从主要政策、主要大事件、主要人物、主要案例方面全面梳理了自中华人民共和国成立以来对水电移民安置工作有重大影响和具有史料价值的事件并列出清单。《移民丛书》对于总结我国水电移民安置实践经验、移民安置各阶段工作管理及创新情况，传播我国水电移民工作理念，促进中国水电移民管理技术走向世界，具有重要意义。

《移民丛书》主编单位为水电水利规划设计总院，参编单位包括中国电建集团西北、中南、成都、昆明、贵阳等勘测设计研究院有限公司，以及长江设计集团有限公司、中国长江三峡集团公司移民工作局、黄河上游水电开发有限责任公司、五凌电力有限公司、国能大渡河流域水电开发有限公司、华能澜沧江水电股份有限公司、贵州乌江水电开发有限责任公司等单位，各单位均安排了熟悉移民工作、经验丰富的技术带头人和专业技术骨干力量组成编写组。

《移民丛书》是对中国水电工程建设征地移民安置工作的总结和思考，具有原创性、科学性、权威性、指导性和实用性，可作为从事水电工程建设征地移民安置规划设计、综合监理、独立评估工作的工程技术人员和科研技术人员，地方政府工作人员、项目业主、从事移民安置工作的管理人员，相关专业大专院校师生以及社会热心人士的工作指导用书和科普丛书。在丛书编纂过程中，编写组各成员单位大力支持，齐心协力，高质量、高要求、高水平地完成了丛书编纂工作，在此谨向上述各相关单位表示诚挚的敬意和由衷的感谢！

丛书编委会
2024 年 6 月

前 言

乌江是长江上游右岸最大的一级支流，南源三岔河发源于贵州省乌蒙山东麓的香炉山花鱼洞，北源六冲河发源于贵州省赫章县，流经贵州省和重庆市，于重庆市涪陵区汇入长江，全长1037km，总落差为2124m，流域面积为87920km^2，多年平均流量为1690m^3/s。

乌江流域梯级电站滚动开发开创了全国流域开发的先河，是国家实施"流域、梯级、滚动、综合"的第一个案例。它是优化资源配置，带动西部经济发展，保障经济社会全面、协调可持续发展的大型骨干水利工程，在推动西部大开发，实现"西电东送"战略中占有举足轻重的地位。这些电站的建设在保障区域能源安全，促进区域经济、社会与环境协调方面都发挥着重要作用。

20世纪50年代，为开发乌江干流丰富的水力资源，国家就开始对乌江进行了干流规划、地质勘测及经济战略研究。1988年，贵州省人民政府组建乌江水电开发公司筹备处，拉开了乌江流域梯级滚动开发的序幕。1985—1992年，《乌江干流规划报告》《乌江流域综合利用规划》《乌江干流沿岸经济综合开发战略研究报告》《乌江干流沿岸地区国土规划综合报告》等多项报告先后编制完成，最终确定了乌江干流水能资源开发以发电为主，其次为航运，兼顾防洪、灌溉等任务，按普定、引子渡、洪家渡、东风、索风营、乌江渡、构皮滩、思林、沙沱、彭水和银盘11个梯级电站开发的开发方案。除彭水和银盘两座水电站位于重庆市外，其余水电站均在贵州省境内。20世纪70年代开始，贵州省对乌江干流进行开发，90年代，乌江干流的开发速度逐渐加快。至2013年，乌江干流贵州省境内水电站开发已全部完成，乌江流域水电站开发已基本完毕。乌江干流开发已投产发电的电站有：乌江渡水电站一期工程于1982年投产发电，扩机工程于2004年发电；普定水电站于1994年发电；东风水电站于1995年发电；引子渡水电站于2004年发电；洪家渡水电站于2005年发电；索风营水电站于2005年发电；彭水水电站于2007年发电；构皮滩水电站于2009年发电；思林水电站于2009年发电；银盘水电站于2011年竣工；沙沱水电站于2013年投产发电。

水电工程建设征地移民安置是水电工程建设的重要组成部分。水电工程项目建设不可避免地涉及大量的土地征收（用）和拆迁，形成大量的水电移民，由此产生艰巨的水库移民安置任务。从历史经验来看，水电项目建设给水库移民带来了不少的经济和社会负面影响，在一定程度上让他们承担了水电项目建设带来的经济和社会成本。水电移民安置工作面临着政治、经济、环境、社会等多方面的风险，因此，移民安置效果不仅直接影响着移民未来的生产和生活，也对区域社会的稳定、移民的可持续发展以及电站的正常运营有着直接或间接的影响。

乌江流域水电移民安置工作是乌江流域梯级电站建设的重要组成部分，也是工程建设的重点和难点。自最早乌江渡水电站移民工作开始以来，贵州省委、省人民政府凝聚民心，整合力量，破解"难移民"和"移民难"问题，强力推进乌江流域水电移民搬迁安置工作，逐步形成了"政府领导，分级负责，县为基础，项目法人参与"的管理体制，始终坚持以人为本、心系移民的工作思路，保证移民资金投入和移民安居乐业。移民搬迁后住房及生活条件明显提高，同时通过大量移民资金改善了移民的水、电、路、文、教、卫等基础设施条件，带动了库区建材、运输、服务等行业，推动了库区经济迅速发展，保证了移民的稳定幸福。由于乌江梯级水电站开发时间跨度大，与移民相关的政策规范在不断修改完善，贵州省对水电移民的安置管理模式也在不断发展与创新，"大分散、小集中""移民长期补偿""城镇化移民""专业复建项目返包""以奖代补—度汛促搬迁"等一系列移民工作机制在乌江流域移民工作中都得到了成功探索和实践。

至2013年，乌江干流贵州省境内的水电站开发已全部完成，对乌江流域特别是贵州省各时期、各阶段移民安置实践经验、移民安置阶段划分和工作管理及创新情况进行回顾和总结，既有利于解决乌江流域水电开发中移民安置的遗留问题，又可为我国其他流域水电开发项目建设中移民工作的完善提供经验和借鉴。

本书是《中国水电移民安置实践与管理创新丛书》分卷之一。内容共分为7章，分别为流域水能开发与经济社会发展、移民安置规划与实施、移民安置政策、移民管理模式、移民安置实施效果、实践与创新、展望。本书首先总体论述了乌江流域水电资源和水能开发的情况，总结了乌江流域水能开发与当地社会经济的关系；其次，对移民安置的总体情况和工作历程进行介绍，根据水电移民阶段划分，梳理出不同时期移民安置规划及实施情况，归纳移民安置工作的特点；再次，对移民安置政策、工作管理等移民工作进行回顾，总体论述贵州省开展乌江流域水电工程移民工作取得的成就；然后，结合典型案例分析总结乌江流域水电开发对地方经济、社会、移民生产生活产生的影响，评述移民安置的效果；最后，归纳总结了乌江流域水电工程移民安置实践工作，与国家其他行业、其他国家同类行业进行比较，指出乌江流域水电工程移民安置工作在管理方面取得的创新以及相关推广建议，根据新形势新政策要求，对创新水电工程移民安置提出建议。

本书在中国水力发电协会、《中国水电移民安置实践与管理创新丛书》编委会指导下，由中国电建集团贵阳勘测设计研究院有限公司担任主编单位，由水电水利规划设计总院、贵州乌江水电开发有限责任公司、长江设计集团有限公司、河海大学担任参编单位。本书涉及有关数据截止时间为2017年。由于移民安置工作涉及多个单位和部门，工作纷繁复杂，资料时间间隔较长，书中出现的不足之处敬请读者谅解和批评指正。

作者

2024 年 6 月

目 录

丛书序一
丛书序二
丛书前言
前言

第1章	流域水能开发与经济社会发展	1
1.1	乌江流域水电资源及水力资源分布概况	2
1.2	乌江流域水能开发及建设	4
1.3	经济社会发展概况	10

第2章	移民安置规划与实施	17
2.1	乌江流域移民安置概况	18
2.2	乌江流域移民安置工作历程	19
2.3	不同时期移民安置规划及实施	22
2.4	移民安置工作特点	34

第3章	移民安置政策	37
3.1	移民安置政策发展历程	38
3.2	移民安置政策解析	74

第4章	移民管理模式	83
4.1	实施管理模式	84
4.2	开发管理模式	97
4.3	设计咨询管理模式	103
4.4	监督评估管理模式	113

第5章	移民安置实施效果	121
5.1	水电工程与地方经济社会发展	122
5.2	典型工程与流域移民安置实施效果	141

第6章	实践与创新	177

第7章	展望	187

参考文献 ………………………………………………………………… 191

附录 A　重大事项清单 ………………………………………………… 194

附录 B　主要案例清单 ………………………………………………… 196
　　B.1　移民安置规划与实施案例 ……………………………………… 196
　　B.2　移民管理模式案例 ……………………………………………… 196
　　B.3　实践创新案例 …………………………………………………… 196

附录 C　主要政策文件清单 …………………………………………… 198
　　C.1　国家层面出台的政策 …………………………………………… 198
　　C.2　贵州省层面出台的政策 ………………………………………… 199
　　C.3　重庆市层面出台的政策规定 …………………………………… 200

后记 ……………………………………………………………………… 201

第 1 章
流域水能开发与经济社会发展

1.1 乌江流域水电资源及水力资源分布概况

乌江是贵州省第一大河，也是长江上游右岸的最大一级支流，又称黔江，发源于乌蒙山东麓。河源有南源、北源两支，南源称为三岔河，发源于贵州省乌蒙山东麓的香炉山花鱼洞；北源称六冲河，发源于赫章县妈姑镇。习惯上以三岔河为主源。两源汇合于黔西、清镇、织金三县交界处化屋村，河流横穿贵州省中部，进入思南县后流向转北，在东北部出境入重庆市，于涪陵区汇入长江。

乌江干流全长1037km，其中，贵州省境内为802km，贵州省和重庆市的界河段为72km，重庆市境内为163km。天然落差为2124km，其中，贵州省境内为1980m，界河段为56m，重庆市境内为88m。乌江流域面积为87920km²，分属贵州、重庆、湖北、云南4省（直辖市）56个县级以上的行政辖区。其中，贵州省境内流域面积为67500km²，占全流域的76.77%；重庆市境内流域面积为15634 km²，占全流域的17.78%；湖北省境内流域面积为4220 km²，占全流域的4.8%；云南省境内流域面积为566 km²，占全流域的0.65%。乌江流域示意如图1.1-1所示。

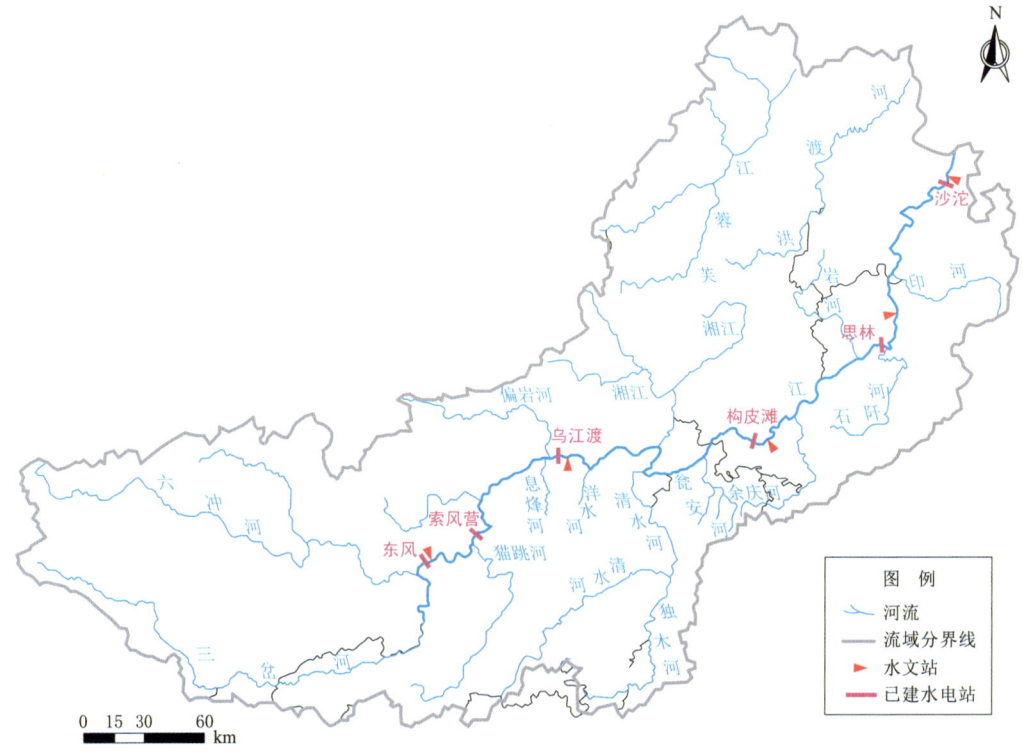

图1.1-1 乌江流域示意图

乌江支流众多，水量丰沛，呈羽状水系分布。主要支流有六冲河、三岔河、猫跳河、南明河、清水河、湘江、芙蓉江、洪渡河、郁江、濯水等。

乌江流域西南以乌蒙山与牛栏江、横江相隔，西北以大娄山与赤水河、綦江为界，南以苗岭作为长江和珠江两大流域的分水岭，东面以武陵山脉与洞庭河水系为邻。流域位于云贵高原向湘西丘陵过渡的斜坡带，地势西南高、东北低，流域内地形起伏、河谷深切。其中，流域上游为山区性河流，河床比降大，水流湍急，河道弯曲狭窄，河床中崩石堆积，形成众多跌水和急滩，干流从化屋村至思南县属乌江中游，思南县以下属乌江下游，流向东北，多为高山峡谷，洪枯水位变幅大，两岸山岭与水面高度相差多在100m以上，河道窄深，呈 U 形或 V 形，枯水期水面宽度在50m左右。

乌江流域属亚热带季风气候区，流域内地形与大气环流对气候影响较为显著。流域分布呈狭长羽翼状，地形复杂，气候复杂多变。流域内年平均气温为13～18℃，年降雨量比较丰沛，平均年降雨量为900～1400mm，降雨量地区分布是下游大于上游、右岸大于左岸，年内分配有明显的季节性，80%的降水量多集中在5—10月，11月至次年4月多间歇小雨。乌江河口多年平均流量为1690m³/s，年径流量为533亿m³，其水量分布很不平均，主要集中在汛期5—10月，占全年水量的77.4%，1月和2月最枯。径流年际变化不大，丰水年的径流量约为枯水年的2～3倍，为平水年的1.4～1.7倍。

乌江流域干支流多为山区河流，两岸陡峻，险滩急流，河道落差大，河床覆盖层浅，水量丰沛，具有很多优良的水力开发位置。据2003年全国水力资源复查成果统计，全流域理论水力蕴藏量达1044.8万kW，其中干流为580万kW，技术可开发量为1295.7万kW，年发电量为479.36亿kW·h，是我国十三大水电开发基地之一，在水电资源中占有举足轻重的作用。其中，贵州省境内部分水力资源理论蕴藏量达754.86万kW。理论蕴藏量1万kW以上河流共55条；技术可开发电站207座，总装机容量达10128.2MW；经济可开发电站185座，总装机容量为10087.1MW。2004年贵州省内乌江水系水力资源汇总见表1.1-1。

表1.1-1　　　　2004年贵州省内乌江水系水力资源汇总表

水系名称	流域面积/km²	多年平均流量/(m³/s)	理论蕴藏量		技术可开发量			经济可开发量			已开发（正开发）量		
			年发电量/(亿kW·h)	平均功率/MW	电站座数/座	装机容量/MW	年发电量/(亿kW·h)	电站座数/座	装机容量/MW	年发电量/(亿kW·h)	电站座数/座	装机容量/MW	年发电量/(亿kW·h)
全省合计	176167		1584.37	18086.4	574+27/2	19487.9	777.99	448+26/2	18980.7	752.42	194+7/2	10189.8	370
乌江水系	66849		635.86	7258.7	207	10128.2	364.7	185	10087.1	363.05	81	6836.2	222.96
其中 干流		1240	375.61	4287.8	15	8022	283.08	15	8022	283.08	9	5804.5	193.96
其中 支流			260.25	2970.9	192	2106.2	81.62	170	2065.1	79.97	72	1031.7	29

1.2 乌江流域水能开发及建设

1.2.1 乌江干流水能开发规划

乌江拥有丰富的水力资源，水电开发的指导思想、开发任务是"充分发挥乌江流域资源组合优势，突出重点，优先发展水电，促进河流的综合发展，用电力开发带动原材料和加工业的发展""乌江干流开发主要为发电，其次是航运，兼顾防洪、灌溉及其他"；并且要求"坚持资源开发利用与环境保护治理相结合，改善生态环境，使之逐步转向良性循环，建立一个全面科学的乌江水电开发体系"。这些思想成为指导乌江干流规划和开发的依据。

为开发乌江干流丰富的水力资源，20世纪50年代开始对乌江进行干流规划、地质勘测及经济战略研究，1985—1992年，《乌江干流规划报告》《乌江流域综合利用规划》《乌江干流沿岸经济综合开发战略研究报告》和《乌江干流沿岸地区国土规划综合报告》等编制完成。1987年3月，水利电力部长江流域规划办公室与水利电力部贵阳勘测设计院共同编制完成了《乌江干流规划报告》，报告推荐乌江干流11级水电站开发方案：洪家渡（正常蓄水位为1140m）、普定（正常蓄水位为1145m）、引子渡（正常蓄水位为1088m）、东风（正常蓄水位为970m）、索风营（正常蓄水位为835m）、乌江渡（正常蓄水位为760m）、构皮滩（正常蓄水位为630m）、思林（正常蓄水位为440m）、沙沱（正常蓄水位为360m）、彭水（正常蓄水位为293m）、大溪口（正常蓄水位为210m）。1989年5月，国家计划委员会对规划报告进行了批复，并指出乌江干流水资源开发以发电为主，其次为航运，兼顾防洪、灌溉等任务，开发方案可按普定、引子渡、洪家渡、东风、索风营、乌江渡、构皮滩、思林、沙沱、彭水10级梯级水电站开发方案，但其开发时序待有关方面进一步研究后确定，大溪口梯级要待三峡水库正常蓄水位确定后另行考虑，乌江渡坝下到白马航道，近期按5级考虑，远景按4级考虑。2005年12月，重庆市人民政府《关于优化乌江干流彭水至河口河段开发方案的批复》同意《重庆市乌江干流彭水至河口河段开发方案优化专题研究》推荐的将银盘、白马两级开发方案替代大溪口一级开发方案。至此，乌江干流开发由《乌江干流规划报告》推荐的11级水电站开发方案调整为12级水电站开发方案，即三岔河的普定和引子渡及六冲河的洪家渡，下接东风、索风营、乌江渡、构皮滩、思林、沙沱、彭水、银盘（正常蓄水位为215m）、白马（正常蓄水位为182m）；白马水电站处于可行性研究阶段，并未开工建设。乌江水电站总装机容量从879.5万kW增至1053万kW。其中，贵州省境内乌江干流水电站9座，总装机容量为7395MW，年发电量为298.1亿kW·h。

1.2.2 乌江干流工程概况

乌江干流具有丰富的水力资源，调查和规划于1933年开始，先后设立水文测站，乌江流域水能资源开发的重要性被充分认识。1952—1957年，西南水利部、长江水利委员会上游工程局、长江流域开发办公室先后对乌江流域进行初步的勘测和复勘。1958年，贵州省水利局组织规划小组开始对乌江流域水电开发进行整体规划。从20世纪70年代开始，贵州省对乌江干流进行开发，进入20世纪90年代，乌江干流的开发加快了速度。乌江干流贵州省境内水电站开发已于2013年全部完成，乌江流域水电站开发已基本完毕，并全部投入使用。

乌江干流已投产发电的水电站有：乌江渡水电站一期工程（装机容量630MW）于1982年投产发电，扩机工程（装机容量620MW）于2004年发电；普定水电站（装机容量75MW）于1994年发电；东风水电站（装机容量510MW）于1995年发电，扩机工程（装机容量185MW）于2005年发电；引子渡水电站（装机容量360MW）于2004年发电；洪家渡水电站（装机容量600MW）于2005年发电；索风营水电站（装机容量600MW）于2005年发电；彭水水电站（装机容量1750MW）于2007年发电；构皮滩水电站（装机容量3000MW）于2009年发电；思林水电站（装机容量1050MW）于2009年发电；银盘水电站（装机容量600MW）于2011年竣工；沙沱水电站（装机容量1120MW）于2013年投产发电。2011年乌江梯级电站地理位置示意如图1.2-1所示。2011年乌江干流水电梯级开发纵剖面示意如图1.2-2所示。乌江干流梯级电站主要技术经济指标见表1.2-1。

随着普定、东风、乌江渡、引子渡、洪家渡、索风营、彭水、构皮滩、思林、银盘、沙沱等水电站相继投产发电，贵州省电力负荷快速增长，既满足了电力外送的需要，又大幅度提高了清洁能源的比重，创造了中国水电开发史上的奇迹，为优化电源结构、发展绿色低碳经济做出了显著贡献。

1. 乌江渡水电站

乌江渡水电站位于贵州省遵义县境内乌江干流中游河段，属于乌江干流开发的第6

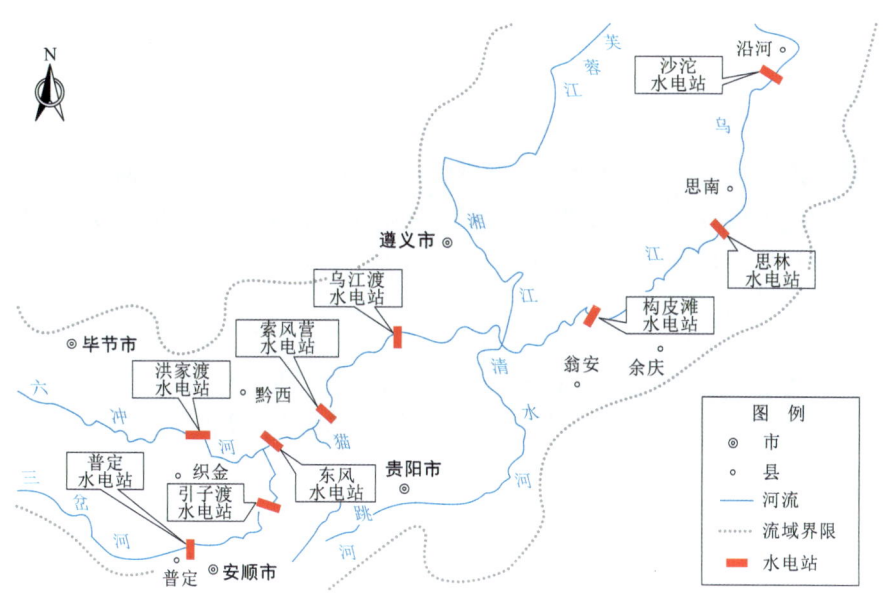

图1.2-1　2011年乌江梯级电站地理位置示意图

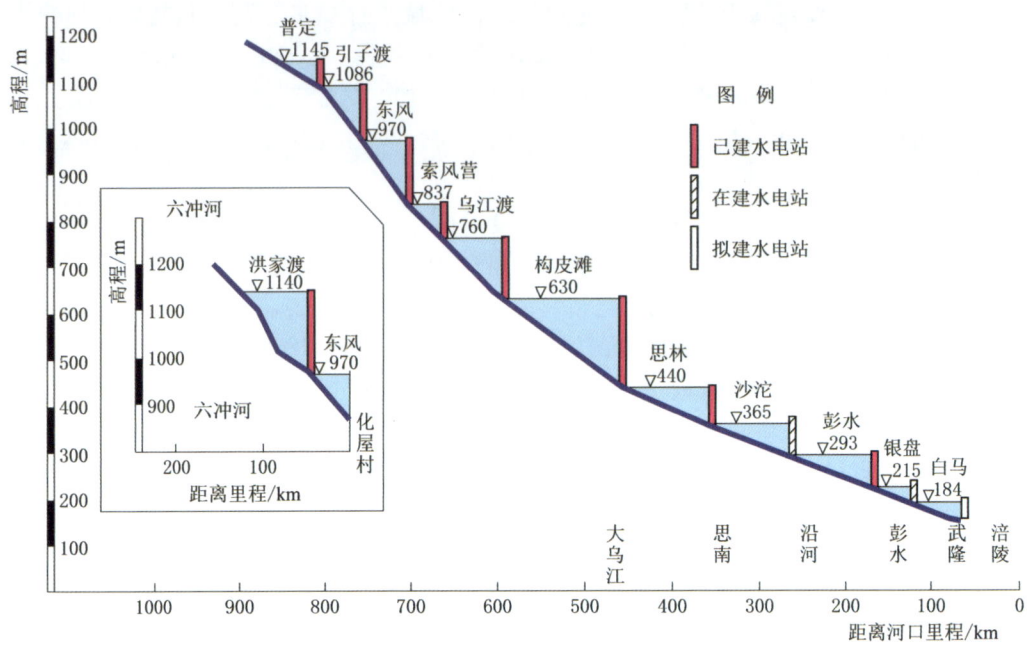

图 1.2-2　2011 年乌江干流水电梯级开发纵剖面示意图

级梯级电站,是乌江干流上修建的第一座大型水电站,也是我国在岩溶发育区修建的第一座大型水电站。上游梯级为索风营水电站,下游为构皮滩水电站。水库正常蓄水位为 760m,死水位为 720m,水库库容为 23 亿 m^3,为季调节水库。该电站于 1970 年 4 月开工建设,1980—1982 年投产发电,装机容量为 $3 \times 210MW$,1982 年年底,大坝施工项目竣工。扩机工程于 2000 年 11 月正式动工,2003 年相继投产发电,扩机容量为 $2 \times 250MW$。2003 年 11 月至 2005 年 5 月对老机组进行增容改造,将原单机容量 210MW 增容改造为 250MW。电站现共装机 5 台,装机容量为 $5 \times 250MW$,是贵州省第一座百万千瓦级水电站。它的总装机容量约占贵州省水火电总装机容量的 40%。该电站全部建成投产,使贵州省的发电能力增加了 2/5 左右,在贵州电网中发挥着骨干作用。不仅如此,该电站的电力还并入西南联网运行,除满足贵州省的用电需要外,还能补充重庆地区电力的不足。

2. 普定水电站

普定水电站位于乌江上游南源三岔河的中游,其下游是引子渡、东风、乌江渡等水电站,坐落于贵州省普定县境内城关镇陈家寨梭筛组,距贵阳市 131km。电站于 1988 年 4 月 24 日通过了可行性研究报告,并于 1988 年 10 月 15 日破土动工,1994 年 6 月首台机组并网发电,1995 年 3 月全面竣工。该工程以发电为主,兼有供水、灌溉、养殖及旅游等综合效益。电站坝高 75m,水库正常蓄水位为 1145m,水库蓄水容量为 4.2 亿 m^3,电站装机容量为 7.5 万 kW（3×2.5 万 kW）,保证出力为 1.5 万 kW,年均发电量为 3.4 亿 kW·h,主要满足普定、织金等地区用电,还可增加下游东风、乌江渡等水电站约 4 万 kW 的保证出力。

表 1.2-1 乌江干流梯级电站主要技术经济指标表

梯级电站名称		普定水电站	引子渡水电站	洪家渡水电站	东风水电站	索风营水电站	乌江渡水电站	构皮滩水电站	思林水电站	沙沱水电站	彭水水电站	银盘水电站	白马水电站
所在河流		三岔河	三岔河	六冲河	乌江	乌江	乌江	乌江	乌江	乌江	乌江	乌江	乌江
建设地点		普定县	平坝区、织金县	织金县、黔西县	清镇市、黔西县	黔西县、修文县	遵义市	余庆县	思林土家族苗族乡	沿河土家族自治县	彭水县上游，距涪陵区147km	重庆市武隆区	重庆市武隆区白马镇
控制流域面积/km²		5871	6422	9900	18161	21862	27790	43250	48858	54508	69000	74910	
多年平均流量/(m³/s)		120	140	155	343	395	483	716	844	951	1300		
开发方式		堤坝	堤坝	堤坝	堤坝	堤坝	堤坝	堤坝	堤坝	堤坝	堤坝	堤坝	堤坝
正常水位/m		1145	1086	1140	970	837	760	630	440	365	293	215	184
总库容（正常蓄水位）/亿m³		2.478	4.55	44.97	8.64	1.686	9.28	55.64	12.05	7.70	14.65	3.2	3.85
调节库容/亿m³			3.22	33.61	4.91	0.674		29.02	3.17	2.87	5.18	0.371	0.42
调节性能		季	季	多年	季	日、周	季	多年	日、周	日、周	季		日
利用落差/m	最大	55.6	113.8	164	132	81.4	131	200	76	70			
	最小	36.5	72	90	95	58	104	144	47.9	40			
装机容量/MW	现状	75	360	600	695	600	1250	3000	1050	1120	1750	600	525
	联合	75	360	600	695	600	1250	3000	1050	1120	1750	600	525
保证出力/MW	现状	15	46.5	159.1	100	166.9	332	751.8	345.1	348	371	161.7	53.26
	联合	15	46.5	159.1	100	166.9	332	751.8	345.1	348	371	161.7	53.26
年发电量/(亿kW·h)	现状	3.16	9.78	15.59	23.1	20.11	40.56	96.67	40.51	45.45	63	26.9	17.32
	联合	3.16	9.78	15.59	23.1	20.11	40.56	96.67	40.51	45.45	63	26.9	17.32
综合利用		发电、供水	发电兼顾其他	发电兼顾其他	发电兼顾其他	发电兼顾其他	发电兼顾其他	发电兼顾其他	发电兼顾其他	发电兼顾其他	发电兼顾其他	发电兼顾其他	发电兼顾其他
投产年份		1994	2004	2004	1995	2005	1982	2009	2009	2013	2007	2011	

3. 东风水电站

东风水电站位于贵州省清镇市和黔西县交界，三岔河与六冲河汇合口下游7.8km处。东风水电站是乌江干流开发的第4级梯级电站。上游梯级为六冲河上的洪家渡水电站及三岔河上的引子渡水电站，下游为索风营水电站，水库正常蓄水位为970m，相应库容为8.64亿m³，总库容为10.25亿m³，具有不完全年调节性能。东风水电站于1984年开工建设，1987年4月至1989年1月完成导流洞施工，1989年1月截流，1995年12月建成投产。原装机容量为510MW（3×170MW）。2004年初至2005年5月，电站实施了扩机、增容工程，机组装机容量增至695MW（3×190MW+125MW）。

东风水库为峡谷型水库，库区由鸭池河段、三岔河段和六冲河段三部分组成。坝型为拦河双曲拱坝，坝身兼左岸溢洪，右岸为地下厂房，最大坝高为168m，坝顶弧长为263.4m，最大下泄洪量为14170m³/s。坝址以上为鸭池河段，长7.7km。鸭池河段以上分为南北两岔，北岔六冲河段长36.8km，南岔三岔河段长31.9km。水库面积为19.06km²，呈狭长形，仅在黔西县化屋村、清镇县化龙村及织金县河包田组等处较为开阔，其耕地、人口较为集中。库区内民族杂居，其中黔西县化屋村、织金县龙场镇和清镇县化龙村苗族较为集中。

4. 引子渡水电站

引子渡水电站位于乌江上游南源三岔河的下游，贵州省平坝县与织金县交界处，距上游普定水电站51km，距下游东风水电站43km，距贵阳市97km，处于贵州省电网中心位置。工程以发电为主，水库总库容为5.31亿m³，正常蓄水位为1086m，属不完全年调节水库。电站装机容量为360MW（3×120MW），年均发电量为9.78亿kW·h，年利用小时数为2717h。

5. 洪家渡水电站

洪家渡水库坝址以上控制流域面积为9900km²，占六冲河流域面积的91%，水库为山区峡谷和湖泊混合型，水库正常蓄水位为1140m，死水位为1076m，总库容为49.47亿m³，调节库容为33.61亿m³，洪家渡水电站是乌江干流的第1级梯级电站，是整个梯级中唯一具有多年调节水库的"龙头"水电站，电站装机容量为600MW（3×200MW）。洪家渡水电站工程是国家实施西部大开发和"西电东送"首批启动的重点工程。工程特点表现为"坝高、库大、调节补偿好"。

洪家渡水电站工程总工期为5年6个月。2000年3月导流洞开挖，2000年11月正式开工，2001年10月15日截流，2004年4月6日下闸蓄水，同年7月18日首台机组发电，2004年底另两台机组投产，2005年9月30日完建。

6. 索风营水电站

索风营水电站位于贵州省黔西县与修文县交界的乌江中游六广河段，上游距东风水电站35.5km，下游距乌江渡水电站74.9km，为乌江干流的第5级梯级电站，国家"西电东送"第二批开工建设项目之一。水库正常蓄水位为837m，死水位为822m，总库容为2.012亿m³，死库容为1.012亿m³，水电站总装机容量为600MW，为日调节水库。工程以发电为主，并承担调峰、调频、事故备用等任务。索风营水电站于2002年7月26日正式开工，同年12月18日工程截流，2005年6月下闸蓄水，2005年8月首台机组发电，

2005年12月第2台机组发电，2006年6月3台机组全部投入运行，2007年12月工程完建。造价仅为4667元/kW，创造了在国内同期水电工程单位千瓦投资中最优的业绩（单位建设成本全国平均水平为8000～10000元/kW）。工程具有投资少、移民少、水库淹没少、工期短、工程技术经济指标优越、交通方便等优点，在上游洪家渡、普定、引子渡、东风等水电站水库的调节下，具有良好的发电、调峰、调频性能。

7. 彭水水电站

彭水水电站位于乌江干流下游，是乌江水电基地的12级开发中的第10级梯级电站，其上游为沙沱水电站，下游为银盘水电站。距乌江口涪陵区147km，是兼发电、航运、防洪及其他综合利用于一体的大型水电站。电站坝址以上流域面积为69000 km²，占乌江流域总面积的78.5%，坝址多年平均流量为1300m³/s，年径流量为410亿m³。正常蓄水位为293m，死水位为278m，调节库容为5.18亿m³，为季调节水库。水电站装机容量为175万kW，年均发电量达63亿kW·h，总投资为121.51亿元。电站距负荷中心区仅180km，是重庆市不可多得的水电电源点。

8. 构皮滩水电站

构皮滩水电站位于贵州省余庆县构皮滩镇上游1.5km的乌江干流上，是乌江干流水电开发的第7级梯级电站，上游距乌江渡水电站137km，下游距思林水电站89km。工程开发的主要任务是发电，兼顾航运、防洪及其他综合利用。水库正常蓄水位为630m，水库总库容为64.54亿m³，调节库容为29.02亿m³，为年调节水库，与上游水库联合调节，具有多年调节能力。电站装机容量为5×600MW。构皮滩水电站是乌江流域梯级开发中规模最大的骨干型水电站，是国家实施西部大开发、列入"十五"计划的重点建设项目，也是贵州省实施"西电东送"战略部署的标志性工程。工程自2001年11月底开始筹建，2003年11月正式开工，2004年11月大江截流，2009年7月首台机组投产发电，2009年12月最后1台机组具备并网发电条件，2011年12月枢纽工程建成。工程实现1年全面启动、2年正式开工、3年大江截流、4年大坝开始浇筑、5年启动机电安装、7年水库蓄水、8年机组全面投产发电的建设目标。

9. 思林水电站

思林水电站位于贵州省思南县境内的乌江干流上，是乌江干流的第8级梯级电站，是贵州省第二批"西电东送"的"四水六火"重点项目之一，距上游构皮滩水电站89km，距下游沙沱水电站115km。水库正常蓄水位为440m，相应库容为12.05亿m³，调节库容为3.17亿m³，防洪库容为1.84亿m³、总库容为15.93亿m³，属日周调节水库。电站装机4台，单机容量为262.5MW，总装机容量为1050MW。2003年12月，工程开始施工准备工作；2004年10月，导流洞开工建设 2005年11月26日，实现大江截流；2009年3月28日，下闸蓄水；2009年实现全部机组投产发电的"一年四投"目标，较预定工期提前7个月。

10. 银盘水电站

银盘水电站位于乌江下游河段，坝址位于重庆市武隆区，坝址控制流域面积为74910km²，上游接彭水水电站，下游为白马水电站，是兼顾彭水水电站的反调节任务和渠化航道的枢纽工程，是重庆市电网的主力水电站。水库正常蓄水位为215m，总库容为

3.2亿 m^3，大坝为混凝土重力坝，最大坝高80m，共安装4台单机容量150MW的轴流式水轮发电机组，年发电量为26.9亿 kW·h，枢纽建筑物从左到右依次布置为电站厂房坝段、泄洪坝段、船闸坝段。整个工程2011年竣工。

11．沙沱水电站

沙沱水电站位于贵州省沿河土家族自治县上游约7.5km处，是乌江干流开发选定方案中的第9级梯级电站，也是乌江在贵州省境内最后一个梯级水电站。水电站以发电为主，其次为航运、兼顾防洪等综合开发任务。水库总库容为9.20亿 m^3，正常蓄水位为365m，相应库容为7.70亿 m^3，调节库容为2.87亿 m^3，属日调节水库，电站总装机容量为1120MW（4×280MW）。该电站于2006年全面开展前期工程筹建；2007年12月6日，纵向围堰一期截流；2009年4月18日，纵向围堰二期截流；2013年5—6月，4台机组全部投产发电。

12．白马水电站

白马水电站坝址位于重庆市武隆区白马镇（武隆城区下游20km处），距乌江干流河口涪陵区约45km，距上游银盘水电站约50km，是乌江干流水电开发规划的最下游一个梯级，上游为银盘水电站，下游为三峡水库。该工程以发电为主，兼顾航运等。白马水电站水库正常蓄水位为184m，死水位为180m，设计洪水位为194.36m，校核洪水位为201.93m，水库总库容为3.85亿 m^3，水库调节库容为0.42亿 m^3，具有日调节性能。枢纽由大坝、泄洪建筑物、电站厂房、通航建筑物等组成。大坝为混凝土重力坝，最大坝高87.5m；电站布置在左岸，为河床式厂房，电站装机容量为525MW，安装3台单机容量为175MW的轴流式水轮发电机组；多年平均年发电量为17.32亿 kW·h。乌江白马水电站2007年开展预可行性研究工作，2010年开展可行性研究工作，2013年获得国家发展和改革委员会同意开展前期工作的批复，开展可行性研究各专题的编制审查工作。

1.3 经济社会发展概况

乌江流经我国西南的贵州省，于重庆市酉阳土家族苗族自治县、涪陵区注入长江，其主要为贵州省所辖，是水能集中的水电富矿。通过开发西部地区丰富的水能资源，将其资源优势转化为经济优势，对加快西部地区经济的发展、缩小东西部的差距、优化资源配置、实现东西部的"双赢"战略有十分重要的意义。梯级电站的开发也加快了当地经济社会的发展。本节主要对流域涉及的市（县）的经济社会发展进行简要介绍，包括遵义市、普定县、织金县、黔西县、思南县、沿河土家族自治县、彭水苗族土家族自治县、重庆市武隆区等。

1.3.1 遵义市

遵义市，简称"遵"，位于贵州省北部，是国家全域旅游示范区，南临贵阳市，北倚重庆市，西接四川省，处于成渝—黔中经济区走廊的核心区和主廊道，黔渝合作的桥头堡、主阵地和先行区。全市辖3个区、9个县、2个县级市，是西南地区承接南北、连接东西、通江达海的重要交通枢纽。2017年，全市年末常住人口为624.83万人，有土家族、彝族、白族、傣族、壮族、苗族、回族、仡佬族、傈僳族、瑶族、藏族、布依族、蒙古族、怒族、满族等多民族分布。在市委、市人民政府的坚强领导下，全市上下奋力打造西部内部开放新高地，积极推进供给侧结构性改革，传统产业与新兴产业共同发力，推动经济稳步增长。

遵义市经济总量仅次于贵阳市，继续稳居全省第二。遵义长期的发展目标是跨越娄山关天险，积极融入2小时重庆经济圈，2005年遵义到重庆高速公路通车后，融入1小时重庆经济圈，积极利用在重庆市、贵阳市之间的纽带优势，发展生态农业和旅游业。截至2017年，全市地区生产总值为2748.59亿元，比上年增长12.1%。其中，第一产业增加值为402.34亿元，比上年增长6.8%；第二产业增加值为1241.05亿元，比上年增长11.9%；第三产业增加值为1105.20亿元，比上年增长14.3%。三次产业结构比为14.6∶45.2∶40.2。人均地区生产总值达到44060元，比上年增加5351元。

1.3.2 普定县

普定县位于贵州省西部，隶属贵州省安顺市；普定县位于素有"黔之腹，滇之喉"之称的黔中腹地，东与安顺市西秀区轿子山镇、安顺市经济开发区宋旗镇相接，西与毕节市织金县上坪寨乡、猫场镇相连，南与安顺市经济开发区幺铺镇、六盘水市六枝特区木岗镇相邻，西靠六枝特区龙场乡、毕节市织金县白泥镇，北与织金县熊家场镇相毗。辖区东西长51.4km，南北宽40km，总面积为1079.93km^2。截至2017年，全县年末户籍人口总户数为15.58万户，总人口数为50.54万人。近年来，普定县经济保持稳定增长，2017年地区生产总值突破100亿元大关，各项社会事业取得了新的进展，综合实力进一步增强。

初步核算，2017年全县完成地区生产总值（GDP）113.00亿元，按可比价格计算，比上年增长13.4%。其中，第一产业增加值为17.77亿元，比上年增长6.6%，拉动GDP增长1.2个百分点。第二产业增加值为44.17亿元，比上年增长12.7%，拉动GDP增长5.1个百分点，第二产业中，工业增加值为36.53亿元，比上年增长12.5%，拉动GDP增长4.1个百分点；建筑业增加值为7.64亿元，比上年增长13.6%，拉动GDP增长1.0个百分点。第三产业增加值为51.06亿元，比上年增长17.1%，拉动GDP增长7.1个百分点。第一、第二、第三产业对GDP的贡献率分别为9.1%、40.4%、50.5%。人均GDP达28797元，比上年增加3132元，增长13.2%。三次产业结构由上年的17.5∶38.4∶44.1调整为15.7∶39.1∶45.2。全年完成500万元以上固定资产投资91.87亿元，比上年增长21.9%。其中，城镇投资28.31亿元，农村非农固定资产投资63.56亿元，比上年增长56.3%，工业固定资产投资完成8.97亿元，比上年增长1.7%，城乡居民收入稳定增长。按劳动统计口径计算，全县在岗职工年平均工资为71733元/人，比上年增长22.9%。城镇居民人均可支配收入完成25925元，比上年增长9.2%；农村居民人均可支配收入完成8337元，比上年增长10.6%。

1.3.3 织金县

织金县位于贵州省中部偏西的黔中经济核心区，是贵州省毕节市下辖县，北邻毕节市大方县、黔西县，东靠贵阳市清镇市、安顺市平坝区，东南连安顺市西秀区，南毗安顺市普定县，西南接六盘水市六枝特区，西抵毕节市纳雍县。织金县辖6个街道、16个镇、3个乡、7个民族乡，共29个居委会、555个村委会、4721个村民组。截至2017年，织金县常住人口为87.24万人，户籍人口为123.08万人，人口较多的少数民族有苗族、彝族、白族、布依族、仡佬族、回族、水族等。

织金县积极应对新挑战，主动适应新常态，科学谋划新思路，解放思想、开拓创新，真抓实干、攻坚克难，开创了"经济增长持续稳定、城乡面貌持续改观、社会事业持续进步、生态环境持续改善、人民生活持续向好"的崭新局面。2017年，织金县地区生产总值达195.16亿元，按可比价计算，同比增长12.8%，其中，第一产业增加值为38.69亿元，同比增长6.7%；第二产业增加值为70.1亿元，同比增长10.9%；第三产业增加值为86.37亿元，同比增长17.1%。三次产业增加值占比分别由上年的20.1%、36.5%和43.4%调整为19.82%、35.92%和44.26%，第一产业下降0.28个百分点，第二产业下降0.58个百分点，第三产业上升0.86个百分点，受工业经济低迷、产业结构调整影响，第一产业和第二产业比重略有下降，第三产业实现小幅提升，经济结构连续三年保持"三、二、一"格局。人均生产总值达24243.5元，同比增加2591.5元。GDP总量保持快速增长，从2010年的62亿元增加到2017年的195.16亿元，年均增长15.4%。在国家的宏观调控下，呈现出增速放缓、渐行渐稳的良好趋势。从交通、邮电、招商引资和旅游来看，织金县交通体系日趋完善，织毕铁路和织普高速建成通车；通信行业持续发展；景区景点基础设施、配套服务设施也逐渐完善，管理水平显著提高。

1.3.4　黔西县

黔西县隶属于贵州省毕节市，位于贵州省中部偏西北、乌江中游鸭池河北岸，距毕节市区115km，东邻贵阳市修文县，南邻清镇市和织金县，西邻大方县，西北与百里杜鹃风景名胜区接壤，北和东北与大方县、金沙县接壤，是毕节市的东大门，是黔中经济圈旅游、物流、商贸经济流向西北方向的第一要塞。黔西县总面积为2380.5km^2，下辖4个街道、15个镇、10个民族乡。截至2017年，全县户籍总人口为95.64万人，常住人口为67.1万人，全县城镇化率为41.4%。黔西县矿产、水能资源丰富，是西部大开发拉开序幕的地方，是贵州省"西电东送"的能源基地。除此之外，黔西县旅游资源也颇为丰富，素有"一枝花"的美誉。

黔西县始终坚持稳中求进工作总基调，始终保持发展定力和坚定发展信心，始终坚守发展和生态两条底线，统筹推进"生态立县、科教兴县、工业富县、基建强县"发展战略，经济社会平稳健康发展。2017年，黔西地区生产总值为207.13亿元，同比增长12.0%。其中，第一产业增加值为34.65亿元，同比增长7.2%；第二产业增加值为85.17亿元，同比增长10.8%；第三产业增加值为87.31亿元，同比增长15.0%。全年固定资产投资为156.15亿元，同比增长11.1%。其中，亿元项目固定资产投资完成75.25亿元，房地产投资完成22.90%。全年人均地区生产总值为20892元，同比增长12.3%。在岗职工平均工资为64128元，同比增长4.5%。其中，国有单位在岗职工平均工资为67824元，实际同比增长5.2%；城镇集体单位在岗职工平均工资为36668元，实际同比下降37.2%；其他单位在岗职工平均工资为57125元，同比增长4.8%。

1.3.5 思南县

思南县是贵州省铜仁市下辖县，位于贵州省东北部，乌江中下游，辖属铜仁地区，地理坐标为东经 107°52″~108°28′、北纬 27°32″~28°10′。县境东西长 57.6km，南北宽 69.3km，东邻印江县、南接石阡县、西连凤冈县、北靠德江县。思南县内 4 条主要县级公路网有思南—石阡、思南—大坝场、思南—凤冈、沙沟—合朋溪等。思南县行政区域面积为 2230.5km²，下辖 3 个街道、17 个镇、9 个民族乡，拥有丰富的土地资源、植物资源、动物资源、矿产资源。截至 2017 年，年末全县户籍人口为 681403 人，常住人口为 50.29 万人。思南县主要民族为汉族，其中少数民族有土家族、彝族、白族、壮族、苗族、回族、瑶族、藏族、布朗族、布依族、蒙古族、怒族、水族、满族等。

思南县经济社会保持快速发展、总量提升、速度加快、活力增强、民生改善、社会和谐的良好态势。2017 年全县实现生产总值 130.07 亿元，同比增长 11.9%（按可比价计算）。其中，第一产业增加值为 34.99 亿元，同比增长 6.6%；第二产业增加值为 30.85 亿元，同比增长 12.5%；第三产业增加值为 64.23 亿元，同比增长 13.9%。人均生产总值为 25879 元，净增 2745 元，同比增长 11.9%。三次产业的结构为 26.90∶23.72∶49.38，第二产业和第三产业占经济总量的 73.1%。

固定资产投资也保持稳定增长。2017 年，全县围绕扶贫攻坚战略，着力改善农村生产生活环境，加大对农村水、电、房、路、信和产业发展的投入；持续提升城镇服务功能，全力加强项目建设，全年完成 500 万以上固定资产投资 1404535 万元，同比增长 22.8%。农民人均可支配收入为 8090 元，同比增长 10.4%，城镇居民人均可支配收入为 26212 元，同比增长 9.6%。

1.3.6 沿河土家族自治县

沿河土家族自治县（以下简称"沿河县"）位于贵州省东北部、铜仁市西北部，地理位置处于东经 108°03′49″~108°37′53″、北纬 28°12′45″~29°05′23″，地处黔、渝、湘、鄂四省（直辖市）边区结合部，乌江中下游，是重要的物资集散地，素有"黔东北门户，乌江要津"之称。沿河县周边与贵州省内的德江县、印江土家族苗族自治县、松桃苗族自治县、道真仡佬族苗族自治县、务川仡佬族苗族自治县、正安县及重庆市的彭水苗族土家族自治县、酉阳土家族苗族自治县、秀山土家族苗族自治县等毗邻。截至 2017 年年末，全县户籍人口为 68.63 万人，比上年增加 0.29 万人，常住人口为 45.32 万人，比上年增加 0.02 万人。总面积为 2468.8km²，辖 22 个乡镇，其中以土家族为主体的少数民族人口占总人口的 61.2%，是全国 4 个单一土家族自治县之一，贵州省唯一的单一土家族自治县。沿河县已探明或发现的矿藏有煤、萤石、重晶石等 20 多种，境内的动植物种类多，旅游资源丰富。

沿河县按照"三区一走廊"区域布局，立足从"边沿"变"前沿"，以融入成渝经济区和长江经济带为取向，围绕"三县一城"发展定位，突出"生态立县，绿色崛起"主题，以脱贫攻坚统揽经济社会发展大局，念好山字经，做好水文章，打好生态牌，着力构建发展"七张网"和民生"三张网"，攻坚决胜"两大战役"，深入实施"四大行动"，保持了经济平稳健康较快发展和和平稳定。2017年，全年实现地区生产总值1032325万元，按可比价计算，同比增长12.2%。分产业看，第一产业增加值为286595万元，同比增长6.5%；第二产业增加值为197515万元，同比增长13.8%；第三产业增加值为548215万元，同比增长14.6%。第一产业增加值占地区生产总值的比重为27.8%，第二产业增加值比重为19.1%，比上年提高0.6个百分点，第三产业增加值比重为53.1%。全县人均地区生产总值为22783元（以常住人口计算），比上年增加2245元，增长12.1%。固定资产投资快速增长。全年500万元以上口径完成固定资产投资1350023万元，同比增长23.1%。人民生活也进一步改善，生活水平不断提高。全年城镇常住居民人均可支配收入为25833元，同比增长9.5%。

1.3.7 彭水苗族土家族自治县

彭水苗族土家族自治县（以下简称"彭水县"）位于重庆市东南部，处武陵山区，居乌江下游。彭水县北连石柱土家族自治县，东北接湖北省利川市，东连黔江区，东南接酉阳土家族苗族自治县，南邻贵州省沿河土家族自治县、务川仡佬族苗族自治县，西南连贵州省道真仡佬族苗族自治县，西连武隆区，西北与丰都县接壤。截至2017年，彭水县总面积为3903km²，下辖3个街道、18个镇、18个乡。2017年年末全县常住人口为49.08万人，比上年减少0.74万人。其中，城镇人口17.33万人，乡村人口31.75万人。城镇化率为35.31%，比上年提高1.61个百分点。年末户籍总人口为70.02万人，比上年减少0.27万人。有汉族、苗族、土家族、蒙古族、侗族等12个民族，是重庆市唯一以苗族为主的少数民族自治县。彭水县为中国特色旅游休闲度假胜地，获得过"中国最佳文化休闲旅游县""中华蜜蜂之乡""全国民间文化艺术之乡"等荣誉称号。

彭水县立足生态保护发展区定位，大力实施"五化"统筹推进、"三区"协调发展战略，全面加强经济建设、政治建设、文化建设、社会建设和生态文明建设，国民经济保持平稳较快发展，各项社会事业取得新的进步。2017年，全年实现地区生产总值（GDP）140.81亿元，按可比价格计算，比上年增长6.0%。其中，第一产业增加值为26.64亿元，同比增长4.6%；第二产业增加值为58.57亿元，同比增长5.4%；第三产业增加值为55.59亿元，同比增长7.3%。三次产业对经济增长的贡献率分别为14.2%、38.5%和47.3%，分别拉动经济增长0.9%、2.3%和2.8%。三次产业结构比由上年的19.6：41.4：39.0调整为18.9：41.6：39.5。按常住人口计算，全县人均地区生产总值实现28475元，较上年增加2856元，增长7.7%。全年完成固定资产投资178.74亿元，比上年增长13.5%。全年常住居民人均可支配收入为15794元，同比增长11.1%。按常住地分，城镇常住居民人均可支配收入为26808元，同比增长9.5%；农村常住居民人均可支配收入为10196元，同比增长9.7%。

1.3.8 重庆市武隆区

重庆市，简称"渝"，是中国著名的历史文化名城，1997年正式成为中国第四个、西部唯一的直辖市，位于北纬28°10′～32°13′、东经105°11′～110°11′，地处较为发达的东部地区和资源丰富的西部地区结合部，东临湖北省、湖南省，南靠贵州省，西接四川省，北连陕西省，是长江上游最大的经济中心，西南工商业重镇和水陆交通枢纽。总面积为 8.24 万 km²，辖 40 个区县，是中国行政辖区最大、人口最多、管理行政单元最多的特大型城市。截至 2017 年年底，重庆市总人口数达到 3075.16 万人，其中城镇人口为 1970.68 万人，乡村人口为 1104.48 万人。重庆市植物资源、矿产资源和水能资源丰富，尤其是水能蕴藏量巨大，极具开发潜力。在西部大开发的历史机遇下，重庆市按照建设"三中心、两枢纽、一基地"（即商贸中心、金融中心、科教信息文化中心，交通枢纽、通信枢纽，以高新技术产业为基础的现代产业基地）的战略构想，加快经济社会发展，发挥对外窗口和经济辐射作用，推动了西南地区和长江上游地区的发展。

武隆区，地处重庆市东南边缘，乌江下游，武陵山与大娄山结合部，位于东经 107°13′~108°05′、北纬 29°02′~29°40′，东西长 82.7km，南北宽 75km，全区总面积为 2901.3km²，其中耕地面积为 44.5 万亩（1 亩≈666.67m²），城区建成区面积为 5.1km²。武隆区东邻彭水苗族土家族自治县，南接贵州省道真仡佬族苗族自治县，西靠南川区、涪陵区，北与丰都县相连，是千里乌江一颗璀璨的明珠，它处于重庆市"一圈两翼"的交汇点，自古有"渝黔门屏"之称。武隆区交通四纵四横，是渝东南最发达地区，水陆空具有非常明显的优势。

武隆区现辖 26 个乡镇，城区所在地为巷口镇，有白马、鸭江、平桥三个工业园区。2017 年年末，全区年末户籍总户数为 14.12 万户，总人口为 41.27 万人。全区常住人口为 34.72 万人，其中城镇人口为 14.82 万人，城镇化率为 42.68%。武隆区自然资源丰富，拥有丰富的旅游资源、水能资源、矿产资源、动植物资源。

近年来，武隆区加快推进国际知名旅游胜地、生态工业经济强县、生态文明示范区县、山水园林旅游新城建设，强改革、促创新、去产能、防风险，全区经济具有由慢到稳、稳中有进、进中向好的发展特征，实现了撤县设区的历史性跨越，谱写了一幅绿色崛起、富民强县的精彩篇章。2017 年全年实现地区生产总值（GDP）1604925 万元，按可比价计算，同比增长 7.7%。其中，第一产业增加值为 226998 万元，同比增长 5.0%；第二产业增加值为 653085 万元，同比增长 9.9%；第三产业增加值为 724842 万元，同比增长 6.5%。三次产业结构比为 14.1∶40.7∶45.2，三次产业对经济增长的贡献率分别为 9.4%、52.7%、37.9%，分别拉动经济增长 0.7%、4.1%、2.9%。按常住人口计算，人均生产总值达到 46305 元，同比增长 7.7%。全年完成固定资产投资 443202 万元，同比增长 10.0%。其中，500 万元以上地方项目完成投资 1245213 万元，同比增长 14.7%。全区全年居民人均可支配收入为 20278 元，按可比价计算，同比增长 11.2%。

第 2 章
移民安置规划与实施

2.1 乌江流域移民安置概况

乌江的开发经历了不同的政策背景,乌江的梯级水电开发淹没了大量的土地资源,产生了较大规模的征地移民。移民工作早在1958年猫跳河水电站建设时就开始了,截至2017年年底,乌江流域在规划河段范围内开发建设的梯级水电站有12座,包括乌江渡、洪家渡、东风、普定、索风营、引子渡、构皮滩、思林、沙沱、彭水、银盘、白马水电站。纵观乌江流域的水电移民工作,表现出以下特点:①水电工程移民涉及面广,移民搬迁强度大;②安置地环境容量小,安置难度大;③库区经济社会发展滞后,移民贫困面大。为了响应国家政策,乌江流域的水电移民安置实行"以农为主、有土安置"的安置方式,但是,在人多地少矛盾突出、经济基础差的区域,不具备有土安置的条件,开创了城镇化安置和长期补偿安置等新的安置方式。乌江流域水电站建设征地范围涉及的行政区域包括贵州省和重庆市,其中除彭水、银盘和白马水电站位于重庆市内,其余的水电站均在贵州省境内。乌江流域干流水电站移民情况见表2.1-1。

表2.1-1　　　　　　乌江流域干流水电站移民情况表

项目名称	项目状态	移民人口/人	水库淹没及影响面积/亩	永久征收耕地面积/亩	移民总投资/万元	移民安置方式	省（直辖市）	市（州）	县（区）	乡镇	村	村民小组
普定水电站	已建	10629		13751	5100	有土安置及无土安置	贵州省		1	7	56	182
引子渡水电站	已建	5039	38490	8590.44	14467.61	县内农业有土安置为主	贵州省		3	7	42	162
洪家渡水电站	已建	45159	120810	62942.98	127568.89	集中安置、分散插迁安置、自谋职业等多种方式	贵州省		4	22	118	397
东风水电站	已建	8656		8743.8	11350	后靠安置和外迁安置为主,辅以适当的农转非安置	贵州省	3	4	22	37	130
索风营水电站	已建	1283	5955	1556.66	5521.92	有土安置为主,自谋职业无土安置为辅	贵州省	3	2	9	35	41
乌江渡水电站	已建	10630		20888	3541.58	本县内库外集中安置、库周后靠安置、分散插迁安置和投亲靠友	贵州省	3	5	38	99	271

续表

项目名称	项目状态	移民人口/人	水库淹没及影响面积/亩	永久征收耕地面积/亩	移民总投资/万元	移民安置方式	涉及行政区域数量					
							省（直辖市）	市（州）	县（区）	乡镇	村	村民小组
构皮滩水电站	已建	16763			147151.93	种植业安置为主，自谋职业、投亲靠友为辅	贵州省		6	34	134	414
思林水电站	已建	13634	57915	1491.2	116102.34	种植业安置为主，自谋职业、投亲靠友、土地调平或据实补偿为辅	贵州省		4	15	97	295
沙沱水电站	在建	15811	14717.4	1091.15	285711.35	长期补偿为主、其他安置方式相结合	贵州省	1	3	17	131	570
彭水水电站	已建	10500	29600	10200	178184.85	种植业安置为主，自谋职业、投亲靠友为辅	贵州省重庆市		2	13	45	100
银盘水电站	已建	5855	15327.2	4103.7	111429.71	长期补偿为主、其他安置方式相结合	重庆市		2	11	44	109
白马水电站	在建	5921	3008.9	243.2	179888.09	种植业安置、农转非安置和自谋职业安置	重庆市	1	1	5	30	94

水电开发的关键在移民，难点也在移民。乌江流域除水电工程移民搬迁安置任务重之外，还面临土地资源匮乏、安置容量紧缺、安置途径单一、少数民族移民比重大、移民自身贫困、搬迁时间紧迫等实际的矛盾和问题，任务艰巨。贵州省和重庆市人民政府高度重视，始终把移民问题作为重要的经济工作和重大的政治任务来抓，积极采取了一系列的办法和措施，推动了移民工作的健康发展，总体上取得了较好的成效。

2.2 乌江流域移民安置工作历程

乌江流域的水电开发于20世纪70年代开始，随着政策从无到有并逐步完善，乌江水电移民安置工作经历了由摸着石头过河，到逐步走上开发性移民和可持续发展的道路。根据不同时期乌江流域移民实践的推进和相关政策的完善，乌江水电移民总体可以划分为五个阶段。

1. 缺乏规范的移民安置阶段

缺乏规范的移民安置阶段，主要是指在1982年以前的乌江渡水电站建设时期。乌江梯级电站开发的第一座是乌江渡水电站，这是我国20世纪80年代初在贵州喀斯特地貌上兴建的第一个大型水电站，于1979年首台机组发电。乌江渡水电站开发建设时，国家还没有出台相关条例，没有专门的政策法规和规程规范，移民工作主要以党和政府的相关文件精神为依据，工作带有很大的地域性和随意性。例如，乌江渡水电移民工作主要根据贵州省革命委员会下发的黔发〔1975〕57号文，成立了贵州省革命委员会乌江渡水电站移民领导小组，下设办公室，具体负责移民搬迁的宣传动员工作、移民安置工作规划、移民搬迁工作、党对移民工作的领导等。

这一阶段在水利水电工程建设中，为推动国民经济发展，加快实现工业化、城市化进程，尽快完成资本积累，移民作为工程建设的附属，没有得到足够的重视，在搬迁安置上采取一刀切、简单化的处理方式。移民安置基本都采取就地后靠和划拨土地的安置方式，移民主要依赖土地，以传统农业为生。在当时，这种移民安置方式不仅节省了大量的人力、物力和财力，而且能使移民在较短的时间内恢复生计，基本符合当时项目建设和社会发展的需求。但随着移民实践的推进和移民规模的扩大，越来越多的移民就地后靠，逐步超出了库区资源的环境容量，很多隐患在后来发展中逐渐暴露，形成许多遗留问题，如比较典型的"六难"问题，即行路难、就医难、用电难、吃水难、子女入学难、收入增加难。由于移民自我发展能力较弱，重迁、返迁现象突出，大量的遗留问题直到近年来才逐步得以解决。

2. 有初步规范的移民安置阶段

东风水电站和普定水电站建设的时期，是我国有初步规范的移民安置阶段（1982—1991年）。通过30多年移民工作实践和经验教训的总结，以1982年国务院颁布的《国家建设征用土地条例》为标志，国家开始了对水库移民专项法规的研究和制定工作，提出了一系列移民安置的方针、政策和措施。1984年水利电力部制定和颁布了《水利水电工程水库淹没处理设计规范》（SD 130—84），1986年又制定和颁布了《水利水电工程淹没实物指标调查细则》和《水库库底清理办法》，对水库淹没处理范围的确定、淹没实物指标的调查、移民安置规划和补偿投资概算的编制工作等进行了具体规定和全面规范，结束了过去水库淹没处理和移民安置无法可依、无章可循的历史，使移民前期工作开始步入了制度化、规范化和科学化的轨道。

这一阶段，东风水电站和普定水电站编制了《水电站工程建设可行性报告》，并按照要求进行了评审，之后又开始对水电站库区淹没实物指标开展调查和编制移民安置规划。此时，负责乌江流域移民工作的管理机构设置也不断完善，如1986年中共贵州省委印发《对省政府办公厅〈关于建立贵州省水库移民办公室的报告〉的批复》（〔1986〕省通字第1号），该批复明确，贵州省委同意建立贵州省水库移民办公室，负责全省大中型水电工程的移民安置及库区维护工作；同时，贵州省人民政府办公厅下发《省人民政府办公厅关于建立贵州省水库移民办公室的通知》（黔府办〔1986〕7号），明确了贵州省水库移民办公室的职责。此外，还出台了处理之前的老水库遗留问题和对移民进行后期扶持的相关政策。

从东风、普定两个水电站建设开始，移民安置方式从"就地后靠"向"以土为本，人随地走、家随土安"的"有土从农"安置转变，移民安置工作逐步走向规范化。这一时期的移民安置工作有了规范的指导，提高了工作的规范性，移民安置从过去的补偿性安置向开发性安置转变，移民补偿补助标准也较之前有所提高。但在移民安置中仍存在一些问题：一是未设立专门机构，主要依靠电力公司下的水库移民办公室来负责移民工作，电力公司作为水电站开发的业主，既要考虑电站收益，又要顾全移民的基本权益，同时站在裁判员和运动员两个有利益联系和冲突的角度来权衡，无论是在资金上、政策上都难以很好地维护移民的合法权益；二是相关规范虽然对移民工作内容和程序都有了一定的要求，但由于当时工程投资大、资金到位率低、建设资金筹集紧张，在实践中出现了土地边征边用、先用后征等超常规操作，征地手续不完备，移民不能及时拿到补偿金。此外，由于库区生态环境恶劣，土地资源少，移民人口多，安置压力大，移民也难以融入安置地居民社会。

3. 有旧条例、专项规范的移民安置阶段

洪家渡水电站是乌江流域梯级开发的龙头水电站，是国家"西电东送"工程的骨干项目，是贵州省"西电东送"的标志性工程。这一阶段大约是1991—2006年。国务院于1991年颁布《大中型水利水电工程建设征地补偿和移民安置条例》（国务院令第74号），对移民安置方针、原则、补偿范围和标准、安置方式和目标、移民工作程序以及法律责任等作了全面、系统的规定，并相应制定了一系列水库移民工作的政策性文件。从此结束了我国水库移民工作无章可循、无法可依的历史，移民工作开始走上制度化、规范化的道路。之后，专项规范也进行了调整。差不多与洪家渡水电工程同期，处于"西电东送"战略背景下的还有引子渡、索风营、构皮滩水电站。其中，构皮滩水电站是乌江流域梯级开发中规模最大的骨干型水电站，是国家实施"西电东送"战略的标志性工程。

此外，这一阶段乌江流域水电站开始设置移民监理，2001年5月23日，洪家渡水电站移民综合监理人员进驻现场，正式开展移民监理工作。

在相关政策的指导下，这一时期乌江流域的水电移民实践出现了一些突破传统思维的新做法和新尝试。如洪家渡水电站采取"人平法"补偿；2003年3月，贵州省水库移民办公室与贵州乌江水电开发有限责任公司（简称"乌江公司"）签订《乌江洪家渡水电站水库淹没处理和移民安置补偿投资包干补充协议》，将洪家渡水电站库区的六圭河、西溪、武佐河、以那河、木空河等5座大桥的复建返包给业主乌江公司组织实施和建设。

4. 新老政策交替的移民安置阶段

彭水水电站和思林水电站建设的阶段，正处于乌江流域水电开发的高峰期。随着实践的深入和形势的变化，移民政策不能适应新时期移民安置工作的需要。2006年3月，国务院常务会议讨论并原则通过了新修订的《大中型水利水电工程建设征地补偿和移民安置条例》草案和《关于完善大中型水库移民后期扶持政策的意见》，对水库移民安置补偿政策和后期扶持政策进行了全面的调整、改革和完善。5月17日，国务院以国发〔2006〕17号文件印发《国务院关于完善大中型水库移民后期扶持政策的意见》（以下简称"17号文"）；7月7日，国务院以第471号令公布了《大中型水利水电工程建设征地补偿和移民安置条例》（以下简称"471号令"），并规定从2006年9月1日起施行。这两项政策法规的颁布实施，标志着我国水库移民政策在新的历史条件下的成熟和完善，意义重大、影响深远。

乌江流域水电移民安置工作由此进入一个全新的历史时期。这一时期乌江流域水电移

民安置工作坚持以人为本原则，坚持开发性移民方针，使移民生活达到或者超过原有水平；完善了移民工作管理体制，移民安置工作实行"政府领导、分级负责、县为基础、项目法人参与"的管理体制，强化了县级实施主体、责任主体、工作主体的地位，强化了项目业主全过程参与的责任；提高并统一了补偿补助标准，并提高了移民对安置工作的参与程度，加强了移民安置工作的监督管理等。471号令不仅将补偿标准大幅提高，还进一步完善了前期补偿、补助和后期扶持相结合的政策。在移民安置上也进一步明确了以农业生产安置为主的方式，并在生活安置上提倡遵循因地制宜、有利生产、方便生活、保护生态的原则，合理规划农村移民安置点，既充分考虑了我国的国情，又给未来留有发展的空间。

随着我国经济社会的发展和工业化、城镇化的全面推进，人地矛盾日益突出，土地资源本来就匮乏的贵州省矛盾更加突出，有土安置方式受到严重制约。为减少土地不足对移民安置的束缚，乌江流域水电移民积极探索实施了"大分散、小集中"安置、长期补偿、城镇化安置等多种无土、少土安置模式，通过农业与非农业的结合，拓展了移民安置的空间。目前这几种安置方式仍被作为贵州水库移民安置的典型模式在进一步地完善和推广。

5. 政策完善的移民安置阶段

随着新条例471号令和后期扶持政策17号文的实施，旧的专项规范已无法满足新的政策要求，2007年出台了新的规范。这一阶段的移民政策体系更加完善，在新条例和新规范的要求和指导下，移民实践工作具有了更高的标准。

然而，由于乌江流域仍处于水电开发的高峰期，移民搬迁安置数量大幅增加，移民工作时间紧、任务重，为了缩短电站建设周期，移民安置实践工作未能完全按照政策执行，出现了一些新的问题。一是"水赶人"的现象突出。主要在沙沱水电站表现得比较明显。在移民还未安置稳妥时，电站就要下闸蓄水，地方政府只得对移民采取过渡搬迁的处理，将移民临时安置在库周。二是调剂土地紧张，移民少土或无土安置比例大。在以有土安置为主流的安置政策体系下，土地是保障移民生计的生产资料，移民搬迁出来后，由于调剂不出土地给移民，特别是对于远迁到农村集中安置点进行安置的移民，解决生计保障问题很困难。三是由于新老政策标准不一，移民攀比心理严重。

2.3 不同时期移民安置规划及实施

移民安置规划是移民安置实施的蓝图和依据，科学的移民安置规划是实现移民稳妥安置的基础和保证。乌江流域的水电开发经历了"无规划—粗规划—深规划"的过程。

2.3.1 缺乏规范的移民安置阶段

1982年以前，整个经济社会处于全面建设初始阶段，实行高度统一计划经济体制，对移民安置工作的复杂性、艰巨性以及移民搬迁安置活动的特点、规律、影响等缺乏全面、深入的认识，移民安置规划设计处于探索阶段，没有形成统一、规范的规划设计标准。本阶段流域兴建的乌江渡工程，其移民安置规划工作就非常简单粗略。

新中国成立初期，由于基础差、底子薄，加上缺乏经验，国家对枢纽工程比较重视，而对于枢纽工程和水库淹没是水利水电工程赖以形成的两大要素、工程效益是两大要素共同作用的结果缺乏认识或认识不足，以致一定时期内没有把水库移民安置规划设计和枢纽工程设计放在同等重要的地位，造成了大量移民遗留问题。

1. 移民安置规划设计

在当时特殊的历史条件下，乌江渡水电站移民搬迁安置并没有编制移民安置规划。1958 年 9 月，国家将乌江渡水电站纳入建设计划并着手筹建，由于 1960 年国家陷入三年困难时期而缓建，1970 年才启动建设。而且当时各种制度尚未完善，移民搬迁安置工作尚未正规化，移民的生产、生活多数由移民自行负责。安置方式主要为移民自找安置办法或采取后靠安置，确实没有办法的少部分移民由政府集中划地安置。对移民的房屋，以利用原有公房和政府新建公房为主。在安置费用方面，补偿标准很低，甚至有些水库移民没有补偿，只象征性地发放少许搬迁费用。乌江渡水电站没有进行移民安置规划设计，移民安置主要是由所在地、县级人民政府自行负责，实行就地就近安置原则解决移民安置问题。

2. 移民安置规划实施

搬迁动员工作于 1976 年开始进行，人口迁移线下的移民搬迁于 1982 年 12 月前完成，计 832 户 4718 人。至 1985 年水库移民搬迁完成，搬迁移民 11456 人。移民安置共征用耕地 10985.9 亩，人均征用耕地 0.96 亩，建房 204102.0m^2，征用山场 1836 亩，修建道路 207.7km，架设输电线路 324.16km。移民安置共投资 3541.58 万元，其中农村移民补偿费为 2126.33 万元，人均移民补偿费为 1856.08 元。采取本县内库区集中安置的移民占 57%，采取库周后靠安置的移民占 25%，剩余的采取分散插迁和投亲靠友的安置方式。除采取分散拆迁和投亲靠友安置方式的移民有少数为非农安置外，其余的安置全部为有土安置，安置后移民分布在 5 个县的 39 个乡（镇）、139 个村、349 个组。

2.3.2 有初步规范的移民安置阶段

这一时期，国家开始了对水库移民专项法规的研究和制定工作，相继推出了一系列移民安置法规，逐步形成了水库移民安置补偿政策的基本框架。移民安置规划设计工作开始步入有法可依、有章可循的阶段。

通过历史经验教训的总结，20 世纪 80 年代中期，移民前期工作终于提上议事日程，并逐步纳入了行政立法范围。《大中型水利水电工程建设征地补偿和移民安置条例》第十五条第三款规定："未编制移民安置规划或者移民安置规划未经审核的大中型水利水电工程建设项目，有关部门不得批准或者核准其建设。不得为其办理用地等有关手续。"1984 年 12 月，水利电力部借鉴苏联计划经济时期的水库淹没处理方式，结合我国国情，编制并颁发了《水利水电工程水库淹没处理设计规范》（SD 130—84）（以下简称"84 规范"）。这是我国第一部重要的移民安置规划设计技术标准，在一段时期内较好地指导了我国水利水电工程移民前期设计工作，为移民前期工作走向规范化管理起到了重要作用。

1. 移民安置规划设计

在 84 规范的基础上，根据当时国家投资体制和项目审批需要，国家有关部门将移民前期工作划分为可行性研究、初步设计、技施设计三个阶段。这一时期，乌江流域移民安置规划设计主要为东风水电站移民安置规划设计。东风水电站工程编制了《织金县东风水电站水库移民安置总体规划》和《黔西县东风水电站水库移民安置总体规划》。

2. 移民安置规划实施

东风水电站移民安置本着"以农为主、以土为本、少靠多迁、稳妥安置"的指导思想，采取集中安置、分散插迁安置（包括投亲靠友安置）、就地就近后靠安置、农转非安置四种方式安置移民。先后建设了10个集中安置点和7个后靠安置点，外迁安置3516人，后靠安置1175人，农转非安置的移民有1200多人。除农转非安置外，土地费均由政府划拨到安置村，由安置村根据当地村民意愿调配耕地给移民。施工区征地时，还属于计划经济时期，没有计算移民，只是按当时的政策征多少补多少，由涉及人员自行选择投亲靠友或分散插迁安置。

这一时期，规划的编制对移民工作起到了较好的指导作用，使移民实践有了科学的依据。从内容上看，规划对移民的生产发展规划比较详细，从规划目标到具体措施提出了针对性的建议，但是电站淹没实物指标划分得不够详细，补偿投资概算不够明确，估算过于简单。

2.3.3 有旧条例、专项规范的移民安置阶段

随着移民实践的推动，我国水库移民政策也不断发展并走向成熟，移民工作开始走上制度化、规范化的道路。1991年国务院第74号令《大中型水利水电工程建设征地补偿和移民安置条例》（以下简称"74号令"）的颁布实施，使得水电移民工作开始步入制度化、规范化的阶段。

移民条例出台后，伴随着移民实践的深入，需要更加全面和合理的规范指导。1996年11月，按照74号令和电力工业部1993年567号文件《关于调整水电工程设计阶段的通知》的有关规定，为进一步加强移民前期工作，电力工业部在84规范的基础上，修编发布了《水电工程水库淹没处理规划设计规范》（DL/T 5064—1996）（以下简称"96规范"）。96规范将水电工程移民前期工作调整为预可行性研究报告、可行性研究报告、招标设计三个阶段。

1. 移民安置规划设计

该阶段流域兴建的水电工程，都按照工程施工占地区和水库淹没区分别编制了较为详细、系统的移民安置规划。对所涉及的受影响的实物指标进行了明确，对土地、受影响人口、房屋、专业设施等进行了详细的量化；对农村、集镇、专业项目、工矿企业等内容分别编制了具体的安置或处理规划，明确了各项补偿费用和概算投资，且有具体的年度实施计划安排；对流域水库移民工作起到了科学的指导作用，促进了移民搬迁安置有序实施。

这一时期比较典型的洪家渡水电站，首期移民安置规划报告的编制与移民搬迁几乎是同步进行，不少项目的规划设计工作不得不在边勘察、边设计、边施工的情况下进行。基于这种情况，有不少移民安置点在没有进行规划和充分论证的情况下就开工建设，使得部分移民安置点没有安置移民或建设规模较大而安置移民量较少，甚至有部分移民安置点只完成了部分建筑工程量就废弃，造成了一定的资金浪费。二期和三期移民安置规划是在总

结了首期移民搬迁后的经验下进行的。由于首期有部分移民安置点修建后无移民前往，因而，二期和三期的部分移民安置点安置的是已有大量移民在此区域内落户，并租用临时住房居住而没有建房的移民户。移民安置规划报告编制结束后，有部分分散安置的移民又相对集中在某一地区，并要求移民部门为其修建基础配套设施。因此在规划编制的过程中，部分移民出现了意愿的反复，导致移民安置点基础设施扩容。

2. 移民安置实施

洪家渡移民搬迁安置是在政府引导和充分征求意愿的基础上，由移民自行选择集中、分散插迁、投亲靠友、自谋职业等安置方式和安置地。对达不到搬迁条件的涉淹户采取了一次性发放淹没补偿的方式处理。由于移民安置较为分散，规划的62个移民安置点实际只建设了36个，且大量的移民分散安置在各县人民政府所在的城关镇。在移民基础设施建设上，各涉淹县根据安置地的实际建设情况及需要，分别采取了补助、扩建、新建等方式进行处理，解决移民及其子女的就学、就医及道路交通、供水、供电问题。在专项设施建设方面，各涉淹县结合移民搬迁安置过程的实际，通过新建、维修、改造及补助等方式进行投资建设，处理移民安置问题。

2.3.4　新老政策交替的移民安置阶段

从索风营水电站开始，之后的水电站均编制了《移民安置实施规划报告》，这一报告是对可行性研究阶段移民安置规划报告的细化，增加了可操作性，移民安置规划设计工作更加精细，移民安置实施工作也较之前更加顺利、更加规范。

自96规范以来，我国的水库移民安置规划工作更加规范。在此基础上，2002年发布的《关于印发水电工程建设征地移民工作暂行管理办法的通知》（计基础〔2002〕2623号）（以下简称《管理办法》）明确了移民工作的管理体制。《管理办法》对水电工程建设移民工作程序进行了规定，加强了对水电工程建设征地和移民安置工作的管理，明确了各级地方政府、移民机构、项目法人、设计单位和监理单位等有关部门和单位的责任和义务，确保了水电工程建设征地移民安置工作的顺利进行，促进了水电工程建设的健康发展，保护了移民的合法权益。在96规范的基础上，2003年9月，水利部重新修订并颁布了《水利水电工程建设征地移民设计规范》（SL 290—2003）。这些行业设计规范的制定及其不断修订完善，使水库移民前期工作的进度、质量基本能够满足水利水电工程建设和移民安置的要求。

这个时期比较典型的是彭水水电站和思林水电站，其移民安置规划设计都由受项目法人委托的设计单位会同地方政府进行编制，并报国务院投资主管部门审批，在获得批准后开工建设。两个水电站的建设征地移民安置工作都按照国家建设征地移民验收规定的程序、标准、内容进行验收。首先由省级移民机构组织初步验收，初步验收合格后报国务院投资主管部门进行最终验收。此外，建设征地移民安置的实施实行了监理制度，彭水水电站和思林水电站都由有资质的监理单位对移民安置实施的全过程进行了综合监理，并对其移民工程按国家有关规定实行建设监理。这个时期的水电工程移民安置规划设计工作更加规范，移民安置实施也更加有序。

由于洪家渡水电工程移民人均纯收入、人均口粮均低于安置乡（镇）的人均水平和县人均水平，没有达到可行性研究阶段规划的安置目标，且在移民安置过程中，部分应建未建的移民工程由于物价问题难以修建。2004年12月，对洪家渡水库移民安置概算的耕地补偿补助费倍数以1999年重编可行性研究审定本中的有关数据为指标基数进行了调整。伴随新政策的出台，2007年1月2日，根据贵州省人民政府办公厅《关于调整全省在建大中型水电工程移民补偿投资概算有关问题的通知》（黔府办发〔2006〕125号）和贵州省发展和改革委员会、贵州省水库移民办公室2006年12月30日在贵阳市召开的全省在建大中型水电工程移民补偿投资概算调整会议的精神，彭水水电站贵州省库区和思林水电站均进行了建设征地移民安置补偿投资概算调整工作。

2.3.5 政策完善的移民安置阶段

2006年7月，国务院颁布了新修订的《大中型水利水电工程建设征地补偿和移民安置条例》，为衔接条例和水电工程项目核准程序要求，国家发展和改革委员会对96规范进行了修订，并于2007年发布了8个规范。规范将移民前期工作调整为预可行性研究、可行性研究、移民安置实施三个阶段，并对各阶段主要任务和内容做了全面规定。2009年7月，水利部发布了水利行业标准《水利水电工程建设征地移民安置规划设计规范》（SL 290—2009）、《水利水电工程建设农村移民安置规划设计规范》（SL 440—2009）、《水利水电工程建设征地移民安置规划大纲编制导则》（SL 441—2009）和《水利水电工程建设征地移民实物调查规范》（SL 442—2009）。新的水利设计规范增加了移民安置大纲的编写要求，增加了项目建议书阶段，将移民前期工作分为项目建议书、可行性研究、初步设计和技施设计四个阶段，并对各设计阶段主要工作内容、工作深度进行了调整和充实。

这一阶段，乌江流域移民安置规划及实施的主要水电站是沙沱水电站和银盘水电站。该阶段的水电移民工作编制了独立的移民安置规划，将建设征地处理范围详细地划分为水库淹没影响区、远迁移民实物指标处理区、枢纽工程建设区和集镇迁建及农村集中安置区四个范围；建设征地实物指标翔实明确，并进行指标的分析和评价；农村移民迁建规划、集镇迁建规划和专业项目复建规划所包含的项目更加全面，规划方案周全严谨，具有详细的建设征地移民补偿概算，项目单价明确，补偿标准中对各项目补偿明细齐全，具有明确的年度投资计划。此外，还制定了移民后期扶持初步规划。

该阶段贵州省移民生产安置实行"长期补偿为主，其他安置方式为辅"的安置方式，移民搬迁安置方式为"集中安置和分散安置相结合"，均取得较好的效果。重庆市人民政府、移民部门在移民安置实施过程中也出台了一系列与移民切身利益相关的政策文件、办法和实施细则，有效地保障了移民权益，移民满意度较高，库区和移民安置区社会总体稳定。

2.3.6 不同时期移民安置规划及实施总结

1. 移民安置规划设计

纵观乌江流域水电站的移民安置工作，从早期的乌江渡水电站到后来的沙沱水电站，移民安置规划设计工作日益完善。移民安置规划设计经历了一个从无到有、从简单到精细的过程。

早期的乌江渡水电工程移民没有移民安置规划。移民安置完全是摸着石头过河。

东风水电站编制了移民安置规划，但规划设计相对粗略，很多还停留在设计层面，实施起来难度较大。如东风水电站只从总体上说明了移民安置规划和生产安置规划，内容上不够全面、不够细致。

洪家渡水电站工程编制了水库移民安置规划，规划设计有所规范。如洪家渡水电站移民安置规划中编制了农村移民安置规划、集镇迁建规划和专业项目规划。但洪家渡水电站工程和东风水电站工程移民安置设计规划中，对水库淹没实物指标的说明均不够详细，对实物指标复核程序和方法缺乏必要的说明。

之后的索风营水电站、构皮滩水电站、思林水电站和沙沱水电站工程都编制了移民安置规划，并且规划设计程序越来越规范，规划设计的内容也在不断完善，实物指标的界定、分类等都越来越细致。索风营水电站、构皮滩水电站、思林水电站和沙沱水电站工程移民安置设计规划对移民安置环境保护和水土保持设计等也进行了明确的说明。

2. 工程影响实物指标调查

从乌江渡水电站开始，乌江流域水电开发经历了几十年的历程，工程影响实物指标的调查也从开始的摸索阶段，逐渐过渡到规范的过程，乌江渡水电站在工程影响实物指标调查时还没有调查细则可以参考。洪家渡水电站和东风水电站工程影响实物指标的调查工作则是根据1984年《水利水电工程水库淹没实物指标调查细则（试行）》和《水利水电工程水库淹没处理设计规范》（SD 130—84）执行的，这两个水电站的工程影响实物指标调查较乌江渡水电站的准确率有所提高，但是由于该细则对地类的划分不科学等原因，其操作性仍有待改进。索风营水电站、构皮滩水电站和思林水电站工程影响实物指标调查则是按照《水电工程水库淹没处理规划设计规范》（DL/T 5064—1996）确定水库淹没处理范围，调查的准确性有了明显提高。沙沱水电站工程影响实物指标的调查工作依据《水电工程建设征地移民安置规划设计规范》（DL/T 5064—2007）和《水电工程建设征地处理范围界定规范》（DL/T 5376—2007）执行，无论是调查内容还是标准确定都更加具体、完善。各阶段政策对实物指标调查的要求见表2.3-1。

表2.3-1 各阶段政策对实物指标调查的要求

水电站	水库淹没实物指标调查依据	评　价
乌江渡水电站	没有明确的水库淹没实物指标调查细则	实物指标调查随意性较大
东风水电站	《水利水电工程水库淹没实物指标调查细则（试行）》《水利水电工程水库淹没处理设计规范》（SD 130—84）	实物指标调查较粗略
洪家渡水电站		
索风营水电站	《水电工程水库淹没处理规划设计规范》（DL/T 5064—1996）	实物指标调查较准确
构皮滩水电站		
思林水电站		
沙沱水电站	《水电工程建设征地移民安置规划设计规范》（DL/T 5064—2007）《水电工程建设征地处理范围界定规范》（DL/T 5376—2007）	实物指标调查相对规范

可以看出,年代越久远的水电站其实物指标出入越大。例如乌江渡水电站,由于当时国家没有颁布设计规范,规划过程中考虑不充分等原因,移民人口增加了4721人;东风水电站的移民安置人口增加则是因为规划设计不合理,未考虑人口自然增长因素;洪家渡水电站实物指标变化是因为没有充分考虑移民的意愿;索风营、构皮滩和思林水电站的实物指标变化均不是很大,即使变化也是由于地类变更、漏登记等非规划的原因。

以安置人口、房屋和土地为例,随着水电站修建时间的推后,水电站的实物指标调整逐渐变小,说明水库淹没实物指标逐渐细化和准确。安置人口、房屋、土地增长比例如图2.3-1所示。乌江流域水电站可行性研究阶段与规划调整后实物指标汇总表(一)~(四)见表2.3-2~表2.3-5。

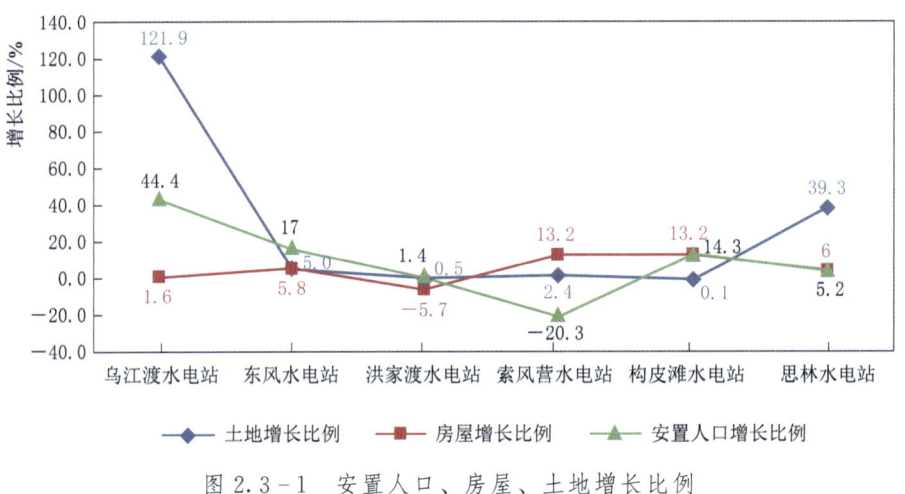

图2.3-1 安置人口、房屋、土地增长比例

表2.3-2 乌江流域水电站可行性研究阶段与规划调整后实物指标汇总表(一)

工程名称	安置人口			淹没与征用土地			拆迁与征用房屋		
	可研 /人	调整 /人	增长比例 /%	可研 /亩	调整 /亩	增长比例 /%	可研 /m^2	调整 /m^2	增长比例 /%
乌江渡水电站	10630	15351	44.4	20888	46352.8	121.9	356400	362000	1.6
东风水电站	8018	9382	17.0	11791.4	12386.2	5.0	144580	153008.2	5.8
洪家渡水电站	47767	48438	1.4	113473.2	113994.52	0.5	1018011.8	960350.59	−5.7
索风营水电站	2171	1731	−20.3	7940.5	8128.44	2.4	52097.01	58964.78	13.2
构皮滩水电站	18244	20854	14.3	118448.9	118550.1	0.1	713441.3	807771.6	13.2
思林水电站	16774	17640	5.2	41573.43	57910.62	39.3	594692	630380.8	6.0
沙沱水电站		13714			33838.08			479099.06	

注 "可研"为可行性研究阶段的指标值,"调整"为规划调整后的指标值,"增长比例"为规划调整后的指标值与可行性研究阶段的指标值相比的增长比例。

表 2.3-3　　乌江流域水电站可行性研究阶段与规划调整后实物指标汇总表（二）

工程名称	附属建筑及其他			零星树木			农副业生产设施		
	可研 /m²	调整 /m²	增长比例 /%	可研 /棵	调整 /棵	增长比例 /%	可研 /个	调整 /个	增长比例 /%
乌江渡水电站				24697	25464.8	3.1	36	48	33.3
东风水电站	16328	17559.5	7.5	2823.8	2823.8	0	100	106	6.0
洪家渡水电站	243536.85	291682.74	19.8	560447	4426523	689.8	50002	1345	−97.3
索风营水电站	12155.43	12466.72	2.6	117753	130356	10.7	39	62	59.0
构皮滩水电站				387331	402874	4.0			
思林水电站	498649	534337.8	7.2	894784	1015254	13.5	122	141	15.6
沙沱水电站		108390.13			234137			342	

注　1. "可研"为可行性研究阶段的指标值，"调整"为规划调整后的指标值，"增长比例"为规划调整后的指标值与可行性研究阶段的指标值相比的增长比例。
　　2. 乌江渡水电站和东风水电站中零星树木指标值的单位为亩。

表 2.3-4　　乌江流域水电站可行性研究阶段与规划调整后实物指标汇总表（三）

工程名称	水利水电设施									文物景观		
	电力设施						水利设施					
	水电站			电线								
	可研 /座	调整 /座	增长比例 /%	可研 /km	调整 /km	增长比例 /%	可研 /km	调整 /km	增长比例 /%	可研 /座	调整 /座	增长比例 /%
乌江渡水电站	11	11	0.0	88.89	292.12	228.6	117	117	0.0			
东风水电站	3	4	33.3	18.5	30	62.2	70.08	58.08	−17.1	0	5	500.0
洪家渡水电站	53	61	15.1	375	304.49	−18.8	381.89	510.85	33.8	6	8	33.3
索风营水电站	1	1	0.0	7560.6	7380.6	−2.4	1219.2	1219.2	0.0	1	1	0.0
构皮滩水电站	52	55	5.8	65.25	65.25	0.0	36.1	36.1	0.0	20	20	0.0
思林水电站	40	65	62.5	66.08	79.93	21.0	18.6	18.6	0.0	17	26	52.9
沙沱水电站	29			50.4			4560			32		

注　"可研"为可行性研究阶段的指标值，"调整"为规划调整后的指标值，"增长比例"为规划调整后的指标值与可行性研究阶段的指标值相比的增长比例。

表 2.3-5 乌江流域水电站可行性研究阶段与规划调整后实物指标汇总表（四）

工程名称	交通设施						通信广播设施		
	公路			桥					
	可研/km	调整/km	增长比例/%	可研/座	调整/座	增长比例/%	可研/km	调整/km	增长比例/%
乌江渡水电站	78.6	193.7	146.4	2	4	100.0	4	7	75.0
东风水电站	3286.3	3297.1	0.3	4	5	25.0	18	19.5	8.3
洪家渡水电站	166.81	300.11	79.9	32	34	6.3	86	52.7	−38.7
索风营水电站	11.7	11.7	0.0	2	2	0.0	12	14.4	20.0
构皮滩水电站	52.35	52.35	0.0	7	7	0.0	13.25	13.25	0.0
思林水电站	89.87	98.15	9.2	67	87	29.9	54.7	59.65	9.0
沙沱水电站		114.5			36			120.8	

注 "可研"为可行性研究阶段的指标值，"调整"为规划调整后的指标值，"增长比例"为规划调整后的指标值与可行性研究阶段的指标值相比的增长比例。

3. 移民安置方式

乌江流域梯级水电开发，从乌江渡水电站开始，随着社会经济的发展和体制机制的变化，水电移民安置经历了从单纯安置补偿向开发性补偿过渡的变化历程，安置方式也从单一的有土安置向多种安置方式转变。

早期国家处于计划经济体制下，基本上由水库所在地人民政府采取调剂耕地等生产资料、补助建房费用等办法，统一安置移民的生产生活。由于补偿补助标准低，移民多数采取后靠安置方式，移民住房、交通、就学、就医等基础条件极差，生存环境恶劣，以至于到目前仍处于后期生产扶持阶段，乌江渡水电站移民即属于这类情况。

20 世纪 80 年代中期至 90 年代末，经济体制由计划经济向市场经济转型变革过程中，经过牡丹江、三门峡等水电工程水库移民遗留问题，国家高度重视水库移民工作，陆续制定了建设征地补偿和移民安置方面的法律法规和政策规定。这一时期，移民安置补偿标准相对提高，安置形式多样，既有政府统一安排，也允许移民投亲靠友或自谋职业安置。土地补偿补助费主要由县人民政府统一安排，用于有偿调剂土地安置移民及生产开发。乌江流域的东风水电站的移民安置工作就在这一时期。

20 世纪 90 年代，国家实施了"西电东送"工程建设。这期间，国家有关征地移民安置补偿方面的法律法规逐步健全。《中华人民共和国土地管理法》（以下简称《土地管理法》）在 1999 年实施，《中华人民共和国农村土地承包法》在 2003 年 3 月 1 日施行。各库区依据国家法律法规，结合实际，因地制宜地探索了不少移民安置的办法和思路。其中较为典型的,是乌江流域的洪家渡、构皮滩库区,依据《土地管理法》和74号令的规定,将全县移民人均耕地补偿补助费兑现给移民,坚持有土安置移民的做法。又如构皮滩、思林库区所处的余庆县,搬迁安置移民5000余人,该县把移民搬迁安置与小城镇建设结合起来,80%的移民集中搬迁到县城和敖溪镇、大乌江镇等集镇。这样的方式,既推动了移民示范新村建设,又加快了移民产业化调整进程,拓宽了移民就业的渠道。之后,随着对移民长远生计和可持续发展问题的关注,在实践中,逐步将移民当前妥善安置与长远发展结合起来,通过土地租赁、入股等流转方式将传统的一次性补偿变为动态的长期逐年补偿和股份收入。比较典型的是贵州省,开始积极推行征占耕地长期补偿机制。工程业主按照"淹多少、补多少"的原则,对征占移民的耕地,以谷物或现金的形式对移民实行逐年长期补偿,电站运行一年,补偿一年,同时被占耕地年产值标准由相关部门根据农产品价格和耕作技术水平的变化等作相应的调整,直至电站运行期结束。

4. 移民安置投资概算

在乌江流域长达30多年的梯级开发过程中,工程建设思路从"轻移民、重工程",逐步发展到把移民安置作为水电建设的头等大事。纵观乌江流域不同时期电站开发建设中,从移民的补偿和安置投资比例变化就可以看出,随着社会经济的发展,移民安置投资概算的额度在逐渐提高。乌江流域梯级电站建设征地和移民补偿费用占总投资比例见表2.3-6,乌江流域梯级电站建设征地和移民补偿费用占总投资比例如图2.3-2所示,乌江流域梯级电站建设征地和移民补偿费用占总投资比例(不含洪家渡水电站)如图2.3-3所示。

表2.3-6 乌江流域梯级电站建设征地和移民补偿费用占总投资比例表

水电站名称	工程总投资/万元	建设征地和移民安置补偿费用/万元	建设征地和移民安置补偿费用占总投资比例/%
乌江渡水电站(1979年)	60000	3500	5.83
东风水电站(1984年)	65950	2823	4.28
洪家渡水电站(1999年可研修编)	492715	147250	29.89
洪家渡水电站(2004年调整)	522740.78	177275.78	33.91
洪家渡水电站(2007年调概)	623263.4	277798.40	44.57
索风营水电站(2001年可研)	226206.37	9901.37	4.38
索风营水电站(2007年调概)	234741.94	18436.94	7.85
构皮滩水电站(2001年可研)	891647	117346	13.16
构皮滩水电站(2007年调概)	1090261.45	315960.45	28.98
思林水电站(2005年可研修编)	625260.94	86481.77	13.83
思林水电站(2007年调概)	801354.08	262574.91	32.77
沙沱水电站(2008年可研)	1075861.81	220628.11	20.51

注 表中"调整"指移民安置工作中的规划调整数据,"调概"指移民安置工作后的概算调整数据。

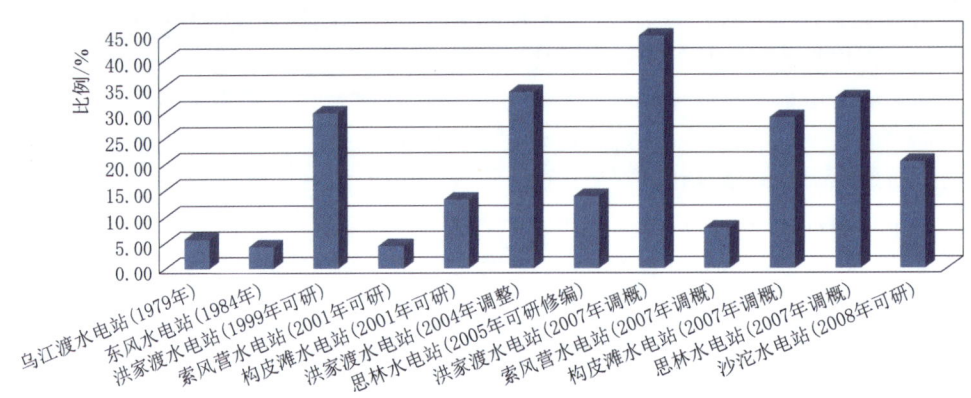

图 2.3-2　乌江流域梯级电站建设征地和移民
补偿费用占总投资比例图

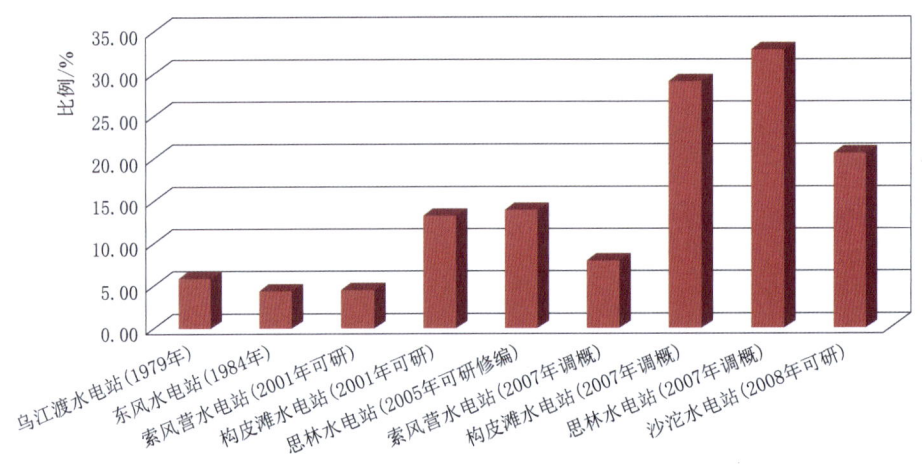

图 2.3-3　乌江流域梯级电站建设征地和移民补偿费用
占总投资比例图（不含洪家渡水电站）

从图 2.3-2 和图 2.3-3 中可以看出，除去洪家渡水电站以外，乌江流域电站建设征地和移民补偿费用占总投资比例有上升趋势。这正好反映了我国水电建设中从"重工程、轻移民"到重视移民补偿和安置的发展历程。

5. 遗留问题处理情况

设计变更是指在招标设计阶段和施工详图阶段，对审定的工程主要特征参数、工程设计方案和移民安置方案等进行的改变，包括调整、补充和优化。比较普遍的是因实物指标、规划设计而引起的变更。此外，在整个移民安置实施的过程中，还可能产生各种新问题，如：①移民的意愿和需要有可能改变，会引起安置方式，甚至安置点规划的变化；②阶段性蓄水问题引起的变化，由于移民搬迁安置工作相对滞后于电站枢纽工程建设，为满足电站分期、分阶段性蓄水的要求需采取一定措施，因而会相应地发生一定费用；③移民搬迁安置以来，在农村移民安置、集镇迁建及专项设施复建过程中，由于近年来建筑材料、人工费用持续上涨，移民群众反映建房难，施工单位反映工程项目复建投资缺口较大；④实物指标分解时，为了更合理地对移民进行补偿和安置，而进行的一些调整变化；

⑤农村移民安置点以及桥梁等专业设施复建中存在规划漏项和工期滞后的问题等。

导致这些变更的根本原因在于,从国家核准项目到开始实施移民安置工作,中间还有很多前期工作要做,历时较长,短则一两年,长的甚至有十年左右才能实施。在此期间,国家相关法规、政策、规程、规范很有可能做出新的调整,移民安置的条件等也会发生较大变化。

案例:乌江渡水电站移民遗留问题处理

从 20 世纪 80 年代中期开始实施水库移民遗留问题处理以来,国家投入了大量的人力和财力,很多长期制约水库移民生存和发展、影响当地社会稳定的问题得到了一定程度的解决和缓解。下面以贵州省乌江渡水电站水库移民遗留问题为例,对我国水库移民遗留问题处理取得的成效和存在的问题进行剖析。

1. 乌江渡水电站基本情况

乌江渡水电站是乌江中游干流上的一座大型水电站。坝址位于贵州省遵义县乌江镇,坝址集水面积 27790km^2。电站于 1970 年 2 月开始建设,1979 年 12 月首台机组投产,1982 年 12 月全部机组建成投产。电站装机容量为 3×21 万 kW,设计年发电量为 33.4 亿 kW·h,年实际发电量为 21 亿~28 亿 kW·h,总库容为 23 亿 m^3。水库淹没涉及贵阳市的息烽县、修文县,毕节地区的金沙县、黔西县,遵义市的遵义县。共涉及 5 个县 38 个乡镇 99 个村 271 个村民组,设计搬迁移民 1807 户 10630 人。从 1976 年到 1985 年实际共搬迁移民 11456 人,移民安置共投资 3541.58 万元,其中农村移民补偿费为 2126.33 万元,移民人均补偿费为 1856.08 元。

2. 搬迁结束后至 1985 年移民情况

根据调查,1984 年年底,全库区移民人均耕地只有 0.82 亩,其中水田 0.29 亩。安置县 1985 年农村年人均收入为 211.4 元,而移民年均收入为 138 元;安置县人均占有粮食 192.3kg,而移民人均占有粮食 100kg。按当时人均 200kg 粮食,人均纯收入 200 元的脱贫标准计算,库区没有脱贫的移民达 85% 以上,有的县达 97%。其中,人均口粮 75kg 以下和人均纯收入 80 元以下的极贫户占 50%,有 18.8% 的移民户缺耕牛和无钱购买化肥。在这些移民贫困户中,缺粮 3~4 个月的占 30%,缺粮 1~2 个月的占 40% 以上。在基础设施方面,有 57% 以上的移民人畜饮水困难,水源紧张;30% 的乡只通机耕道、不通乡公路,96% 以上的移民村连机耕道也没有;移民安置的 784 个村寨中,59% 以上未通电,建设的电力提灌站没有电源配套,加工、照明缺少电源输送设施,出现守着电站点油灯的局面;很多移民村本村没有学校,儿童上学还要到几千米以外的邻村;移民安置区 86% 以上的村都没有卫生室,治病要到几十里以外,移民就医困难。

3. 移民遗留问题处理规划及投资情况

针对上述存在的问题,按照《国务院办公厅转发水利电力部关于抓紧处理水库移民问题报告的通知》(国办发〔1986〕56 号)的有关精神,乌江渡库区的移民遗留问题处理工作自 1985 年开始启动。1985—1987 年,重点解决了极困难户的危房维修、水库滑坡体危险户的搬迁安置,为缺粮户无偿补助供应了口粮、化肥、种子,为缺牛户解决了部分耕牛,恢复建设了一些急需的水、电、路、学、医等基础设施和公益工程的临时计划项目。

此外，乌江渡水库共制定了三大规划：1987年制定的"1988—1994年七年规划"，后调整为"五年规划"，1997年制定的"1998—2000年扶贫攻坚规划"以及2002年制定的"2002—2007年六年规划"。3个规划实际投资20438万元，实施大小项目3000余个，其中第一个、第二个规划共投入移民遗留问题处理资金4497万元，实施各类扶持项目1100余个，第三个规划实际计划投资15941万元，实施大小项目1096个。

4. 移民遗留问题处理成果

通过20余年的处理、三个规划的实施，特别是"2002—2007年六年规划"的实施，库区的基础设施条件得到了很大的改善，移民的科技意识有了较大提高，移民区产业结构得到了有效调整，移民的生活水平和收入水平明显提高，移民的贫困问题基本得到了解决。移民人均纯收入从1985年年末的138元增长到2008年年末的2335元；人均占有粮食由1985年年末的100kg增长到2008年年末的357kg。规划的实施，不仅增加了移民的收入，改变了移民的生活状况，改善了移民的生产生活条件，而且丰富了移民的物质文化生活，促进了移民思想观念的转变，使移民受教育意识、环境意识、经商意识不断增强，为建设社会主义新农村奠定了基础。

(1) 实施滑坡搬迁、危房搬迁和松动搬迁，移民3666人；兴建人畜饮水工程71处，解决37553人饮水困难（含部分非移民人口）；建设各类水利设施134处，改善和增加灌溉面积18624亩；架设输电线路193km，解决12685人的用电困难（含部分非移民人口）；修建道路（公路和机耕道）251km，受益群众45035人（含移民18000多人）；新建和维修学校31所，近40000m²校舍。通过上述基础设施项目，移民群众的饮水难、出行难、上学难、住房难等问题基本得到解决，实施的项目都发挥了显著效益，移民群众的生产生活条件得到了较大改善，产业结构得到了调整，移民生存和发展的基础条件不断加强，移民地区经济社会发展态势良好，社会稳定。

(2) 通过种植经济果树林20000多亩，扶持种植经济、粮食作物10000多亩，饲养家禽家畜近100000头（只）和网箱养鱼231箱等生产开发项目，拓宽了移民增收致富的道路，移民的自我发展信心和发展能力不断增强，移民的纯收入逐年增加，库区移民温饱问题基本得到解决。

(3) 举办移民农业科技培训班，对广大移民进行农业实用技术和劳动力转移培训，库区受训移民达27000多人次，转移劳动力2000多人。科技培训提高了移民综合素质，增强了移民学科技、用科技的意识和劳动技能，为移民的科技致富和劳动力转移创造了条件，从而有效地缓解了库区生存容量小的问题。

2.4　移民安置工作特点

我国水电移民范围广、数量大，移民工作环境复杂，工作难度大。尤其是在移民安置工作的实践中，还历经了移民条例和相关规程规范从无到有、从不完善到完善的过程。移民搬迁与社会转型期社会矛盾相互重叠，移民的原生贫困与民族、宗教问题相互叠加，移民心态变化大，利益诉求多元化，期望值不断攀升，矛盾纠纷增多，调解难度大，移民的搬迁安置与社会稳定越来越难，移民问题逐渐成为水电工程面临的最大挑战。

乌江流域是国内较早进行梯级水电站建设的流域，梯级开发给整个流域带来了巨大的经济和社会效益，为国家清洁能源建设做出了巨大贡献。但流域各水电站在移民安置实践过程中，也遇到了很多困难。对移民政策、移民安置方式、管理模式的不断探索、实践和创新，为国家移民安置条例的出台奠定了一定的实践基础，具有重大意义。

乌江流域水电的梯级开发，经过了漫长的历史时期，在整个流域的移民安置过程中，既有我国水电移民安置工作的共性特征，又体现出了自身的特点。

(1) 库区经济社会发展滞后，移民贫困面大。例如，贵州省水库移民在移民初期的人均耕地少、人均占有资源匮乏，生产生活总体上很困难，移民人均收入较低，甚至还有近一半移民属于绝对贫困和低收入人口。后期扶持检测评估数据显示，2012年，贵州省水库移民人均纯收入为4492元，比当地农村人均纯收入的5672元低21%，离全面建成小康社会的差距还很大。

(2) 大部分水电站移民搬迁任务提前完成，移民搬迁强度大。例如，乌江流域贵州省内的九大梯级电站，移民搬迁均提前完成，保证电站提前或按期下闸蓄水。

(3) 人地矛盾突出，安置难度大。乌江流域电站开发影响的贵州和重庆两省（直辖市）均多山，人地矛盾比较突出。尤其是贵州省，一直被认为是"地无三尺平"的省份，安置空间本来就有限，随着水电移民数量的增加，移民规模的扩大，环境容量更加趋紧，用地调剂困难，生产资料配置不足，传统的农业有土安置方式难以为继，第二、第三产业和城镇安置因移民文化素质低、谋生技能差，就业和长远生计保障面临诸多挑战。

(4) 移民矛盾易发多发，社会维稳压力大。乌江流域主要涉及贵州和重庆两省（直辖市），全流域以汉族为主。上游有苗族、彝族等少量的少数民族混居；中游干流以汉族为主，支流有苗族等少数民族混居；下游有土家族、苗族、侗族等少数民族混居。民族文化差异、地域发展差异大，加之新老政策交替等原因，大规模的移民群体性事件时有发生。移民纠纷不仅影响到工程建设，也给地方政府维稳工作带来较大的压力。

(5) 移民投资越来越大。由于土地补偿标准、土地税费、环保设施费用及物价持续上涨并相互作用，水库移民投资占工程投资比重持续上升，项目投资成本加大。例如，乌江流域的构皮滩、思林水电站分别于2003年、2007年开工建设，相距仅4年时间，移民人均水库淹没和安置补偿投资由14万元增加到19万元，上升幅度为35.7%；单位千瓦投资由6168元/(kW·h)增加到9037元/(kW·h)，上升幅度为46.5%。

第 3 章
移民安置政策

我国移民安置政策经历了一个动态的演变过程，是特定时期对水电资源开发中相关群体利益分配和调整的政治措施和复杂过程。由于每一个时期的政治路线、目标、经济体制和国力不同，移民安置政策呈现出明显的差异性，带有突出的时代特征。新中国成立以来，从1953年第一部《国家建设征用土地办法》到2006年《大中型水利水电工程建设征地补偿和移民安置条例》的修订，我国水电移民安置政策伴随着国家经济体制由计划经济向市场经济的重大变化，经历了探索、形成、发展和完善的历史过程。我国水电移民安置政策是伴随着实践需要而出台并不断完善的，相对于移民安置实践而言，移民安置政策的出台具有滞后性。

3.1 移民安置政策发展历程

乌江流域水电移民安置政策是随着国家移民政策的变化而变化的。早期的移民实践是在没有任何政策作为依据和指导的背景下摸索完成的，在实践摸索的过程中，遇到了很多问题。为了使今后的实践更顺利地开展，避免同类问题的出现，于是推动了移民政策的出台。总体而言，乌江流域的移民安置政策经历了探索、形成、发展和完善的历史过程。

3.1.1 政策探索期（1949—1981年）

这一时期，实行高度集中统一的指令性计划经济体制，水库移民工作执行通用法规中征地补偿的有关规定。乌江流域涉及的贵州和重庆两个地区的移民安置主要以党和政府的相关文件精神为依据，没有专门的移民法规、统一的设计规范、合理的补偿标准。这一时期移民安置政策体现了计划经济体制下突出的行政手段特征，并呈现出多样化的特点，导致移民安置出现了大量的历史遗留问题。党的十一届三中全会后，随着改革开放和水库移民安置实践的需要，国家将水利水电工程征地移民工作第一次提到了需要制定专门法规的议事日程，并对此进行了积极的探索。这个时期乌江流域水电移民安置适用的通用法规主要是《国家建设征用土地办法》，以及由此修订形成的《国家建设征用土地条例》。

1. 移民安置政策

受计划经济农村生产资料"一平二调"的影响，移民安置补偿标准很低。1953年12月，中央人民政府政务院颁布的《国家建设征用土地办法》规定征地补偿标准为土地年产值的3~5倍。随后开展的农业合作化，通过各种互助合作的形式，把以生产资料私有制为基础的个体农业经济，改造为以生产资料公有制为基础的农业合作经济，农村土地由原来的农民私有变为农业生产合作社所有，土地所有权发生了根本性的变化。

乌江流域在这一时期的水电开发，主要是通过划拨土地或调剂土地，以土地置换土地的方式进行经济补偿和移民安置，对移民的经济补偿很少。人民公社时期，工程建设中普遍存在"重工程、轻移民，重搬迁、轻安置，重生产、轻生活"的错误倾向，主要靠行政命令进行移民搬迁，移民以就地后靠安置为主，土地由人民公社就地调剂，个人财产补偿在20世纪60年代一般为300～500元，70年代一般为600～1200元，个人财产补偿较低，移民基本生产生活条件较差，出现诸如住房难、饮水难、用电难、上学难、就医难等遗留问题。

严峻的移民安置现状和形势引起了国家的高度重视，催生了国家有关部门对移民问题的探索。1981年6月，电力工业部、财政部印发了《关于从水电站发电成本中提取库区维护基金的通知》（〔1981〕电财字第56号），决定从水电站发电成本中按每千瓦时1厘钱标准提取库区维护基金，专项用于解决水库移民遗留问题和水库防护工程维护。1981年，国务院发布了《国家建设征用土地暂行规定》，1982年又修订为《国家建设征用土地条例》。对于水电移民来说，该条例有两个重大变化。一是在土地补偿标准上，规定征用耕地的补偿费为该耕地被征用前3年平均年产值的3～6倍；新增了安置补助费，规定每一个需要安置的农业人口的安置补助费标准为该耕地被征用前3年平均每亩年产值的2～3倍。从而较大幅度地提高了移民安置补偿补助标准，将移民的生产安置第一次正式用行政法规的形式规定下来。二是该条例还规定大中型水利水电工程建设的移民安置办法由国家水利电力部门会同国家土地管理机关参照该条例另行制定，从而将水利水电工程移民安置工作提到了需要制定专门法规的议事日程上。该条例的颁布，标志着我国的水库移民政策从适用普适性的法律法规，走上了探索建立行业性专项法规之路。

2. 基本特点

（1）移民安置政策具有典型的计划经济体制特征，由于处于全面建设的初始时期，加之实行高度统一的计划经济体制，对移民安置工作的复杂性、艰巨性以及移民迁移活动的特点和规律缺乏认识，移民搬迁安置工作主要靠政治动员、行政命令的方式进行，补偿标准低，甚至没有补偿。在搬迁上，移民需要自找门路，自己组织搬迁，甚至采取"军事化"的简单做法，把移民搬迁安置只看成是简单的搬家而已。在安置上，多采取的是以土地换土地或由人民公社或生产大队内部消化的方法，移民主要靠工分吃饭，按工分分配粮食和收入，本地粮食短缺，则从其他地方平调解决。在移民住房上，主要通过行政手段划拨宅基地，集中建"干打垒""兵营式"的简易住房，住房木料山上砍，建房劳力自己出，或由生产大队统一调配。在生产生活条件上，忽略必要的水、电、路、文、教、卫等基础设施建设，以致出现了移民住房难、饮水难、用电难、行路难、就医难、上学难等诸多遗留问题，移民普遍缺乏基本的生产生活条件和发展后劲。

（2）由于当时国家政治、经济、社会等各种原因，乌江流域水电移民多数采取由低向高就近、就地、后靠上山安置，或到荒山、荒坡以及未经开垦的不毛之地进行安置，忽视了安置容量分析，生产资料严重不足，随着人口的自然繁衍，人多地少的矛盾日益突出。由于当时土地由生产队集中耕种，移民对耕地和安置容量的要求还不突出。农村土地联产承包责任制后，这些后靠安置移民的生活条件恶劣、土地资源匮乏问题才凸显出来，不仅影响到移民的长远生计，还对安置地的农民生产生活带来严重影响。这个时期流域内移民安置的一个显著特点就是重迁、返迁现象突出，移民问题的根源也在于此。2005年调查的数据显示，当时后靠安置移民的人均耕地面积仅为全国农村人均水平的58.6%，其中，人均耕地面积在0.5亩以下的占农村移民总数的31.6%。由于耕地质量差，土地产出率低，部分后靠安置移民口粮难以自给，加上生产门路单一，生产生活水平长期处于低谷状态。

（3）地方没有专门的移民法规，移民安置和经济补偿基本上无法可依、无章可循。移民安置和补偿主要以地方政府的"红头文件"作为依据，移民政策带有很大的地域性和随意性。特别突出的是，大规模的移民安置工程既没有细致的水库淹没实物指标调查，也没有编制科学的移民安置规划，对移民搬迁安置去向、安置方式、安置条件、安置目标缺乏科学论证，带有较大的盲目性和随意性。2006年国家调整移民后期扶持政策时，为了核定移民人口，要求各级人民政府对每座水库的移民对象和身份进行核实，由于没有移民安置规划，有的地方、有的水库对究竟谁是移民、安置在哪里都很难搞清楚，只能通过实地调查、访问排查加以核实核定。

3.1.2 政策形成期（1982—1990年）

1978年12月，以党的十一届三中全会为标志，我国进入了改革开放和经济建设新的历史时期，高度统一的计划经济体制开始向社会主义有计划商品经济转型。水利水电建设迎来了加快发展的春天，一大批大中型水利水电工程相继投入建设，移民安置规模大幅度扩大。而农村家庭联产承包责任制的广泛实施，使土地所有权和承包经营权分离，农村集体经济组织不再经营土地，在征地中既要对土地所有者支付补偿费，又要对土地承包者进行安置。形势的发展变化，要求移民安置必须从法律制度上予以保证。通过30多年移民工作实践和经验教训的总结，以1982年国务院颁布的《国家建设征用土地条例》为标志，国家开始了对水库移民专项法规的研究和制定工作，提出了一系列移民安置的方针、政策和措施。在这之后，于1986年颁布了我国第一部土地管理和征收法律——《中华人民共和国土地管理法》，并于1991年正式颁布了我国第一部水库移民安置的专项法规——《大中型水利水电工程建设征地补偿和移民安置条例》（国务院令第74号，1991年5月1日起实施），实现了水库移民工作从适用普适性的法律法规，向适用专业性法规的历史性转变。

1. 移民安置政策

1982年，国务院针对水利水电工程建设征地面积大、移民人数多、影响范围广、情况复杂、政策性强的特点，在《国家建设征用土地条例》中明确提出了制定大中型水利水电工程建设移民安置办法的任务和要求。随后，国家权力机关和国家职能部门围绕移民安置相继制定和颁布了一系列法律法规和政策。

（1）提高补偿标准。《中华人民共和国土地管理法》规定，集体所有的土地可以由集体或者个人承包经营，土地的承包经营权受法律保护；国家征用土地应支付土地补偿费、安置补助费，以及土地附着物和青苗补偿费，补偿标准按该耕地被征用前三年的平均年产值计算，土地补偿费为3~6倍、安置补助费为2~3倍，土地附着物和青苗补偿标准由各省规定；大中型水利水电工程建设征用土地的补偿费标准和移民安置办法，由国务院另行规定。1986年7月，国务院批准了《水利电力部关于抓紧处理水库移民问题的报告》，明确指出水库移民安置是水利水电工程建设不可分割的组成部分，妥善处理好移民问题是保证工程正常施工和正常运行的必要条件。水库移民工作必须从单纯安置补偿的传统做法中解脱出来，改消极赔偿为积极创业，变救济生活为扶助生产，走开发性移民的路子。正式确定我国对水库移民实行开发性移民的方针,以及"谁主管、谁负责,谁受益、谁承担"的原则。1988年1月,全国人民代表大会审议通过并颁布了《中华人民共和国水法》,明确规定,国家兴建水工程需要移民的,由地方人民政府负责妥善安排移民的生活和生产,安置移民所需的经费列入工程建设投资计划,并应当在建设阶段按计划完成移民安置工作。1991年2月,国务院以第74号令发布了《大中型水利水电工程建设征地补偿和移民安置条例》,第一次以行政法规的形式,对大中型水利水电工程建设征地和移民的管理进行了统一和规范,标志着我国水库移民政策体系基本形成。

(2) 制定出台移民设计规范。1984年,水利电力部制定和颁布了《水利水电工程水库淹没处理设计规范》(SD 130—84),第一次针对水电工程移民安置出台了专门规范,对水电工程移民安置规划设计工作进行了规范,同时对移民规划设计工作分工做了规定。第3.0.6条对各项工作的分工规定如下:"水库淹没洪水标准的选择、水库范围的确定、重要防护工程的设计,库底清理技术要求和实施办法的制定、投资概算和主要设备材料的编制以及水库消落区土地利用的规划等,由工程设计单位承担。""水库淹没实物数据的调查核定、界桩的测设等,以工程设计单位为主、地方政府有关部门配合进行。""移民安置规划,城镇迁建规划设计,小水电站、水轮泵站及抽水机站等水利设施的迁建设计等,以地方政府为主、工程设计单位配合进行。""受淹城镇、铁路、公路、电力、电信、广播线路、管道及工矿企业等专业设施的迁建规划设计,矿藏开采利用的研究,文物古迹的调查、发掘或保护措施,受淹林地面积、材积的调查,森林砍伐及林地清理的措施等专项,由工程设计单位通过隶属关系委托有关专业部门承担。"1986年,又制定和颁布了《水利水电工程水库淹没实物指标调查细则》(〔1986〕水电水规字第77号)和《水库库底清理办法》(〔1986〕水电水规字第59号),对水库淹没处理范围的确定、淹没实物指标的调查、移民安置规划和补偿投资概算的编制工作等,进行了具体规定和全面规范,结束了过去水库淹没处理和移民安置无法可依、无章可循的历史,使移民前期工作开始步入了制度化、规范化和科学化的轨道,加强和规范了水库移民前期工作。

(3) 建立移民后期扶持资金。1981年,财政部、电力工业部联合印发了《关于从水电站发电成本中提取库区维护基金的通知》,决定从水电站发电成本中按每千瓦时提1厘钱的标准提取库区维护基金,用于水库防护工程维护和解决库区移民遗留问题。1985年,中央财经领导小组召开会议,专题研究水库移民问题,决定从1986年1月1日起,中央直属水库水电站电费收入中按每千瓦时提取4厘钱的标准,设立库区建设基金,集中用于这些水库的移民遗留问题处理,财政部据此下达了《关于增提库区建设基金的通知》(〔1986〕财工字第151号)。1986年7月,《国务院办公厅转发水利电力部关于抓紧处理水库移民问题报告的通知》(国办发〔1986〕56号),规定从1986年起,新建、扩建和缓建水库工程的移民经费与工程概算一并审定,并在基建投资中安排包干使用。在此之前建成的水库,其移民遗留问题按水库隶属关系分级负责:中央直属水库通过在其电费中提取库区建设基金,提取办法由财政部和水利电力部商定,地方水电站提取办法由地方政府确定;地方还可以根据《水利工程水费核订、计收和管理办法》,在水费外附加库区移民扶助金。库区维护基金、库区建设基金和库区移民扶助金的确立,标志着移民遗留问题处理和后期扶持政策的正式形成。

2. 基本特点

（1）水库移民问题引起了中央和各级人民政府的高度重视，开始了对移民问题的反思和政策的探索，将制定水库移民专项法规提上了议事日程。《国家建设征用土地办法》（1958 年）逐步修改为《国家建设征用土地条例》（1982 年）和《中华人民共和国土地管理法》（1986 年），逐步由行政法规发展为法律。贵州省颁布了《贵州省〈中华人民共和国土地管理法〉实施办法》（1987 年）。规范方面也是从无到有，由于《水利水电工程水库淹没处理设计规范》（SD 130—84）的颁布，建设征地移民安置补偿体系初步形成。此时期，移民管理体制初步建立。1984 年 9 月，国家计划委员会等中央部门联合颁布《基本建设项目投资包干责任制办法》（计基〔1984〕2008 号），并在此基础上于 1984 年 12 月颁发《关于征用土地费实行包干使用暂行办法》〔〔1984〕农（土）字第 30 号〕，将水库移民安置实施的责任明确交由地方政府负责。《水利水电工程水库淹没处理设计规范》（SD 130—84）使水库淹没范围确定、实物指标调查、移民安置规划、集镇及专项处理、库底清理标准、补偿投资费用计算等逐步上升到行业标准，对工作过程中各方的职责进行了明确，使移民安置规划设计变得有章可循。

（2）提出了开发性移民方针。在总结计划经济时期移民安置工作经验教训的基础上，1986 年 7 月 29 日，《国务院办公厅转发水利电力部关于抓紧处理水库移民问题的通知》中首次明确了水库移民实行开发性移民的方针。1986 年，国务院提出了水库移民工作必须实行安置补偿与积极创业相结合、生活安置与生产安置相结合，走开发性移民的路子。这一方针的提出，为此后我国水利水电工程建设与移民安置工作理清了思路，明确了指导思想，指明了方向，为移民政策的制定奠定了理论基础。

（3）启动了移民后期扶持。国家在高度重视移民遗留问题处理的同时，逐步提出了移民后期生产扶持的思路、办法和要求，从而形成了我国水库移民安置实行"前期补偿、补助与后期扶持相结合"的原则。为解决库区的遗留问题，根据财政部、电力工业部《关于从水电站发电成本中提取库区维护基金的通知》（〔1981〕电财字第 56 号）规定，对电力工业部直属水电站自 1981 年 1 月 1 日起试行从发电成本中提取库区维护基金的办法，提取标准为每千瓦时（扣除厂用电）一厘钱，用于水库维护和解决库区的遗留问题，对过去移民工作遗留的问题进行处理。

（4）形成了水库移民安置补偿政策的基本框架。1991 年审议通过并颁布了我国水库移民工作的第一部专业性法规，并形成与之配套的水库淹没处理和移民安置规划设计行业技术规范和标准，我国水库移民安置补偿政策框架基本形成。这一时期，乌江流域移民安置补偿补助标准也得到相应提高，1982—1986 年，新建工程农村移民安置补偿补助费人均一般为 3000~3500 元，1986—1990 年又增加到 4000~7000 元。

3.1.3 政策发展期（1991—2005 年）

1991 年 1 月 25 日，国务院颁布了《大中型水利水电工程建设征地补偿和移民安置条例》（国务院令第 74 号），包括总则、征地补偿、移民安置、罚则、附则，共 5 章、27 条，对移民安置方针、原则、补偿范围和标准、安置方式和目标、移民工作程序以及法律责任等作了全面、系统的规定。从此结束了我国水库移民工作无章可循、无法可依的历史，移民工作开始走上制度化、规范化的道路。随后，国家和贵州省、重庆市方面又相应制定了一系列水库移民工作的政策性文件，加上《中华人民共和国土地管理法》的两次修改和其他与移民安置补偿相关的法律法规不断出台，我国水库移民政策进入了不断发展并走向成熟的时期。

3.1.3.1 移民安置政策梳理

1. 国家层面出台的政策

a. 移民安置方面

国家层面出台的移民安置方面的政策规范包括《大中型水利水电工程建设征地补偿和移民安置条例》（国务院令第74号）、《关于加强水库淹没处理前期工作的通知》（水规〔1991〕67号）、《国务院批转国家计委关于加强水库移民工作若干意见的通知》（国发〔1992〕20号）、《关于水电站水库淹没实物指标有关问题的通知》（电计〔1995〕135号）、《水电工程水库淹没处理规划设计规范》（DL/T 5064—1996）、《关于在建水电工程水库移民安置规划及补偿投资概算调整的规定》（电水规〔1998〕101号）、《水利水电建设工程验收规程》（SL 223—1999）、《中华人民共和国土地管理法》（主席令第八号，自1999年1月1日起施行）、国家计划委员会《关于印发水电工程建设征地移民工作暂行管理办法的通知》（计基础〔2002〕2623号）。

(1)《大中型水利水电工程建设征地补偿和移民安置条例》（国务院令第74号）（以下简称"74号令"）使水库移民工作逐步走上依法移民的轨道。74号令是最重要的水库移民专项法规，它是经《中华人民共和国土地管理法》授权，根据水利水电行业特点，在总结40多年移民安置工作经验教训的基础上制定的。共有5章27条，分总则、征地补偿、移民安置、罚则和附则。其中，第三条规定："国家提倡和支持开发性移民，采取前期补偿、补助与后期生产扶持的办法。"开发性移民的方针第一次以法规的形式得到确立。74号令对征用耕地的补偿费标准规定：土地补偿费为该耕地被征用前3年平均年产值的3～4倍；每一个需要安置的农业人口的安置补助费标准，为该耕地被征用前3年平均每亩年产值的2～3倍。大型防洪、灌溉及排水工程建设征用的土地，其土地补偿费标准可以低于上述土地补偿费标准，具体标准由水利部会同有关部门制定。74号令的颁发作为第一部水库移民专项法规有着重要意义，但是，由于受当时计划经济的影响，移民安置补偿费仍然较低。

(2)《国务院批转国家计委关于加强水库移民工作若干意见的通知》（国发〔1992〕20号）（以下简称《通知》）使水库移民工作逐步完善，走上正轨。《通知》中提到以下几点。

1) 要提高对移民工作重要性的认识。各级领导必须高度重视移民工作，要把移民工作和枢纽工程建设同等对待，克服当前"重工程、轻移民"的思想和做法。各级人民政府，都要关心和支持移民工作，在决定上水利水电工程时，要切实做到一手抓枢纽工程的建设，一手抓移民安置的落实。

2) 加强移民前期工作，为项目决策提供科学依据。水库移民前期工作的好坏，不仅影响项目的正确决策，也直接影响工程的经济效益。

3) 切实做好移民安置规划。移民安置规划的中心任务是在开发性移民方针的指引下，将移民安置方式和生产门路落在实处，使移民搬得出、安得下，并能尽快正常生产、正常生活，达到长治久安的目的。

4）要理顺移民管理体制，健全管理机构。总的原则应该是有利于充分发挥中央、地方和各方面的积极性，采取"条块结合、以块为主"的管理体制。

5）要用好管好移民经费。为保证移民安置和专项迁建方案按计划实施，要对移民经费的使用实行必要的监督、检查、审计、验收制度。

6）必须重视和加强人才培养和干部培训。

7）切实加强对移民工作的领导。

(3)《水电工程水库淹没处理规划设计规范》（DL/T 5064—1996）规范了水电工程移民安置规划设计工作。该规范适用于大中型水利水电工程的可行性研究报告阶段、初步设计阶段和技施设计阶段。大中型水利水电工程项目建议书阶段和小型水利水电工程可参照该规范执行。该规范对枢纽工程区和枢纽工程坝区及其他水利工程进行了区分。在枢纽工程区中，对各设计阶段的主要内容、水库淹没影响范围、社会经济调查、水库淹没损失调查、农村移民安置、集镇和城镇迁建、工业企业迁建、专业项目恢复改建、防护工程、水库水域开发利用、水库库底清理、实施总进度与年度计划、实施管理、水库移民补偿投资概（估）算进行了规范。在枢纽工程坝区及其他水利工程中，对工程用地范围、社会经济调查、实物指标调查、移民安置、集镇和城镇迁建、工业企业迁建、专业项目恢复改建、补偿投资概（估）算、分期用地和投资计划进行了规范。

(4)《水利水电建设工程验收规程》（SL 223—1999）使水利水电建设工程验收工作制度化、规范化。第1.0.3条对验收的分类进行了规定，水利水电工程验收分为分部工程验收、阶段验收、单位工程验收和竣工验收。按照验收的性质，可分为投入使用验收和完工验收。第1.0.4条对验收工作的主要内容进行了规定：①检查工程是否按照批准的设计进行建设；②检查已完工程在设计、施工、设备制造安装等方面的质量，并对验收遗留问题提出处理要求；③检查工程是否具备运行或进行下一阶段建设的条件；④总结工程建设中的经验教训，并对工程作出评价；⑤及时移交工程，尽早发挥投资效益。

(5)《中华人民共和国土地管理法》（1999年）（以下简称《土地管理法》）根据我国土地管理的实际情况，加强了对土地的强制管理和对耕地的特殊保护。修改的重点是将土地管理方式由以往的分级限额审批制度改为土地用途管理制度，强化土地利用总体规划和土地利用年度计划的效力，通过土地用途管制，加强对农用地，特别是耕地的保护；在用途管制的前提下，上收审批权，包括土地利用总体规划的审批权，占用农用地，特别是耕地的审批权和征地审批权；补充和完善法律责任的有关规定，加大对土地违法行为的处理力度等。修改后的《土地管理法》大幅度地提高了耕地的补偿和安置补助费的标准，规定征用耕地的土地补偿为该耕地被征用前3年平均产值的6～10倍（原为3～6倍），征用耕地的安置补助费为该耕地被征用前3年平均年产值的4～6倍（原为2～3倍）。《土地管理法》第五十一条重申，大中型水利水电工程建设征用土地的补偿费标准和移民安置办法，由国务院另行规定。

(6)《关于印发水电工程建设征地移民工作暂行管理办法的通知》（计基础〔2002〕2623号）（以下简称《管理办法》）明确了移民工作管理体制，《管理办法》对水电工程建设移民工作程序进行了规定，加强了对水电工程建设征地和移民安置工作的管理，明确了各级人民政府、移民机构、项目法人、设计单位和监理单位等有关部门和单位的责任和义务，确保了水电工程建设征地移民安置工作的顺利进行，促进了水电工程建设的健康发展，保护了移民的合法权益。

1) 明确了移民工作管理体制。《管理办法》第三条规定："国家对水电工程建设征地移民工作（以下简称：建设征地移民工作）实行政府负责、投资包干、业主参与、综合监理的管理体制。"

2) 明确了移民安置规划审批部门。《管理办法》第十二条规定："建设征地移民安置规划应由受项目法人委托的设计单位会同地方政府进行编制，报国务院投资主管部门审批。建设征地移民安置规划未获批准的，不得开工建设。"

3) 明确了移民安置工作验收相关规定。《管理办法》第二十二条规定："建设征地移民安置工作要按国家建设征地移民验收规定的程序、标准、内容进行验收。首先由省级移民机构组织初步验收，初验合格后报国务院投资主管部门进行最终验收。"

4) 明确了建设征地移民安置监理制度。《管理办法》第二十四条规定："建设征地移民安置的实施必须实行监理制度，由有资质的监理单位对移民安置实施的全过程进行综合监理，对各类移民工程按国家有关规定实行建设监理。"

b. 后期扶持方面

国家层面出台的后期扶持方面的政策包括《水利水电工程水库移民遗留问题处理项目管理办法（试行）》（移办〔1996〕20号）、《关于设立水电站和水库库区后期扶持基金的通知》（计建设〔1996〕526号）。

(1)《水利水电工程水库移民遗留问题处理项目管理办法（试行）》（移办〔1996〕20号）（以下简称《项目管理办法》）有利于处理好移民遗留问题。《项目管理办法》的制定加强了水利水电工程水库移民遗留问题处理项目的管理，管好用好水库移民专项资金，使有限资金发挥更大的效益；促进移民安置区经济发展，提高移民群众的生产生活水平。《项目管理办法》从前期工作、年度计划管理、项目建设管理、项目验收四个方面对水库移民遗留问题处理做出了规定。

(2)《关于设立水电站和水库库区后期扶持基金的通知》（计建设〔1996〕526号）（以下简称《设立基金通知》）对后期扶持基金的管理使用作出了明确规定。《设立基金通知》中规定，基金用于扶持库区移民发展生产和解决遗留问题。对水电和水利项目的移民，国家实行统一的扶持政策和扶持标准。基金统一交由水电站和水库所在地的省级人民政府管理。对于跨省（自治区、直辖市）和界河的水库，基金按国家审批项目可行性研究报告时所确定的移民人数比例分别交有关省、自治区、直辖市人民政府管理和使用。基金必须专款专用。各省级人民政府的有关部门，每年要分别将基金使用计划和上一年的基金使用情况报国家计划委员会、财政部、电力部、水利部和审计署备查。国家有关部门要加强对基金的监督检查和审计工作，以提高资金的使用效益。

c. 资金管理方面

国家层面出台的资金管理方面的政策包括《水库移民补偿经费管理办法（试行）》（电综〔1998〕90号）、《关于加强库区建设基金使用管理的函》（财工字〔1998〕165号）、

《库区建设基金征收使用管理办法》（财企〔2003〕57号）、《关于库区建设基金使用管理有关问题的通知》（财企〔2003〕291号）、《关于库区建设基金管理使用有关问题的补充通知》（移资金〔2003〕33号）、《水利部委托社会审计业务管理办法》（水监〔2003〕54号）、《库区建设基金项目管理办法实施细则》（水利部水库移民开发局2004年1月17日）、《库区建设基金县级报账制实施办法》（水移〔2004〕55号）、《库区建设基金会计核算办法》（水移〔2004〕154号）。

(1)《水库移民补偿经费管理办法（试行）》（电综〔1998〕90号）（以下简称《办法》）规范了水库移民补偿经费的使用。《办法》指出移民经费定向和无偿用于移民的专项经费。移民经费的使用，贯彻开发性移民方针，使移民安置与库区建设、资源开发、水土保持、经济发展相结合，促进库区和安置区的发展。移民经费的使用，实行分级包干责任制。省级人民政府对经国家批准的淹没实物指标和移民安置规划方案负责包干；各级人民政府，按上一级人民政府分解的经费包干使用，包干完成水库淹没处理和移民安置任务。移民经费实行专款专用的使用原则。任何单位和个人不得挪用和挤占。城镇迁建不得挤占农村移民经费，市政迁建不得挤占个人移民经费，移民生活安置不得挤占生产安置经费。水电工程建设单位应按经批准的移民安置规划和年度移民经费使用计划，向移民管理机构拨付移民经费，以保证移民安置任务按期完成。移民经费由各级移民机构负责管理。各有关地方政府，应按照本办法的规定，加强领导，定期检查监督，保证真正管好用好移民经费。

(2)《关于加强库区建设基金使用管理的函》（财工字〔1998〕165号）、水利部《库区建设基金项目管理办法》（水移〔1999〕133号）、水利部《水库移民专项资金管理办法》加强了库区建设基金的使用管理，提高了资金使用效益。库区建设基金使用单位要立足于本地资源条件及移民遗留问题的实际情况，做好库区建设基金的项目规划。

1) 库区建设基金实行预决算管理。水利部根据移民规划及移民资金来源情况，编制库区建设基金年度使用预算，报财政部核批后执行。年度终了2个月内，水利部编制库区建设基金收支决算，并连同库区建设基金使用情况说明书一并报财政部审批。

2) 建立健全规章制度。按规定使用管理库区建设基金，接受财政、审计等部门的监督检查。对贪污、截留、挪用库区建设基金的，要追究有关单位和直接责任人员的责任。触犯刑律的，移交司法机关处理。

3) 管好用好水库移民专项资金，提高资金使用效果，妥善解决水库移民遗留问题，促进移民安置地区经济的发展。专项资金使用原则包括：统一领导，分级管理；无偿补助与有偿扶持相结合，国家补助与地方资金配套相结合；实行计划管理；专款专用。此外，《水库移民专项资金管理办法》还对专项资金的来源和使用范围、专项资金的计划管理、专项资金的项目管理、专项资金的财务管理、专项资金的固定资产管理、专项资金的监督检查进行了规定。

d. 监督评估方面

国家层面出台的监督评估方面的政策为《水电工程水库移民监理规定》（电综〔1998〕251号）（以下简称《规定》）。《规定》建立健全了水电工程水库移民监理制度。监理制度主要分为水库移民监理的政府监督制度和水库移民监理的社会监理制度。《规定》第二条规定了"新建大中型水电工程实行水库移民监理制度,并开展水电工程水库移民监理工作。"第三条规定了"水电工程水库移民监理主要包括水电站建设征地所涉及的移民搬迁、生产生活安置和城镇迁建,专业项目复建等的实施进行监理。"第四条规定了"水库移民监理实行政府监督和社会监理相结合的制度。"第六条规定了"国务院电力管理部门及其授权单位负责水电工程水库移民监理工作。"

2. 贵州省层面出台的政策

a. 移民安置方面

贵州省层面出台的移民安置方面的政策包括《贵州省大中型水电工程水库移民安置实施管理试行办法》(黔移办发〔2001〕6号)、《关于进一步加强全省大中型水电工程移民工作有关问题的通知》(黔党办发〔2001〕20号)、《贵州省移民开发办公室关于全省新建大中型水电工程移民生产安置调控费提取等有关问题的通知》(黔移办发〔2002〕35号)、《省人民政府关于提取林地安置调控费等问题的批复》(黔府函〔2003〕17号)、《省人民政府关于加强重点建设项目征地管理工作的通知》(黔府发〔2004〕5号)、《省人民政府办公厅关于调整我省大中型水电工程移民房屋补偿标准的通知》(黔府办发〔2005〕77号)、《省发改委 省移民办关于调整我省大中型水电工程移民房屋补偿标准的实施意见》(黔移办发〔2005〕19号)。

(1)《贵州省大中型水电工程水库移民安置实施管理试行办法》(黔移办发〔2001〕6号)(以下简称《试行办法》)建立健全了贵州省水利水电工程移民安置管理办法。《试行办法》规定,贵州省新建大中型水电站水库淹没处理及移民安置实施过程中,严格按照该办法落实、执行。《试行办法》适用于贵州省新建大中型水电工程(含省际界河)水库淹没影响和施工区占地移民安置实施的管理。规定水库移民安置实行开发性移民方针,采取前期补偿、补助与后期生产扶持相结合的办法,使移民的生活水平达到或者超过原有水平,并促进当地经济可持续发展。水库移民安置工作采取"政府负责,投资包干,业主参与,移民监理"的管理体制和库区、施工区统一的管理方式。贵州省人民政府对贵州省大中型水电工程的水库移民安置工作实行统一领导,水电站库区所涉地、州、市人民政府(行署)、县级人民政府分别是电站移民安置工作的责任单位,其相应的移民机构是同级政府(行署)负责移民工作的主管部门。电站业主、设计单位和有关部门应做好配合工作。移民安置实施工作必须有组织、有计划地进行。移民安置实施规划是移民安置的总体设计文件,由省水库移民办公室委托电站设计单位,会同相关地、县人民政府(行署),依据国家审批的可行性研究阶段移民安置规划和有关政策法规、技术规范编制。其内容包括总报告、分期、分县报告和地质、环评专题报告等。报告经征求相关的交通、电力、电信等部门意见后,由省人民政府或委托省水库移民办公室主持审查。经审查批准的移民安置实施规划在实施中如需作重大变更,应专题逐级报审。

1)明确组织结构及职责。贵州省大中型水电工程水库移民安置工作执行省人民政府统一领导、分级负责、县为基础的管理体制。

2)明确了项目管理规定。移民安置必须执行项目管理,按基本建设程序的要求,依据贵州省人民政府批准的移民安置实施规划和补偿投资,对移民安置项目的前期工作、年度计划、建设实施、监督检查、竣工验收、移交使用实行全过程管理。

3）明确了移民资金的使用规定。移民资金的使用必须依据国家审定的水库淹没处理补偿投资概算及移民安置规划方案和签订的移民安置投资包干协议，实行专款专用，不得侵占和挪用。移民资金由移民机构负责管理使用，按签订的移民任务和投资包干协议实行省和地、州、市及县（市、区）三级分级包干责任制，地、县人民政府（行署）应加强领导，定期检查督促和审计，确保移民经费的合理规范使用。

4）明确了移民监理的设立。水库移民安置实行监理制度，对移民安置实施的全过程进行综合监理，对各类移民工程按国家有关规定实行建设监理。

5）明确了移民安置验收有关规定。移民安置验收是指在移民安置建设项目竣工验收的基础上，根据枢纽工程建设进度和水库下闸蓄水的要求，依据国家和省审定的移民安置规划和经批准的年度实施计划，对移民安置实施进行的阶段验收和全面综合验收。

（2）《贵州省移民开发办公室关于全省新建大中型水电工程移民生产安置调控费提取等有关问题的通知》（黔移办发〔2002〕35号）（以下简称《调控费提取通知》）对贵州省内新建大中型水电工程移民人口如何确定、生产安置调控费如何提取等问题进一步明确。《调控费提取通知》规定：①关于移民人口的确定问题。对构皮滩、索风营及今后新开工的省内大中型水电工程，确定的移民人口总的原则是，以电站可行性研究（或可研补充、可研修编）阶段设计单位会同地方政府联合调查、自下而上逐级签章并最终经国家可研审查的人口为基础。设计单位会同地方政府联合调查到移民实际动迁期间，婚出库区或施工区的人口，计为生产安置人口，享受生产安置补偿，但不享受搬迁补偿补助和后期扶持待遇；在此期间婚入库区和施工区的人口，不能计为生产安置人口，不能享受生产安置补偿，但享受搬迁运输补偿补助和后期扶持待遇。②关于移民生产安置调控费的提取问题。对于构皮滩、索风营及今后新开工的省内大中型水电站工程，移民安置调控费提取的比例统一按土地补偿费的10%确定（包括对自谋职业的土地补偿费，在提取10%的基础上计算全县平均水平）。对县（县级市、区）内既有库区又涉及施工区的，移民生产安置费的标准应统一，不能在县内出现两个标准。移民安置调控费的使用管理仍按《贵州省大中型水电站工程移民安置实施管理试行办法》执行。③关于移民提前搬迁奖和接收安置奖问题。除洪家渡、引子渡水电站库区、施工区仍按省人民政府原批准《乌江洪家渡水电站移民工作宣传提纲及相关政策规定答疑》的规定执行上述两项奖励政策外，构皮滩、索风营及今后新开工的省内其他大中型水电站工程移民安置不再实行提前搬迁奖和接收安置补助奖。

（3）《贵州省人民政府办公厅关于调整我省大中型水电工程移民房屋补偿标准的通知》（黔府办发〔2005〕77号）（以下简称《补偿标准通知》）、《贵州省发改委省移民办关于调整我省大中型水电工程移民房屋补偿标准的实施意见》（黔移办发〔2005〕19号）（以下简称《意见》）调整了贵州省大中型水电工程移民房屋补偿标准，维护了移民合法权益，切实解决了移民建房困难。

1）《补偿标准通知》中，调整移民房屋补偿标准的原则是坚持国家审定的实物指标不变，以国家审定的补偿标准为基础，依据价格上涨幅度进行调整；坚持同一时段、同一地区补偿标准基本一致；坚持价格引导、鼓励搬迁。调整移民房屋补偿标准的范围是贵州省实施"西电东送"工程以来建设的大中型水电工程，包括乌江洪家渡、引子渡、索风营、构皮滩、彭水等大中型水电工程。调整的方法和标准以《建筑工程预算师手册》和《贵州省建筑工程计价定额》（2004版）的定额为基础，用统计部门公布的建筑安装工程价格指数，对移民房屋补偿标准进行调整。洪家渡、引子渡、索风营三个水电工程移民房屋补偿标准，采用2002年、2003年两年的年度建筑安装工程价格指数进行调整；其他水电工程移民房屋补偿标准，采用2002年、2003年、2004年三个年度和2005年上半年的建筑安装工程价格指数进行调整。

2）《意见》规定：必须坚持调整移民房屋补偿标准的三条原则。坚持黔府办发〔2005〕77号文件明确的三条原则，即"坚持国家审定的实物指标不变，以国家审定的补偿标准为基础，依据价格上涨幅度进行调整；坚持同一时段、同一地区补偿标准基本一致；坚持价格引导、鼓励搬迁"，是做好这次调整移民房屋补偿标准的关键。各级和有关部门必须认真领会、抓好落实。

必须抓紧做好调整的各项工作，尽快落实调整资金，及时兑现补偿。房屋补偿标准调整的具体工作按以下步骤进行。一是关于调整时限、范围和内容。即对贵州省实施"西电东送"工程以来的所有大中型水电工程移民房屋补偿统一纳入调整范围，包括洪家渡、引子渡、索风营、构皮滩、思林、彭水等电站水库淹没影响区、施工区以及库岸失稳区的移民正房和偏房，其他已通过可行性研究阶段审查的中型水电站比照执行，拟建大中型水电站按新标准执行。二是关于移民房屋结构、面积的认定和计列。原则上按国家和省审查通过的实物指标计列，其中，已经分解落实和实施搬迁，超过国家、省审定面积的，按实际分解落实的面积计列。各水电站移民房屋结构、面积的核实认定，以电站为单位，由原设计单位牵头，会同库区市、州、县（特区）人民政府以及移民综合监理单位组成相应工作组共同核定。三是关于移民房屋补偿调整计算。根据对各电站核定的移民房屋结构、面积，由电站原设计单位牵头，分别会同库区市、州、县（特区）人民政府以及移民综合监理单位，按照省人民政府办公厅通知规定的各电站各类结构房屋补偿调整单价标准，计算各电站、各县（特区）移民房屋补偿调整计算结果以及在国家原审查费用基础上的补偿增加额和由于超面积产生的补偿增加值。根据通知要求，这次移民房屋补偿调整不再计列相应的独立费用。各电站移民房屋补偿调整计算成果应在2005年10月20日前完成，由电站原设计单位会同相应电站建设业主报省发展和改革委员会、省大中型水电工程移民开发领导小组办公室。四是关于移民房屋补偿调整资金落实。为促进贵州省移民搬迁安置任务按期完成，同时也为了尽快将省委、省人民政府的重要决策落实到位，对移民房屋补偿调整由各电站建设业主按国家调整概算的相关规定抓紧办理报批手续。五是明确责任，及时完成对已迁移民的补偿兑现工作，严格按照调整后的标准组织新的移民搬迁安置实施。国家审定概算调整报告后，对已经搬迁安置的移民，各市、州、地人民政府（行署）应督促相关县（特区）在资金落实到位后，将调整补差资金在一个月内兑现给群众。对于还未搬迁安置的，其房屋拆迁补偿标准应全部按照调整后的标准执行。

必须切实加强领导，把好事做好，促进移民工作正常开展。库区各级党委、人民政府一定要认真做好移民政策宣传解释工作，坚持把好事办好、实事办实。各地一定要通过广泛宣传，使广大干部和移民群众充分认识到，这次移民房屋补偿标准的调整，是省委、省人民政府关心和重视移民及移民工作的结果,而绝不是极少数人"闹出来、争出来"的;要通过这次移民房屋补偿标准调整的宣传,使库区广大群众更加理解国家和省的移民政策法规,更加相信党和政府,更加主动积极地配合搬迁,自觉维护库区社会稳定,促进移民工作正常开展。要坚持移民资金管理专款专用、专项专用原则,切实解决移民搬迁安置中的困难和问题。移民房屋补偿调整资金属于移民个人财产补偿,应严格按照移民实际淹没影响的房屋面积、结构分解落实并足额兑现给移民,任何单位、个人不能截留和挪用。在实际兑现过程中,各县(特区)要根据移民安置的具体情况,严格按照国家、省移民政策规定,认真研究制定工作方案,明确工作方法、步骤和相关责任措施。要充分利用这次移民房屋补偿调整的机会,与已迁移民的遗留问题处理有机结合起来,在确保移民群众利益基础上,帮助并督促移民抓紧办理完善相关安置手续,进一步落实生产生活安置措施,妥善处理移民遗留问题。总之,要通过广泛的宣传和动员,通过艰苦扎实的工作,确保调整移民房屋补偿标准的工作尽快落到实处,确保推进移民搬迁,确保库区、移民区的社会稳定。

b. 后期扶持

贵州省层面出台的后期扶持方面的政策包括《中共贵州省委　贵州省人民政府　关于加大全省大中型水电工程移民后期扶持工作力度的意见》(黔党发〔2004〕17号)、《贵州省移民开发办关于做好中央直属水库移民遗留问题处理六年规划实施管理工作的意见》(黔移办发〔2004〕8号)、《贵州省移民开发办关于印发贵州省实施中央直属水库移民遗留问题处理规划实施管理办法细则的通知》(黔移办发〔2004〕9号)、《贵州省移民开发办关于贯彻落实〈中共贵州省委　省人民政府　关于加大全省大中型水电工程移民后期扶持工作力度的意见〉的函》(黔移办函〔2005〕1号)。

(1)《中共贵州省委　贵州省人民政府　关于加大全省大中型水电工程移民后期扶持工作力度的意见》(黔党发〔2004〕17号)指导和完善了移民后期扶持工作,为推进库区社会稳定和解决移民遗留问题提供出路。

1)明确目标,分类指导,全面推进移民后期扶持工作。贵州省大中型水电工程移民后期扶持工作的总体要求和基本目标是:以邓小平理论和"三个代表"重要思想为指导,认真贯彻落实党中央、国务院关于移民工作的各项方针政策,坚持以人为本和开发性移民的工作方针,牢固树立和落实科学发展观和正确政绩观,以改善移民基本生产生活条件、拓宽移民基本增收门路、提高移民基本素质为重点,切实加大移民后期扶持工作力度,实现移民安置后与当地经济社会同步发展,移民经济收入达到或超过当地农民的平均水平,确保大中型水电工程移民搬得出、稳得住、能逐步致富。根据上述要求和目标,在实际工作中必须注意把握好以下原则。一是统筹兼顾、整体推进。把移民后期扶持与西部大开发、新阶段扶贫开发有机结合起来,科学规划,整合力量,分步实施。二是因地制宜、突出重点。根据移民安置区自然、地理等条件,宜农则农、宜林则林、宜牧则牧,有针对性地制定后期扶持项目规划。同时,按照"优先解决生存、其次考虑发展"的思路,把未解决温饱移民的生产开发、缺乏基本生存条件移民的二次搬迁和解决饮水、危房等生存类扶持项目摆在优先位置,合理安排年度计划。三是明确对象、严格政策。将大中型水电工程移民后期扶持的范围严格控制在移民后靠安置区和外迁安置区,将扶持对象控制在国家或省审定的移民人口内,坚决禁止随意扩大范围、扩大对象和"乱搭车"情况。四是强化管理、注重实效。实行规划、计划、项目、资金一条龙管理,扶持项目规划要到村到组,覆盖所有移民户,资金要到村到组,措施要落实到户,确保项目落实、资金兑现、管理到位、目标实现。

2) 多渠道筹集资金,加强管理,建立长期稳定的库区移民扶持机制。拓宽移民后期扶持资金的筹资渠道;做好移民后期扶持资金征收工作;按照"库为基础、核准参数、流域平衡、适当调节"的原则,合理分配移民后期扶持资金;合理确定移民后期扶持资金投向。后期扶持资金要按照资金跟着项目走的原则,重点用于贫困移民基本口粮田土建设、水电路等基础设施项目建设、生产项目开发、移民生产技能培训和解决移民问题所必需的规划、科技推广、项目实施管理以及有关专项支出;加强移民后期扶持资金管理和监督。

3) 突出重点,着力解决移民基本生产生活条件、基本增收门路和基本素质问题。大力改善移民基本生产生活条件;进一步拓宽移民基本增收门路;大力提高移民基本素质。

4) 加强领导,完善机制,确保移民后期扶持工作顺利推进强化对移民后期扶持工作的领导。坚持"党委统一领导、政府全面负责、各方密切配合"的移民工作机制;实行"全省统一领导、分级负责、部门管理、县为基础"和"责任到县、资金到县"的移民后期扶持管理体制;建立以县为基础的移民后期扶持投资和目标任务双包干责任制。建立健全移民后期扶持工作监督约束机制和激励机制;按照责、权、利相统一的原则,建立合理的水电工程建设利益分配机制;整合各方力量,加快形成全社会帮助移民脱贫解困的良好氛围。

(2)《贵州省移民开发办关于做好中央直属水库移民遗留问题处理六年规划实施管理工作的意见》(黔移办发〔2004〕8号)进一步强化和提升了移民遗留问题的处理能力。

1) 提高认识,加强领导,以解决贫困移民温饱为主要目标,扎扎实实地开展六年规划的实施工作。必须紧紧围绕解决贫困移民温饱这个目标,通过帮助移民创造可持续发展基础条件和增加移民收入,加强基础设施建设和生产资源调整,加大生产开发和科技推广力度,使移民的基础设施和生产资源拥有量具备生存和发展的基本条件,在提高生产、生活水平的基础上消除贫困,进而致富奔小康。

2) 强化项目和资金管理两个重点,保证规划的顺利实施。强化项目管理和计划管理;强化资金和财务管理。

3) 坚持项目、资金和监督稽查三项管理制度,做到政策公开、项目公开、投资公开和财务公开。贵州省移民开发办公室在水利部移民开发局下发的《中央直属水库移民遗留问题处理规划实施管理办法》《库区建设基金县级报账制实施管理办法》《库区建设基金会计核算制度》《库区建设基金监督稽查管理办法》基础上,制定的有关实施细则,各地必须严格贯彻执行。各地、市移民管理部门可结合各地区的实际,制定和完善包括项目管理、资金管理和监督稽查管理在内的更加明细的实施意见。

4) 加强统计工作,全面掌握六年规划实施和年度计划执行情况。严肃统计工作制度,对不按制度规定及时上报统计报表或统计报表中存在弄虚作假情况的单位,将缓拨或停拨库区建设基金和省级配套资金。

5)大力实施科教兴库战略,积极推广和应用新技术。要充分调动各类科研机构、技术推广组织和广大科技人员的积极性,抓住各地加强对农村劳动力进行职业技能培训的契机,衔接当地农民工培训规划,认真组织编制移民培训计划,切实加强移民技能培训工作。要根据市场和企业的需求,按照不同行业、不同工种及从业人员的要求,安排培训内容,实行定向培训,提高培训的针对性和适用性。

6)加强信访工作,努力维护库区社会稳定。要正确对待移民上访问题,做好移民信访工作,支持和引导移民依法正常有序地开展信访活动,规范移民信访接待处理工作。要转变工作作风,变移民上访为干部下访,认真排查各种问题,将问题解决在基层,矛盾消化在萌芽状态。要严明纪律,加强教育,提高移民干部的政策水平,增强移民干部的法纪观念和群众观点,改进工作方法,密切与移民群众的联系,严禁在六年规划实施工作中出现各种违法乱纪和腐败行为。

(3)《中共贵州省委 贵州省人民政府 关于加大全省大中型水电工程移民后期扶持工作力度的意见》(黔党发〔2004〕17号)对贵州大中型水电工程移民后期工作不断调整总结和完善。

1)从2005年起,东风、洪家渡、引子渡水电站,按国家或省审定的移民人数,每个移民每年400元的标准提取库区后期扶持基金。东风暂提取3年,洪家渡、引子渡水电站暂提取10年。由各水电站业主按规定缴入省财政区后期扶持基金专户。

2)猫跳河梯级、乌江渡、东风、洪家渡、引子渡各水电站,按财政部、原电力工业部电财字〔1981〕56号文件要求提取的每千瓦时1厘钱库区维护基金,由各水电站业主按规定缴入省财政库区后期扶持基金专户。

3)猫跳河梯级、乌江渡、东风、洪家渡、引子渡各水电站,按照贵州省物价局黔价格〔2004〕200号文件要求,2004年7月1日至12月31日,疏导全省电价中安排移民的水电站上网电量每千瓦时5厘钱,由各水电站业主直接缴入省财政区后期扶持基金专户。从2005年起,疏导全省电价中安排移民的水电站上网电量每千瓦时5厘钱,由贵州省电力(网)公司在收取电费时代收,按规定缴入省财政库区后期扶持基金专户。

4)按黔党发〔2004〕17号文件要求,水费移民扶助金统一由省水利厅负责组织代收,定期缴省财政库区后期扶持基金专户。省级库区移民扶助金由省财政厅每年按规定划转省财政库区后期扶持基金专户。

c. 资金管理

贵州省层面出台的资金管理方面的政策包括《贵州省人民政府办公厅关于进一步加强我省大中型水电站(含界河)库区维护基金和后期扶持基金使用管理的通知》(黔府办发〔1999〕95号)、《贵州省在建大中型水电工程水库移民专项资金管理试行办法》(黔移办〔1992〕4号)、《省人民政府办公厅关于贵州省水电站和水库库区后期扶持基金征收管理有关问题的通知》(黔府办发〔1998〕7号)、《贵州省实施〈库区建设基金项目管理办法〉实施细则》意见》(黔移办发〔1999〕70号)、《贵州省移民开发办关于库区建设基金管理使用账务处理有关问题的通知》(黔移办发〔2003〕21号)、《贵州省大中型水电工程移民后期扶持资金征收管理暂行办法》(黔财综〔2005〕47号)。

(1)《贵州省在建大中型水电工程水库移民专项资金管理试行办法》(黔移办〔1992〕4号)不断探索和完善在建水电工程水库移民专项资金的管理工作。

1) 规范使用原则。水库移民经费是国家从水电工程建设总投资中划转给地方政府用于水库淹没处理补偿补助的专项资金。移民经费由农村、城(集)镇、厂矿企业和专业设施补偿补助投资四大部分组成。其基本使用原则是：专款专用，专项专用，经费包干，超支不补，节余归己（使用时需报经上级批准）。

2) 规范管理形式。实行"省、地（州）、县（市）三级管理，各负其责，包干使用"办法。其包干责任划分：省属专业设施迁（改）建经费，由省属有关单位包干使用；农村、城（集）镇、地（州）管理的专业设施迁（改）建经费，按划转地、州的额度，由地区行署或州人民政府负责总的包干使用；地区行署或州人民政府划转给库区有关县（市）的经费，由有关县（市）人民政府负责包干使用；地区或州有关局的专业设施迁（改）建经费，由地、州有关局负责包干使用。

3) 规范资金分解。省按国家有关规定将移民经费指标分解划转给地（州）以后，地（州）、县（市）要逐级将资金指标向下进行分解。通过分解，使淹迁单位和个人包括负责办理移民经费开户转账和支取的银行，都能做到对补偿补助费数量清楚。把各项补偿补助金额分项目开列清单，逐项落实到村或村民组及迁建单位，并分别抄报、抄送给开户银行和政府；村或村民组要向群众张榜公布，使上下左右及移民户都清楚；对迁留人户，何时迁走，迁定户的补偿补助金额、留组户的补偿补助金额都计算清楚，使走、留的人户都心中有数；后靠村民组和外迁移民的接安村民组群众，对集体补偿补助费（土地补偿费、土地安置补助费和集体林木、水利水电、工副业设施等补偿补助费的统称，下同）的使用原则、本组集体补偿补助费总额和规划的生产生活项目要清楚；后靠村民组和外迁接安村民组群众对本组每年的计划项目、资金使用计划、资金使用要达到的效益清楚。

4) 规范计划报批。各级移民管理部门要根据移民任务、水电站工期要求、移民安置实施规划，按时编制下年度移民经费使用计划。

5) 规范拨款程序。移民经费应在银行开立专户，按照所下达的年度投资安排计划和用途，由水库移民办公室和银行监督拨付。按照移民专项资金三级管理包干责任的划分，包干经费的拨款程序是：凡应划转给省级主管部门管理的经费，根据主管部门与省水库移民办公室签订的包干协议，由省水库移民办公室根据资金到位情况，将包干经费一次或分次通过银行拨付到主管部门，由主管部门包干安排使用，迁（改）建项目完成后，主管部门向省水库移民办公室提交财务决算和工程验收报告，以供备案和销号；凡应划转给地（州）县（市）管理的经费，省水库移民办公室根据地（州）的年度用款计划，按进度通过银行拨付到地（州）水库移民办公室，地（州）未成立水库移民办公室的则直接拨到县（市）水库移民办公室；地（州）或县（市）水库移民办公室向下拨付的程序，由地（州）或县（市）水库移民办公室自行拟定。

6) 规范监督检查。要充分发挥移民群众、安置地群众、移民部门的财务和统计、移民干部、开户银行乡镇党委政府的纪检、审计、监察等单位多方结合的管理监督作用。各级移民主管部门和基层迁建单位,都要建立健全财务制度,选配好专职或兼职财会人员,严格执行财务制度和财经纪律,明确审批权限。移民经费必须坚持专款专用、专项专用,任何部门、单位和个人都不得挪作他用,不准逐级截留,不准挥霍浪费。对于利用职权、截留挪用和挥霍浪费移民经费的,一经发现,必须严肃处理;对贪污盗窃移民经费的犯罪分子要依法严惩不贷,要加强对移民经费使用情况的检查,在经常性定期、不定期检查的同时,各级移民主管部门每年应牵头组织联合检查组,对当年经费使用情况进行一次大检查。

(2)《贵州省实施〈库区建设基金项目管理办法实施细则〉意见》(黔移办发〔1999〕70号)加强了库区建设基金、库区维护基金、库区后期扶持基金项目管理。

1)明确项目管理的原则。分级负责,省、地(州、市)、县三级根据项目的投资建设规模实行分级评估、审查、审批、监管负责制;从项目的前期工作、年度计划、建设实施、监督检查、验收、移交使用(生产经营)到后评估的全过程管理;责权利相结合,新建项目必须首先明确投资责任主体(项目法人、项目责任人或项目管理单位)。营利竞争性项目的投资责任主体(项目法人)应对项目的筹划、筹资、建设实施、生产经营、偿还债务、管理维护及保值增值实行全过程负责;非营利竞争性项目的投资责任主体(项目管理单位、责任单位或责任人)对项目应主要负政策把关责任和业务监管责任,其内容主要包括有关政策的掌握、申报审批基本程序和重要环节的审查把关、投资及质量和工期的监测监控、竣工验收及移交等。

2)明确前期工作的过程和内容。主要包括水库移民遗留问题处理(或后期扶持)总项目规划(以下简称"规划")编制,规划评估,规划审查和批准;项目建议书、可行性研究报告和初步设计文件的编制,项目评估,项目审查和批准。

3)明确年度计划的管理。年度计划应依据批准的规划、年度库区维护基金和后期扶持基金(以下简称"两金")投资控制指标和地方匹配(含群众自筹)资金数额及当时的实际情况进行编制。列入年度计划中的项目必须已达到办法规定的前期工作深度。年度计划的主要内容为项目名称、项目法人(或项目建设单位、项目责任人)、建设地点、建设性质、规模、起止年限、投资来源、总投资、累计完成投资、本年度计划投资、本年度主要建设内容、本年度新增生产能力、经济增收项目解决温饱的人数、项目前期工作批准文件名称及文号。

4)明确建设实施管理。处遗"两金"和后期扶持"两金"项目的实施管理一般应实行项目法人责任制、招投标制和监理制。以无偿拨款安排的农田水利、基础设施、生产开发等非经营性项目实行项目责任人制度。项目责任人对项目实行全过程负责。单项使用"两金"达到或超过100万元的农田水利、人畜饮水、基础设施等工程项目,严格实行项目法人制、招投标制和工程监理制。

5)明确验收管理。凡使用处遗"两金"和后期扶持"两金"的项目,都要按照"谁审批、谁验收"的原则进行验收。验收的基本程序:①项目建设管理单位或责任单位向项目审批单位提出请求验收的报告;②项目验收单位下达验收通知,明确验收相关事项和要求;③进行验收,形成验收意见(纪要)和填写验收有关表卡,项目建设管理(责任)单位和建成后的使用管理单位办理移交手续。

(3)《贵州省人民政府办公厅关于进一步加强我省大中型水电站（含界河）库区维护基金和后期扶持基金使用管理的通知》（黔府办发〔1999〕95号）进一步做好了贵州省大中型水电站库区移民后期扶持和库区维护工作，加强了对"两金"的使用管理，确保库区稳定。

1）规定了"两金"使用的范围和对象。第一，库区后期扶持基金是用于扶持库区移民发展生产的专项资金，其使用范围为种植业、养殖业、农副产品加工业，使移民通过扶持和自力更生，逐步建成人均 0.5~1 亩的稳产高产基本农田；与移民搬迁安置后生产生活密切相关的人畜饮水、提灌、输变电设施、道路、桥梁、移民学校、文化卫生等基础设施的建设、完善；库区及移民区的科技扶持，包括对移民的技术培训、职业教育以及科技成果在库区及移民区的转化、推广和应用等；库区及移民区社会业务体系的建立和完善；移民危房及库岸稳定处理等。第二，库区维护基金是用于水库维护和解决库区遗留问题的专项资金，其主要使用范围为由于水库运行而造成库区移民生产、生活困难的补助；水库防护工程维护；库区移民的人畜饮水、提水灌溉工程和交通设施的维护。第三，"两金"使用的对象必须是经国家批准的库区移民以及与之相关的移民工程项目。

2）规定了"两金"使用的原则和方式。库区维护基金全部无偿使用。为了充分调动各个方面的积极性，提高资金使用效益，库区后期扶持基金使用可采取无偿和有偿相结合、以无偿使用为主的方式。对移民因地制宜发展种植业、养殖业、农副产品加工业或能够较多安置移民就业的乡镇企业，可采取有偿方式扶持；对改善移民生产生活条件必需而又无偿还能力的基础设施项目，主要采取无偿方式扶持。无偿和有偿使用的具体比例，由省水库移民办公室商库区所在县（市、区）人民政府确定，并在每年的基金使用计划中明确。

3）规定了"两金"使用的计划管理。"两金"使用应坚持按计划进行管理。各地（州、市）、县（市、区）在编报"两金"使用年度计划前，必须严格按照要求进行实地调查，并编制库区移民后期扶持规划和分年度实施计划。

4）规定了使用"两金"的项目管理。"两金"投入的项目，原则上参照水利部移民开发局颁发的《项目管理办法》进行管理。原则上，单项 10 万元以下的项目，由县级移民部门审批；10 万~30 万元的项目，由县级移民部门报地（州、市）移民部门审批；30 万元以上的项目，由县级移民部门报市（州、地）移民部门审核后，报省水库移民办公室审批。所有项目，均不得突破核定的该县（市、区）扶持资金计划，必须加强项目的可行性研究，认真抓好前期工作。省、地（州、市）移民部门应定期或不定期地对项目的实施进行监督、检查和指导，及时发现和解决项目实施过程中出现的问题。项目竣工后，县（市、区）移民部门应在县（市、区）人民政府的领导和上级移民部门的指导下，组织审计、监察、建设等部门进行检查验收，并提交《工程竣工验收报告》，申请上一级移民部门进行验收。

5）规定了"两金"的使用管理。"两金"必须坚持专款专用的原则。资金使用管理及财务管理应严格按照水利部《水库移民专项资金管理办法》《水库移民专项资金财务管理办法》以及《水库移民管理单位会计制度》执行。同时，要加强财务检查、监督和审计。

各地（州、市）、县（市、区）"两金"使用情况每两年需经过同级审计部门审计，提出审计意见。否则，省水库移民办公室将暂停安排下一年度的资金使用计划。对违反财经纪律和国家有关政策规定，将"两金"挪作他用的有关单位和个人，将严肃查处。

6）规定了"两金"使用的监督检查。"两金"的征收、使用管理由省水库移民办公室负责。省水库移民办公室要按照国家有关要求，在每年的第一季度分别将当年"两金"使用计划和上一年使用情况报国家计划委员会、财政部、水利部、审计署、国家电力公司以及省有关部门备查。省计划、财政、审计部门要加强对"两金"征收、使用的财务监督和审计工作。

（4）《贵州省大中型水电工程移民后期扶持资金征收管理暂行办法》（黔财综〔2005〕47号）进一步加强了移民后期扶持资金的征收、使用和管理，提高了资金的使用效益。

1）更新了移民后期扶持资金征收标准。后期扶持金按国家或省审定的移民人口每人每年400元的标准，从移民搬迁时开始征收，征收年限为15年（国家有新规定从其规定）；库区维护金按水电站上网电量每千瓦时1分钱的标准，从水电站发电时开始征收；水费移民扶助金按原水环节取水量每吨5分钱征收。

2）完善了移民后期扶持资金实行预决算管理。年度预算由县级移民机构根据年度项目计划编制，经同级财政部门审核后于当年10月10日前报市（州、地）移民机构审核汇总，市（州、地）汇总并经同级财政部门审核后于10月20日前报省移民开发办公室，省移民开发办公室综合平衡后报财政厅审核批准。

3）完善了移民后期扶持资金监督管理的内容。主要包括国家和省移民后期扶持政策、法规和规章制度的执行情况，资金预决算执行情况，内控制度的建立和执行情况。①对移民后期扶持资金预算的编制、执行和财务报告、决算报告的真实性、准确性、完整性进行审核、检查；②对移民后期扶持资金筹集、拨付、使用、管理情况进行监督检查；③对移民后期扶持资金年度计划执行情况及后期扶持项目实施情况进行监督检查；④对移民后期扶持资金的使用效果进行审核；⑤对移民后期扶持资金支出范围、标准及工程项目验收情况进行检查；⑥对违反资金管理使用规定的其他专项检查。

3. 重庆市层面出台的政策

重庆市层面出台的政策规定主要有《重庆市土地管理规定》（重庆市人民政府令第53号）、《重庆市征地补偿安置办法》（重庆市人民政府令第55号）、《重庆市人民政府关于印发重庆市大中型水利水电工程建设征地和移民安置暂行规定的通知》（渝府发〔2001〕28号）、《重庆市人民政府关于乌江彭水水电站移民安置工作的意见》（渝府发〔2004〕85号）、《重庆市人民政府关于贯彻国务院〈大中型水利水电工程建设征地补偿和移民安置条例〉的通知》（渝府发〔2007〕64号）、《重庆市人民政府关于调整征地补偿安置政策有关事项的通知》（渝府发〔2008〕45号）、《重庆市人民政府关于贯彻〈大中型水利水电工程建设征地补偿和移民安置条例〉有关问题的补充通知》（渝府发〔2008〕128号）。

（1）《重庆市土地管理规定》（重庆市人民政府令第53号）根据《中华人民共和国土地管理法》《中华人民共和国土地管理法实施条例》等有关法律、法规，并结合重庆市实际，针对征用土地的补偿方面做了相关规定，要求建设用地单位和个人应当依法支付土地补偿费、安置补助费、青苗及地上附着物补偿费。

1）征用土地的土地补偿费，为该耕地（多种经营地、牧草地、果园地和养殖水面按耕地算，其他非耕地 2 亩折算为 1 亩，法律法规另有规定的除外，下同）被征用前 3 年平均年产值（市区内的耕地被征用前 3 年平均年产值由市人民政府统一确定；市区外的耕地被征用前 3 年平均年产值由区县（自治县、市）人民政府以乡镇为单位确定；经县级以上人民政府划定的菜地、粮食制种地、专用鱼池被征用前 3 年平均年产值按耕地被征用前 3 年平均年产值的 1.2～1.5 倍计算，下同）的 6～10 倍。

2）征用土地的安置补助费，按照需要安置的农业人口数计算。需要安置的农业人口数，按照被征用耕地数量除以征地前被征地单位平均每人占有耕地的数量（人均耕地数量等于确权发证的耕地面积与 0.5 倍非耕地面积之和除以农村集体经济组织总人口）计算。每一个需要安置的农业人口的安置补助费标准，为该耕地被征用前 3 年平均年产值的 4～6 倍。但是，每公顷被征用耕地的安置补助费，最高不得超过耕地被征用前 3 年平均年产值的 15 倍。

3）对尚不能使需要安置的农民保持原有生活水平的，经市人民政府批准，可以增加安置补助费。但是，土地补偿费和安置补助费的总和不得超过土地被征用前 3 年平均年产值的 30 倍。具体的土地补偿费、安置补助费及地上附着物和青苗的补偿费标准，由市人民政府另行制定。

(2)《重庆市征地补偿安置办法》（重庆市人民政府令第 55 号）根据有关法律法规，结合重庆实际，针对补偿、人员安置、住房安置等方面做了相关规定。

1）在补偿方面：规定征用土地应依法支付土地补偿费、安置补助费以及地上附着物和青苗补偿费。征用土地的土地补偿费和安置补助费按照《重庆市土地管理规定》第三十九条的规定执行。地上建筑物补偿以集体土地使用权证和农村房屋所有权证登记的合法面积为准计算，构筑物按实计算。青苗补偿按征地时实际种植面积计算。未经批准占用耕地成片栽种的一般树木，按粮食类青苗补偿标准计算补偿费。零星栽种的一般树木按实补偿。果园、茶园、桑园、苗圃、花园按当地耕地前 3 年平均年产值的 1.2～1.5 倍计算补偿费。

属于住房安置对象的，其拆迁房屋参照农房造价给予适当补偿。不属于住房安置对象的，其拆迁房屋按照规定的标准上浮 50％予以补偿。对征地农转非人员的住房在征地拆迁范围以外的，不拆迁、不补偿、不安置。但应根据集体土地使用权属证书确定的宅基地面积，按所在地耕地被征用前 3 年平均年产值的 1～2 倍，向被征地农村集体经济组织一次性支付征地农转非人员占用宅基地综合补偿费。补偿后，农转非人员在公共设施使用、公益事业等方面与所在地的农村集体经济组织成员享受同等待遇。

被征地单位（不含被征地的村民住户）的水、电设施按实际安装费用补偿。水利工程补偿，按国家有关规定执行。有线广播线路、闭路电视线路、天然气安装按实际安装费用补偿。电话移装按电信部门规定的移机费标准补偿。被拆除房屋的装饰物，由所有人自行拆除，不予补偿；不能自行拆除的，给予适当补偿。村民的住房改作其他用途的按住房补偿。征地拆迁具有土地使用权属证书和其他合法权证的企业建（构）筑物，按重置价格计算补偿费后，原建（构）筑物归国家所有，由土地行政主管部门负责处置。被拆迁企业的搬迁损失费（含设备搬迁损耗、停工损失及搬迁费）按所搬迁设备折旧后净值的15%～20%计算。

2）在人员安置方面：规定被征地单位的农业人口、在校大中专学生、现役义务兵、劳改劳教人员按有关规定农转非或以调整承包地的方式予以安置。对征地农转非人员的安置，可以采取货币安置、保险安置、异地安置或民政部门安置等方式。征地农转非人员选择货币安置方式的，土地行政主管部门应将土地补偿费、安置补助费支付给被征地农村集体经济组织，由农转非人员在规定时间内领取或者由土地行政主管部门直接支付给农转非人员。男满50周岁、女满40周岁的农转非人员，经本人书面申请，土地行政主管部门可将该农转非人员的土地补偿费、安置补助费全额或者半额交由中国人寿保险公司重庆市分公司办理储蓄式养老保险，具体办法由重庆市土地行政主管部门会同中国人寿保险公司重庆市分公司拟定，报重庆市人民政府批准后执行。农村集体经济组织的土地被全部征用后，有条件兴办经济实体且安置农转非人员在10人以上的，经有审批权的人民政府批准，土地行政主管部门可将土地补偿费、安置补助费一次性支付给该经济实体，作为被安置的农转非人员投入的资本金。同时按每个农转非人员20～30m²的标准向该经济实体划拨土地，用于发展生产，安置农转非人员。该经济实体应按规定缴纳征地成本费。对于未满18周岁的孤儿，男满60周岁、女满50周岁的孤寡人员，持有残疾证明、丧失劳动能力且无监护人的人员，持有残疾证明、丧失劳动能力且无监护人的人员，经县级以上人民医院证明患有精神病且无监护人的人员，这些农转非人员由土地行政主管部门将土地补偿费、安置补助费一次性拨给民政部门，由民政部门按规定安置或逐月发放生活费。并对农转非人员安置实行征地统筹费调剂使用办法。统筹费由区县（自治县、市）人民政府按市区每亩3000元，其他区县（自治县、市）每亩2000元的标准向建设用地单位收取，专项用于征地农转非人员安置的统筹调剂。

3）在住房安置方面：规定征地批文下达之日前，持有房屋所有权证和集体土地使用权证的被拆迁房屋的征地农转非人员为住房安置对象。住房安置可以采取统建优惠购房、货币安置住房、自建住房等方式，按每人17～20m²建筑面积标准予以安置。住房安置对象选择优惠购房方式并且确有统一修建安置房条件的，以户为单位，按区县（自治县、市）人民政府依据本办法确定的应安置房建筑面积标准，以土地征用时砖墙（条石）预制盖价格向区县（自治县、市）土地行政主管部门申请优惠购买安置房。因户型设计限制，住房安置对象所购的安置房，超过规定标准5m²以内的部分按建安造价的50%购买；超过规定标准5m²以上的部分按综合造价购买，但建设用地预办通知书下达后离婚分户的住房安置对象所购的安置房，超过当地区县（自治县、市）人民政府规定的住房安置标准的部分，按综合造价购买。因户型设计限制，购买安置房未达到规定标准的，不足部分由住房安置方按建安造价补偿给被安置人。

住房安置对象已婚未育的，优惠购房时，可申请增购1个自然间的住房，其价格按安置房建安造价的50%计算。住房安置对象的配偶或未成年子女为城镇户口，经审核在他处确无住房并长期与配偶或父母居住在征地拆迁范围内的，优惠购房时，可申请按建安造价的50%购买1个自然间的住房，与原户主合并安置。征地前无法定婚姻关系或抚养（赡养）关系迁入且无住房的被征地人员，可申请按本办法规定的住房安置标准以综合造价购买住房。在政府批准征用土地之日前，长期居住在征地拆迁范围内的城镇人员，具有房屋所有权证和土地使用权证且城镇确无住房的被拆迁人，经住房安置方审核同意后，可申请按建安造价的50%优惠购买住房。

住房安置对象选择货币安置住房方式的，土地行政主管部门应与安置对象签订货币安置住房合同，一次性结算货币安置款。货币安置款额等于货币安置住房合同履行时，征地拆迁范围相邻经济适用房平均售价与土地征用时砖墙（条石）预制盖房屋补偿标准之差乘以当地区县（自治县、市）人民政府根据本办法确定的应安置房建筑面积。无条件集中统一修建安置房的，区县（自治县、市）土地行政主管部门应按照同级人民政府依据该办法确定的应安置房建筑面积标准和当时当地城镇居民住宅平均建安造价予以补助，并按照规划管理要求和当地城镇居民修建住宅用地标准划给宅基地，由住房安置对象自建住房。户口分别在2个农村集体经济组织的夫妻为同批住房安置对象的，合并为1户安置住房。住房安置对象在2个或2个以上的农村集体经济组织建有住房的，在征地拆迁时只安置1次住房。

安置房的建安造价包括基础、主体、屋面工程、水电安装等费用，由区县（自治县、市）建设行政管理部门商土地行政主管部门核定并予公布。统建安置房屋、自建房屋的，按经济适用房（安居工程）的规定减免税费，但天然气安装费、通气费由住房安置对象自行承担。货币安置对象购买住房时，按每人$17\sim20m^2$建筑面积标准免缴房屋交易费用。住房安置对象按规定办结安置房的有关手续后，房屋产权归该住房安置对象所有，领取土地使用权证和房屋所有权证后可依法转让、出租、抵押。对统建优惠购房，建设用地单位应按优惠购房建安总造价的2%～3%的比例提留该安置房屋共用部位、共用设施设备维修基金，交由房产行政管理部门或由房产行政管理部门交付物业管理企业按国家和市的有关规定，专项用于该物业管理区域房屋共用部位、共用设施设备保修期满后的大修、更新、改造。

征地拆迁范围内的建筑物、构筑物及其他附着物，由其所有人按征地拆迁方案规定的时限自行拆迁。在规定时限内搬迁的拆迁户，其搬迁补助费按户一次性计发，3人以下（含3人）每户不超过300元，3人以上每户不超过500元。临时过渡户按2次计发。因建设需要，被拆迁户须提前搬迁过渡的，从过渡之日起以批准征地时的在籍户口为准，发给搬迁过渡费或搬迁补助费。属统建优惠购房安置的，按实际过渡时间计算，每人每月发给80～100元搬迁过渡费；属货币安置住房、自建住房的，每人一次性发给300～500元搬迁补助费。

(3)《重庆市人民政府关于印发重庆市大中型水利水电工程建设征地和移民安置暂行规定的通知》(渝府发〔2001〕28号)主要适用于重庆市行政区域内兴建大中型水利水电工程的建设征地和移民安置，规定所指大中型水利水电工程是指按国家有关规定标准划分的大中型防洪、除涝、灌溉、灌溉排水、供水、河道整治、水力发电及综合利用水利枢纽等工程。

规定指出，移民安置应根据国家规定的基本建设程序，按照经济合理的原则编制移民安置规划设计。移民安置规划设计是工程设计文件的重要组成部分，一并报主管部门审批。没有移民安置规划设计或没有达到规划设计深度的，不得审批工程设计文件；移民安置规划未经批准的，有关部门不得办理建设项目征地手续，建设单位不得开工。应在认真分析安置区环境容量的基础上，按照在本村、本乡（镇）、本区县（自治县、市）、本市的顺序予以安置；实行本地安置与异地安置、集中安置与分散安置、政府安置与自找门路相结合，本区县（自治县、市）安置不了的，可在工程受益的区县（自治县、市）安置或按照经济合理的原则，选择其他区县（自治县、市）安置。分散安置和移民自愿投亲靠友的，由迁出地和安置地人民政府与移民签订协议，办理有关手续，迁出地人民政府应当将相应的土地补偿费、安置补助费，交给安置地人民政府，统筹安排移民的生产生活。移民自找门路的，由移民与当地政府签订协议，由当地政府发给移民土地补偿费、安置补助费、青苗及地上附着物补偿费、搬迁费。

针对征地农转非人员的人员安置、住房安置可参照《重庆市征地补偿安置办法》的有关规定办理。实行统建优惠购房安置的，应按有关规定发放安置过渡费，安置过渡期超过12个月的，由区县（自治县、市）人民政府负责承担过渡费。征地农转非人员住房未拆迁的，按其宅基地面积向被征地农村集体经济组织一次性支付征地农转非人员占用宅基地综合补偿费。

(4)《重庆市人民政府关于乌江彭水水电站移民安置工作的意见》(渝府发〔2004〕85号) 主要从以下几个方面对乌江彭水水电站移民安置工作做了相关规定。

1) 关于移民安置。乌江彭水水电站移民安置，实行开发性移民方针，统筹使用移民资金，合理开发资源，保护生态环境，妥善安置移民，使移民的生产、生活达到或者超过原有水平。按照政府扶持、各方支援与自力更生相结合的原则，采取前期补偿、补助与后期生产扶持相结合的办法。实行移民任务和移民资金包干的原则。乌江彭水水电站业主单位对移民依法给予补偿。由市移民主管部门根据本意见及其他有关规定测算补偿资金，报市人民政府批准后由彭水、酉阳县人民政府包干使用。农村移民安置以大农业安置为主，在环境容量允许的前提下，农村移民应尽可能就近安置，并尽量在本乡（镇）安置。对土地资源不足、安置确有困难的乡（镇），按照经济合理的原则，考虑在本县内其他乡（镇）安置。对少数民族聚居区，安置时要考虑其生产、生活和风俗习惯需要。

2) 关于移民工作。乌江彭水水电站移民工作实行"市政府统一领导，县为基础，移民部门综合管理，相关部门各负其责，业主参与"的管理体制。实行目标责任制管理，彭水、酉阳两县人民政府和市级相关部门主要领导为移民工作第一责任人，由市人民政府每年进行目标考核，并根据考核结果对有关责任人进行奖惩。

3) 关于移民工程建设。移民工程建设应当履行基本建设程序，严格执行建设工程质量管理的各项制度，确保移民工程质量。有关建设管理程序参照《重庆市三峡库区城镇迁建及专业项目复建管理办法》和《重庆市建委、重庆市移民局关于切实加强移民工程建设管理的通知》执行。全额移民投资的迁（复）建项目设计，报移民主管部门审批；部分使用移民资金的迁（复）建项目设计，报建设行政主管部门或行业主管部门审批。全额移民投资的迁（复）建项目由移民主管部门按规定权限审发施工许可证；部分使用移民资金的迁（复）建工程项目由建设行政主管部门或规定的行业主管部门审发施工许可证。集镇、农村居民点、基础设施的选址和迁建应当尽量避开存在地质问题的区域，并做好水文地质、工程地质勘测和地质灾害危险性评估，严格防治地质灾害。按照"重点保护、重点发掘"的原则做好文物保护工作。移民安置规划确定的文物保护专项经费，由市移民主管部门制定年度资金使用计划并负责资金拨付，由市文物管理部门包干使用。

4）关于资金使用。移民资金根据移民任务分解包干到彭水、酉阳两县人民政府和有关责任单位。彭水、酉阳两县人民政府应加强对移民资金管理和使用的监督，按照移民安置规划在包干限额内安排使用移民资金，确保移民搬迁安置任务按期完成。各级移民主管部门（机构）在本级人民政府领导下，负责本级移民资金的管理工作，同时接受上级移民主管部门的指导、监督。各级审计部门负责移民资金管理和使用的审计监督。各级监察部门负责移民资金管理和使用的监督检查。各级移民主管部门（机构）和移民迁建单位对拨付的移民资金必须专户储存、专账管理、专款专用、专账核算，非移民项目的费用一律不得在移民项目经费中列支。

对集镇公共建筑和各项基础设施迁建补偿资金实行包干使用，因扩大规模和提高标准增加的投资由有关地方人民政府自行解决。农村移民、集镇单位、居民搬迁的补偿资金实行包干使用，其数额按照实际淹没损失核定。核定办法和资金测算标准由市移民主管部门依据国家有关规定制定。

从乌江彭水水电站的电价收入中提取一定资金设立移民后期扶持基金，分配给彭水、酉阳两县人民政府，用于移民的后期扶持。具体办法由市移民、市财政部门会同市级有关部门制定，报市人民政府批准后执行。提取一定资金设立库区维护基金，分配给彭水、酉阳两县人民政府，用于因水库运行而造成的移民生产生活困难的补助、水库防护工程维护、移民的人畜饮水、提水灌溉工程和交通设施的维护。具体办法由市移民、市财政部门会同市级有关部门制定，报市人民政府批准后执行。投产后缴纳的税款依法留给重庆市的部分，分配给彭水、酉阳两县人民政府，用于支持库区建设和生态环境保护。具体办法由市移民、市财政部门会同市级有关部门制定，报市人民政府批准后执行。各级人民政府及有关部门在安排支农、扶贫资金和交通、文教、卫生等经费时，对移民安置区应当适当照顾，帮助移民安排生活、发展生产。

5）其他相关规定。乌江彭水水电站建设用地按照批准的规划，一次审批，分期划拨，并依法办理土地权属变更登记手续。移民迁建用地应当严格控制规模，并依据土地利用总体规划和土地利用年度计划，分批次上报市人民政府，依法办理农用地转用和土地征用手续。移民迁建用地不得转让，不得用于非移民项目。乌江彭水水电站建设淹没的公路、桥梁、港口、码头、水利工程、电力设施、电信线路、广播电视等基础设施需要复建的，应当根据复建规划，按照经济合理的原则在淹没线上复建。复建补偿资金按照原规模、原标准或者为恢复原功能所需投资核定，包干使用。

按照移民安置规划必须搬迁的单位和移民，不得拒绝搬迁或拖延搬迁；已经搬迁并得到补偿和安置的，应当及时办理销号手续，并不得返迁或者要求再次补偿。按照移民安置规划已经搬迁的单位和移民，其搬迁前使用的土地及其附着物由当地县级移民主管部门（机构）处理。乌江彭水水电站建成后形成的水库消落区，由市移民主管部门和项目业主负责管理和合理利用。在服从水库统一调度和保证工程安全的前提下，优先安排移民使用。因蓄水给使用消落区土地的移民造成损失的，不予补偿。消落区土地的使用仍以原县、乡（镇）、村区划为界。乌江彭水水电站坝区和淹没区建设占用耕地以及农村移民建房、集镇、企事业单位搬迁和基础设施复建占用耕地，免征耕地占用税。各部门应本着支持移民工作的精神，对移民迁建工程包干经费中未计列的税费，一律不得征收。

（5）《重庆市人民政府关于调整征地补偿安置标准 做好征地补偿安置工作的通知》（渝府发〔2005〕67号）结合重庆市实际，对征地补偿安置标准进行了调整，分别对主城区和主城区外其他区县（自治县、市）的征地补偿安置标准做了不同规定。主城区征地补偿实行统一年产值标准。征地统一年产值标准每两年由市统计局会同市国土房管局等部门制定并报市人民政府批准后公布执行。凡拟征地告知后抢栽抢种青苗、抢搭抢建建（构）筑物的，一律不予补偿。鼓励推行住房货币安置，其标准由主城各区根据当地经济发展情况自行制定。主城区外的有关区县（自治县、市）人民政府应按照通知要求，结合各地实际，相应调整征地补偿安置标准并制定具体政策。有关区县（自治县、市）的征地统一年产值标准每两年由区县（自治县、市）人民政府依法制定并报市人民政府批准后公布执行。

1）继续推进储蓄式养老保险工作，着力解决征地农转非人员老化劳动力的生活保障问题，主城各区可通过招标方式选择保险公司从事此项工作。征地公告发布之日，男满50周岁、女满40周岁的征地农转非人员属老化劳动力人员，可办理储蓄式养老保险。经本人申请和土地行政主管部门审核同意，由土地行政主管部门将土地补偿费、安置补助费中的23500元交由保险公司办理储蓄式养老保险，余额支付给本人。征地公告发布之日，16周岁以上男未满50周岁、女未满40周岁的征地农转非人员属劳动力（再就业）人员，土地补偿费、安置补助费全额支付给个人。劳动力（再就业）人员享受下岗失业人员再就业有关优惠政策，可依照城镇社会保障的有关规定参加社会保险。

2）调整了征地农转非人数计算方法。征地中应严格依照《重庆市土地管理规定》（重庆市人民政府令第53号）的规定计算应安置的农转非人员人数。零星征地中被征地农户承包的耕地（多种经营地、牧草地、果园地和养殖水面按耕地算）被征收后其人均承包耕地不足0.5亩的，在被征地农户自愿选择的前提下，可按规定实行农转非，或者由农村集体经济组织依法调整承包耕地。被征地农户选择农转非的，可以户为单位按规定计算该户农转非人数并计发农转非人员有关费用；选择由农村集体经济组织调整承包耕地的，按《重庆市土地管理规定》（重庆市人民政府令第53号）计算农转非人数。

3）建立征地农转非人员养老保险统筹经费。各区县（自治县、市）人民政府建立征地农转非人员养老保险统筹经费，其标准为主城区按征地面积每亩2万元，其他区县（自治县、市）每亩1万元，计入征地成本费，由财政部门设立专户统一管理，专项用于统筹重庆市征地农转非老化劳动力的养老保险。若各区县（自治县、市）统筹经费不足以解决其问题的，由各区县（自治县、市）人民政府从国有土地有偿使用收入中予以补贴，并纳入财政预算。

（6）《关于进一步调整大中型水利水电工程建设征地补偿安置标准有关事项的通知》（渝府办发〔2014〕81号）中对2013年1月1日后开工建设的大中型水利水电工程的征地补偿和移民安置标准进行了调整。大中型水利水电工程建设征收耕地的，土地补偿费为该耕地被征收前3年平均年产值的8~10倍，安置补助费在该耕地被征收前3年平均年产值6~8倍的基础上可作适当调高，两项费用之和与工程所在地相邻地段国家或市级其他重点建设项目的征地补偿补助标准基本持平。大中型水利水电工程建设征收土地范围内的农村房屋、青苗和地上构（附）着物实行综合定额补偿，以批准征收土地总面积扣除农村宅基地和林地后的面积为准，每亩定额补偿22000元。农村宅基地范围内的地上构（附）着物补偿的具体标准由主城各区人民政府制定。主城区以外的其他区县（自治县）人民政府结合本地实际，相应调整征地补偿安置标准并制定具体政策，报市人民政府备案后生效。

（7）《武隆县人民政府办公室关于印发乌江银盘水电站移民安置优惠政策的通知》（武隆府办发〔2009〕103号）针对乌江银盘水电站移民制定了移民安置优惠政策，包括以下内容。

1）房屋复建含购房优惠政策。在城镇规划区域内，移民迁建单位和个人房屋复建，建筑面积在原被拆迁房屋建筑面积内的，其城镇基础设施建设配套费用全免；超出部分按标准减半收取。移民迁建单位和个人房屋复建（含购房）面积在原拆迁建筑面积内的房产证办理，只收工本费；超出部分按最低收费标准减半收取。按照新农村建设要求，结合当地实际，无偿提供建房施工设计图纸。移民户按设计图纸施工，建成完工验收后，可以享受相关补助。县建设管理部门负责农村移民居民点和集镇移民新区的移民建房质量安全监督，乡（镇）建设管理办公室负责农村移民分户自建房的质量安全监管，确保移民迁建单位和个人建房施工安全和质量达标。移民迁建单位和个人在办理有关消防手续时，审批时间应在法定工作日内完成，只收办证工本费。农村移民采伐林木用于自建房，只需完善林木采伐手续，免收办证工本费。按新立户头减半收取移民迁建单位和个人城镇管网增容配套费用（原用户水表由供水部门无偿校正），免收办证工本费。移民迁建单位和个人在办理有关环保手续时，审批时间应在法定工作日内完成，并只收取工本费。移民迁建单位和个人在办理有关气象手续时，审批时间应在法定工作日内完成，按公益事业减半收取相关费用。移民迁建单位和个人的有线电视闭路初装费按收费标准减半收取（含材料费），免收办证工本费。凡规划的农村移民居民点和集镇移民新区，用户表前的供电设施按移民安置规划实施，供电部门按最低标准减半收取新增一户一表费用。分散安置的移民户，表前的电力设施及费用由电力部门负责，供电部门按最低标准减半收取新增一户一表费用；原三相电用户和在分散安置的移民户中，购买二手房的，电力部门免费办理过户手续。免收移民迁建单位和个人的有线电话移机费。

2）进城经商优惠政策。对申办个体工商户和私营企业的移民，实行申请、受理、审批"三优先"和一站式服务。申请登记时除提交法定登记要件外，只需提交移民身份证明。对申办个体工商户的移民，免收登记费、工本费。

3）农转非优惠政策。对无土地安置的移民按规定进行农转非。

4）生活保障优惠政策。对符合城市居民或农村居民最低生活保障条件的，应享受相应的最低生活保障政策。

5）移民学生入学优惠政策。移民学生入学按安置地点享受当地学生的入学政策，义务教育阶段免试就近入学。

3.1.3.2 基本特点

(1) 以法律形式明确了移民方针和原则。1991年国务院颁布的《大中型水利水电工程建设征地补偿和移民安置条例》(国务院令〔1991〕74号)明确规定,国家提倡和支持开发性移民,采取前期补偿、补助与后期生产扶持的办法,逐步使移民生活达到或超过原有水平;坚持移民安置与库区建设、资源开发、水土保持、经济发展相结合的原则,合理利用库区资源,就地后靠安置,没有后靠安置条件的,可以采取开发荒地滩涂、调剂土地、外迁等形式安置。贵州也在2001年出台了《贵州省大中型水电工程水库移民安置实施管理试行办法》(黔移办发〔2001〕6号)。

(2) 规范工程建设征地行为,强化移民合法权益保护。国家层面上,从1992年3月,国务院批转《国家计委关于加强水库移民工作的若干意见》(国发〔1992〕20号)开始,1998年2月,电力工业部印发了《水库移民补偿经费管理办法(试行)》(电综〔1998〕90号),1998年8月,全国人民代表大会颁布修订后的《中华人民共和国土地管理法》等文件之后,贵州省相继出台了《省人民政府关于提取林地安置调控费等问题的批复》(黔府函〔2003〕17号)、《省人民政府关于加强重点建设项目征地管理工作的通知》(黔府发〔2004〕5号)、《省人民政府办公厅关于调整我省大中型水电工程移民房屋补偿标准的通知》(黔府办发〔2005〕77号)、《贵州省发改委 省移民办关于调整我省大中型水电工程移民房屋补偿标准的实施意见》(黔移办发〔2005〕19号)等一系列政策法规。这些法律法规和文件,进一步规范了水利水电工程建设征地行为,强调移民最少化原则,合理征用土地,妥善安置移民;要求切实维护移民的合法权益,尊重移民的知情权、参与权和监督权,保障失地农民和移民的基本生计,维护社会稳定。

(3) 提高和规范土地补偿补助标准。贵州省严格参照和依据《移民条例》规定,《移民条例》依据《土地管理法》的规定,确定耕地补偿费为该耕地被征用前3年平均年产值的3～4倍,安置补助费为该耕地被征用前3年平均年产值的2～4倍,综合补偿倍数为5～8倍;征占土地上的房屋、需要迁建的城镇、企业单位和需要复建的专业设施,按照原规模、原标准或恢复原功能的原则计算复建投资。1998年8月,全国人大常委会对土地管理法进行了修订,土地补偿费由过去该耕地被征用前3年平均年产值的3～4倍提高到6～10倍,安置补助费由过去该耕地被征用前3年平均年产值的2～4倍提高到4～6倍,综合补偿倍数为10～16倍。由于该法规定,水利水电工程征地标准由国务院另行规定,2001年11月,国土资源部、国家经济贸易委员会、水利部联合发布了《关于水利水电工程建设用地有关问题的通知》(国土资发〔2001〕355号),明确在移民安置条例未修订前,为了依法保护移民的权益,水利水电工程建设征地补偿补助按土地管理法规定的标准执行。

(4) 提高和规范后期扶持标准,加大中央直属水库移民遗留问题处理力度。1996年,中共中央、国务院《关于尽快解决农村贫困人口温饱问题的决定》(中发〔1996〕12号)提出,"根据谁受益,谁承担的原则,适当提高库区建设基金和库区维护基金,专项用于解决移民的温饱问题"。同年3月2日,国家计划委员会、财政部、电力工业部、水利部联合下发了《关于设立水电站和水库库区后期扶持基金的通知》(计建设〔1996〕526号),规定从1996年1月1日起,对1986—1995年投产和1996年以前国家批准开工建设的大中型水电站、水库库区，按照每个移民250～400元，最高不超过每千瓦时5厘钱的标准，在各水电站发电成本中提取库区移民后期扶持基金，由各省、市、区专项用于移民发展生产和解决遗留问题。至此，移民后期扶持形成了四项基金，即库区维护基金、库区建设基金、库区移民扶助金和库区移民后期扶持基金。其中，库区建设基金由中央管理并用于中央直属水库；其他三项基金由地方省级政府按规定提取和使用，由于水库移民扶助金由城市供水的水库提取，涉及范围小，实际执行的地方不多。2002年1月，国务院办公厅转发了水利部、财政部、国家计划委员会、国家经济贸易委员会、国家电力公司《关于加快解决中央直属水库移民遗留问题若干意见》（国办发〔2002〕3号），决定从2002—2007年，按各省、自治区、直辖市销售的全部电量每千瓦时不超过2厘钱的标准提取库区建设基金。用6年时间解决1985年底前投产的中央直属水库移民遗留问题。具体标准按照中央直属水库移民现状人口人均6年累计1250元核定，分省计提，统一上缴中央财政；地方配套资金按1∶1的比例安排，由省级政府负责筹集。为此，水利部向各省、自治区、直辖市人民政府发出了《关于抓紧做好中央直属水库移民遗留问题处理规划工作的函》（水利部水函〔2002〕9号），并制定和印发了《中央直属水库移民遗留问题处理2002—2007年规划及总体规划工作大纲》，贵州省也相继出台了《贵州省移民开发办关于做好中央直属水库移民遗留问题处理六年规划实施管理工作的意见》（黔移办发〔2004〕8号）、《贵州省移民开发办关于印发贵州省实施中央直属水库移民遗留问题处理规划实施管理办法细则的通知》（黔移办发〔2004〕9号）、《中共贵州省委 贵州省人民政府 关于加大全省大中型水电工程移民后期扶持工作力度的意见》（黔党发〔2004〕17号）、《贵州省移民开发办关于贯彻落实〈中共贵州省委 省人民政府 关于加大全省大中型水电工程移民后期扶持工作力度的意见〉的函》（黔移办函〔2005〕1号），对遗留问题处理的原则、重点、目标、范围、内容等提出了明确要求。

(5) 明确了移民前期工作的法律地位。条例明确规定，按照经济合理的原则，编制水库淹没处理和移民安置规划，没有移民安置规划的，不得审批工程设计文件、办理征地手续，不得施工，从法律程序上明确了移民前期工作的重要地位。为了加强和规范移民前期工作，维护移民群众的切身利益，保障水利水电工程的顺利建设，1991年12月，能源部、水利部、水利水电规划设计总院印发了《关于加强水库淹没处理前期工作的通知》（水规规〔1991〕67号），要求高度重视前期工作，提高水库淹没处理和移民安置规划的深度、精度和设计水平，扭转"重工程、轻移民"以及淹没处理前期工作的被动局面；1996年11月，电力工业部在1984年原水利电力部颁布的设计规范的基础上，以电技〔1996〕807号发布了《水电工程水库淹没处理规划设计规范》（DL/T 5064—1996）；2002年11月，国家经济贸易委员会制定并以2002年第78号公告发布了《水电工程设计概算编制办法及计算标准》（2002年版）；2003年9月，水利部重新修订并颁布了《水利水电工程建设征地移民设计规范》（SL 290—2003）。这些行业设计规范的制定及其不断修订完善，使水库移民前期工作的进度、质量基本能够满足水利水电工程建设和移民安置的要求。

(6) 建立健全移民工作管理体制。2002年12月，为了加强对水电工程建设征地和移民安置工作的管理，明确各级地方政府、移民机构、项目法人、设计单位和监理单位等有关部门和单位的责任和义务，确保水电工程建设征地移民安置工作的顺利进行，促进水电工程建设的健康发展，保护移民的合法权益，国家计划委员会制定并印发了《关于印发水电工程建设征地移民工作暂行管理办法的通知》（计基础〔2002〕2623号）。贵州省出台了《关于进一步加强全省大中型水电工程移民工作有关问题的通知》（黔党办发〔2001〕20号），明确国家对水电工程建设征地移民工作实行"政府负责、投资包干、业主参与、综合监理"的管理体制，实行省级人民政府全面负责，以县为基础、分级负责的管理方式，国务院投资主管部门负责全国大中型水电工程建设征地移民工作的宏观管理，省级人民政府按照建设征地移民安置任务和移民补偿投资包干协议的要求，组织省级有关部门和地方人民政府具体实施。通知还对移民机构的设立、移民综合监理和移民安置验收等问题作出了明确规定，使移民工作管理逐步走上了制度化、规范化的轨道，为移民的稳妥安置提供了制度保证和组织保证。

3.1.4 政策完善期（2006年至今）

2006年3月，国务院常务会议讨论并原则上通过了新修订的《大中型水利水电工程建设征地补偿和移民安置条例》草案和关于完善大中型水库移民后期扶持政策的意见，对水库移民安置补偿政策和后期扶持政策进行了全面调整、改革和完善。5月17日，国务院以国发〔2006〕17号文件印发了《国务院关于完善大中型水库移民后期扶持政策的意见》；7月7日，国务院以第471号令公布了《大中型水利水电工程建设征地补偿和移民安置条例》，并规定从2006年9月1日起施行。这两项政策法规的颁布实施，标志着我国水库移民政策在新的历史条件下的成熟和完善，意义重大、影响深远。与之配套的《水电工程建设征地移民安置规划设计规范》（DL/T 5064—2007）、《水电工程建设征地处理范围界定规范》（DL/T 5376—2007）、《水电工程建设征地实物指标调查规范》（DL/T 5377—2007）、《水电工程农村移民安置规划设计规范》（DL/T 5378—2007）、《水电工程移民专业项目规划设计规范》（DL/T 5379—2007）、《水电工程水库库底清理设计规范》（DL/T 5381—2007）、《水电工程建设征地移民安置补偿费用概（估）算编制规范》（DL/T 5382—2007）等也及时颁布执行。这一时期，移民安置政策更强调以人为本，移民管理政策体系及规程规范基本完善。我国水库移民工作由此进入了一个全新的历史时期。

3.1.4.1 移民安置政策梳理

1. 国家层面出台的政策

2006年国务院颁发了《大中型水利水电工程建设征地补偿和移民安置条例》（国务院令第471号）（以下简称"471号令"）。与74号令相比，471号令基本涵盖了大中型水利水电工程移民工作的各个方面。从组织机构、前期工作、移民安置规划、补偿补助标准以及管理与监督都要有法可依，力求做到规范性、科学性、时代性和可操作性相结合。对水库移民安置补偿政策和后期扶持政策进行了全面调整、改革和完善，主要表现在以下方面。

471号令总的指导思想是要妥善安置移民，使移民的生产生活水平首先达到或超过原有水平，进而达到所在县农村人口平均水平，其特别强调要"以人为本"，要切实保障移民的合法权益。这在指导思想上和以前相比有了根本性的重大转变。471号令提高并统一征收耕地的补偿补助标准。规定大中型水利水电工程建设征收耕地的，土地补偿费和安置补助费之和为该耕地被征收前3年平均年产值的16倍，如果按照16倍的标准补偿补助，仍不能使移民保持原有生活水平的，经项目审批或者核准部门同意，可以进一步提高标准。即绝大部分大中型水利水电工程移民今后都是统一按照16倍的标准进行补偿补助。

471号令还明确了行政主管部门、项目法人、移民和其他组织的权利和义务，界定了移民工作各方的责任。

471号令保留了74号令能够适用的条款，对不能适应形势需要的进行了删除或修改，对新出现的情况和问题进行了补充和完善，并注意了与有关法律、法规的衔接。

2. 贵州省出台的主要政策

(1) 贵州省人民政府出台了一系列相关的政策规定，具体有以下内容。

1)《贵州省人民政府关于深入贯彻落实国务院大中型水库移民后期扶持政策的意见》(黔府发〔2007〕7号) 落实了移民后期扶持政策的指导思想、基本原则和工作目标；完善了移民后期扶持的范围、标准和期限的规定。

2)《省人民政府关于加强水能资源和水电开发利用管理的意见》(黔府发〔2007〕9号) 要求水能资源统一管理、实行分级管理负责制，加强水能资源使用权管理力度；严格水电开发项目的审查和审批；规定了规划期限以不超过3~5年为宜；规划的范围为大中型水库的农村移民。

3)《省人民政府办公厅关于印发贵州省大中型水库库区水域安全生产管理办法的通知》(黔府办发〔2009〕87号) 完善和规定了"谁主管、谁负责""谁审批、谁发证、谁负责"的原则。

4)《贵州省人民政府关于进一步加强移民工作的意见》(黔府发〔2010〕12号) 加强了移民前期工作；合理确定了安置方式，坚持农业有土安置为主，对耕地紧张的库区，积极推行征占耕地长期补偿安置方式；加大了后期扶持力度，健全了后期扶持政策的长效机制；解决了老库区遗留问题。

5)《省人民政府办公厅关于转发省移民局省财政厅贵州省水库移民后期扶持项目管理办法的通知》(黔府办发〔2011〕72号) 包含了"县为基础、分级负责"的项目管理原则、项目前期工作管理、项目年度计划管理（一旦批复，不得擅自调整或变更）、项目建设管理和项目验收等内容。

6)《省人民政府关于印发贵州省地方水利建设基金筹集和使用管理实施细则的通知》(黔府发〔2011〕30号) 中规定，各级从土地出让收益中提取12%的农田水利建设资金，纳入地方水利建设基金管理；地方水利建设基金实行省、市（州、地）、县（市、区、特区）三级管理；地方水利建设基金收支纳入政府性基金预算管理，实行以收定支、专款专用，年终结余结转下年安排使用。

7)《省人民政府办公厅关于印发贵州省水库和生态移民局主要职责内设机构和人员编制规定的通知》(黔府办发〔2014〕13号) 说明了贵州省水库和生态移民局的职责调整和主要职责。贵州省移民局内设机构11个、人员编制70人。

(2) 根据471号令中的规定："省、自治区、直辖市人民政府规定的移民管理机构，负责本行政区域内大中型水利水电工程移民安置工作的管理和监督。"贵州省水库和生态移民局作为贵州省水利水电工程移民安置工作的管理者和监督者，在贵州省水利水电工程移民工作中发挥着至关重要的作用。为了进一步规范移民工作，贵州省水库和生态移民局在国务院、贵州省人民政府移民相关法律法规的指导之下，结合不同时期移民安置工作的实际需要和经济社会发展水平，发布了一系列相关的文件，具体内容如下。

1) 移民安置方面：《贵州省大中型水利水电工程移民安置建设项目管理暂行办法》（黔移发〔2011〕38号）、《贵州省大中型水利水电工程移民安置验收管理暂行办法》（黔移发〔2011〕39号）、《贵州省大中型水利水电工程移民规划实施稽查暂行办法》（黔移发〔2011〕40号）、《贵州省大中型水利水电工程移民安置监督评估管理暂行办法》（黔移发〔2011〕41号）、《贵州省大中型水利水电工程移民前期工作管理暂行办法》（黔移发〔2011〕45号）、《贵州省大中型水利水电工程移民安置社会稳定风险评估暂行办法》（黔移发〔2011〕22号）。

2) 后期扶持方面：《贵州省大中型水库移民后期扶持方式确定办法》（黔移办发〔2007〕5号）、《省移民办 水利厅 农办（扶贫办） 农业厅关于加强大中型水库移民劳动力转移和生产实用技术培训工作的通知》（黔移办发〔2007〕34号）、《贵州省大中型水库移民劳动力转移和实用技术培训实施意见》（黔移办发〔2007〕41号）、《关于做好移民后期扶持常态化工作的通知》（黔移办发〔2009〕1号）、《关于进一步规范新建大中型水库农村移民后期扶持人口核定工作的通知》（黔移发〔2010〕18号）、《关于开展水库移民后期扶持政策实施情况监测评估的通知》（黔移发〔2011〕44号）、《贵州省大中型水库移民后期扶持人口动态管理暂行办法》（黔移发〔2011〕47号）、《关于设立大中型水库移民后期扶持政策实施固定监测点的通知》（黔移发〔2012〕7号）、《关于进一步做好水库移民示范新村建设"整村推进"工作的通知》（黔移发〔2012〕18号）、《关于进一步规范监测评估固定监测点有关工作的通知》（黔移发〔2012〕52号）、《贵州省进一步解决小型水库移民困难问题实施方案》（黔移发〔2013〕2号）；《关于对移民素质提升和购置农机具实施补贴的通知》（黔移发〔2014〕60号）。

3) 资金管理方面：《关于进一步核对符合库区基金征收条件大中型水库和水电站基本情况的通知》（黔移发〔2010〕19号）、2012年《贵州省大中型水利水电工程移民资金计划管理暂行办法》、2013年《贵州省在建大中型水利水电工程移民资金会计核算暂行办法》。

4) 信访管理方面：《贵州省移民信访工作管理暂行办法》（黔移发〔2011〕42号）。

5) 监督管理方面：《贵州省大中型水利水电工程移民规划实施稽查暂行办法》（黔移发〔2011〕40号）、《贵州省大中型水利水电工程移民安置监督评估管理暂行办法》（黔移发〔2011〕41号）。

3. 重庆市出台的主要政策

a.《重庆市人民政府关于贯彻国务院〈大中型水利水电工程建设征地补偿和移民安置条例〉的通知》（渝府发〔2007〕64号）

(1) 出台背景。为切实做好大中型水利水电工程建设征地补偿和移民安置工作，根据国务院《大中型水利水电工程建设征地补偿和移民安置条例》(国务院令第471号,以下简称《条例》) 规定,结合实际,颁发该通知。

(2) 主要内容。

1) 建立健全移民工作管理体制。移民工作实行属地管理和政府领导、分级负责、区县为基础、项目法人参与的管理体制。在市人民政府领导下,市水利水电工程移民管理机构具体负责全市大中型水利水电工程移民工作的管理和监督。市人民政府有关部门要按照职责分工,各负其责,密切配合,加强指导。要抓紧研究完善重庆市水利水电工程移民管理体制,市移民局负责三峡工程、乌江彭水和银盘水电工程、小南海、朱杨溪等大中型水电工程移民工作的管理和监督;市水利局负责大中型水利工程移民工作的管理和监督。区县(自治县)人民政府负责本行政区域内大中型水利水电工程移民工作的组织领导,区县(自治县)人民政府确定的水库移民管理和监督机构负责行政区域内大中型水利水电工程移民工作的管理和监督。

2) 认真编制和实施移民安置规划。移民安置规划是水库移民工作的基础。重庆市大中型水利水电工程多、移民数量大、涉及范围广,科学制定移民安置规划并认真执行至关重要。各区县(自治县)人民政府、市人民政府有关部门和项目法人要按照《条例》规定,认真编制和审查移民安置规划大纲和移民安置规划。一是严格时间界限。2006年9月1日前已审批或核准的大中型水利水电工程,不再重新编制和审查移民安置规划大纲和移民安置规划。2006年9月1日以后审批或核准的工程,应严格按照《条例》规定,编制和审查移民安置规划大纲和移民安置规划。二是严格审批程序。移民安置规划大纲按照审批权限报送市人民政府或国务院移民管理机构审批,作为编制移民安置规划的依据。移民安置规划经市移民管理机构或国务院移民管理机构审核后,由项目法人或项目主管部门报送项目审批或核准部门,与可行性研究报告或项目申请报告一并审批或核准。按照国家有关规定和市人民政府授权,市移民管理机构负责重庆市大中型水利水电工程移民安置规划大纲和移民安置规划的审核,并提出审核意见。市移民管理机构在审核时应当征求工程所在区县(自治县)人民政府的意见。未编制规划大纲和规划或者规划大纲和规划未经审批或核准的项目,有关部门不得审批或核准项目建设,不得为其办理用地等有关手续。审批或核准的移民安置规划不得随意调整或者修改,确需调整或者修改的,应报原审批机关审批或核准。三是严格验收规定。移民安置达到阶段性目标和移民安置工作完毕后,应按国家有关要求进行验收,移民安置未经验收或者验收不合格的,不得对工程进行阶段性验收和竣工验收。

b.《重庆市人民政府关于调整征地补偿安置政策有关事项的通知》(渝府发〔2008〕45号)

(1) 出台背景。根据《国务院关于深化改革严格土地管理的决定》(国发〔2004〕28号)、《国务院关于加强土地调控有关问题的通知》(国发〔2006〕31号)及土地管理法律法规的有关规定,结合重庆市实际,经2008年1月7日重庆市人民政府第117次常务会议通过,调整重庆市征地补偿安置政策。

(2) 主要内容。

1) 调整征地补偿安置方式和标准。

对于主城区的征地补偿安置方式和标准调整如下。

一是土地补偿费和安置补助费。土地补偿费和安置补助费分别计算补偿。土地补偿费不分地类，按被征收土地面积计算。安置补助费按转非安置的农业人口数计算。土地补偿费为被征地的农村集体经济组织所获得的补偿，被征地土地补偿费总额的80%首先统筹用于被征地农转非人员参加城镇企业职工基本养老保险，由土地行政管理部门代为划拨到劳动保障部门；其余20%支付给被征地农村集体经济组织，用于发展集体经济和安排集体经济组织成员的生产、生活。安置补助费的支付按被征地农转非人员的不同年龄段确定，对未年满16周岁的被征地农转非人员，其安置补助费全额支付给个人；对年满16周岁及以上的被征地农转非人员，其个人按照有关规定应缴纳参加城镇企业职工基本养老保险费用总额的50%，由土地行政管理部门从其安置补助费中代为划拨到劳动保障部门，专项用于该征地农转非人员的基本养老保险，安置补助费的其余部分支付给个人，用于安排其生产、生活。土地补偿费80%部分和个人缴纳基本养老保险费用之和尚不能满足被征地农转非人员参加基本养老保险资金需要的，其差额部分由征地单位补足，直至满足被征地农转非人员参加基本养老保险的资金需要。

二是农村房屋、青苗和地上构（附）着物补偿。完善了农村房屋、青苗的补偿标准。宅基地使用权范围内的地上构（附）着物按补偿标准执行；其余被征收土地范围内的地上构（附）着物，采取综合定额补偿的方式进行补偿。综合定额补偿的具体标准和计算方式由各区人民政府制定。

三是住房安置。被征地拆迁农转非人员住房安置的人均建筑面积标准为$30m^2$。积极推行住房货币安置方式，货币安置具体标准由各区人民政府按照不低于本区与被征地范围相邻地段经济适用住房销售价格的原则制定。各区人民政府可以按照"政府引导、市场运作"的方式，提供国有土地使用权，通过招标的方式确定建设单位修建住房，并由建设单位定向销售给已进行货币安置的征地农转非住房安置对象，以满足其住房需求。定向修建并销售给被征地拆迁农转非人员居住的住房应享受经济适用住房建设的有关优惠政策。2008年1月1日后，在城市（镇）规划区范围内不实行自建住房安置。

对于主城区外其他区县（自治县）的征地补偿安置方式和标准调整，主城区外的其他区县（自治县）人民政府要按照确保被征地农转非人员根据有关规定参加城镇企业职工基本养老保险的原则和本通知的要求，结合本地实际，抓紧制定征地补偿安置的具体政策，报市人民政府备案。

2）调整征地农转非人数的确定方法。

集体经济组织土地被全部征收的，该集体经济组织的成员全部予以农转非；集体经济组织土地被部分征收的，农转非人员的人数按被征收耕地面积（果园、牧草地面积按耕地面积计算，下同）与0.5倍非耕地面积之和除以被征地集体经济组织的人均耕地面积计算确定。人均耕地面积为集体土地所有权证记载的耕地面积（不含已被征收的耕地面积）除以农村集体经济组织总人口数。集体经济组织土地被部分征收时，被征地农户的承包耕地被征收后，其剩余的耕地面积以户为单位计算人均不足0.5亩的，除按照上述规定计算农转非人数外，被征地农户可以户为单位另行申请增加农转非人数，直至该户剩余耕地面积达到人均0.5亩以上为止。被征地农户未申请农转非，且农村集体经济组织具备条件的，应调整其承包耕地。在城市（镇）规划区范围内因住房被征收并拆除的，被拆除户可申请以户为单位全部农转非。

3）征收被征地农转非人员社会保障统筹费。

从 2008 年 1 月 1 日起，在审批土地时征收被征地农转非人员社会保障统筹费（以下简称"征地统筹费"）。征地统筹费按土地面积收取，对经营性用地（含存量国有建设用地）、城镇发展用地按照主城区每亩 3 万元，其他区县（自治县）每亩 2 万元的标准收取；对新征工业用地按照主城区每亩 1 万元，其他区县（自治县）每亩 0.5 万元的标准收取。征地统筹费计入土地成本，由市财政部门统一收取，作为市级专项收入，纳入专户管理，专项用于统筹调剂被征地农转非人员的社会保障费用。

4）建立被征地农转非人员的基本生活保障制度。

一是促进被征地人员实现就业。各区县（自治县）对劳动力年龄段的被征地农转非人员，应建立和完善失业登记制度和就业服务体系，积极提供政策咨询、就业指导、就业培训、职业介绍等服务，多渠道开发就业岗位，增强就业吸纳能力，改善和优化就业环境，促进劳动力年龄段内有就业愿望的被征地农转非人员实现就业。劳动力年龄段的被征地农转非人员可以享受城镇登记失业人员就业的有关优惠政策。被征地农转非人员或被征地农转非人员的子女就读于本市行政区域内各类中等职业学校的，可参照《中共重庆市委关于加快库区产业发展着力解决移民就业促进库区繁荣稳定的决定》（渝委发〔2006〕18 号）的有关规定享受就读资助的政策。

二是建立基本养老保险制度。被征地农村居民依法登记为城镇居民后，按照有关规定纳入城镇企业职工基本养老保险体系。被征地农转非人员的基本养老保险办法按照《重庆市人民政府关于印发重庆市 2007 年 12 月 31 日以前被征地农转非人员基本养老保险试行办法和重庆市 2008 年 1 月 1 日以后新征地农转非人员基本养老保险试行办法的通知》（渝府发〔2008〕26 号）的规定执行。2008 年 1 月 1 日后征地的，不再实行储蓄式养老保险办法。

三是建立生活困难救助制度。各区县（自治县）应对被征地农转非人员建立多渠道、多形式的生活困难救助制度。对生活困难、符合城镇居民最低生活保障条件的被征地农转非人员家庭，由民政部门按照城镇居民最低生活保障的有关规定办理。

c.《重庆市人民政府关于贯彻〈大中型水利水电工程建设征地补偿和移民安置条例〉有关问题的补充通知》（渝府发〔2008〕128 号）

（1）出台背景。为妥善处理重庆市大中型水利水电工程建设征地补偿和移民安置的有关问题，根据《重庆市人民政府关于贯彻国务院〈大中型水利水电工程建设征地补偿和移民安置条例〉的通知》（渝府发〔2007〕64 号）和《重庆市人民政府关于调整征地补偿安置政策有关事项的通知》（渝府发〔2008〕45 号）有关规定，结合重庆市实际，特就贯彻国务院《大中型水利水电工程建设征地补偿和移民安置条例》（国务院令第 471 号）有关事项提出补充通知。

（2）主要内容。

1）移民安置规划大纲及规划的编制和审批。大中型水利水电工程应在可行性研究阶段，按照有关规定编制移民安置规划大纲和移民安置规划。移民安置规划大纲和移民安置规划应由项目法人或项目主管部门委托具有与工程设计相应等级资质的设计单位承担。由国家或市级审批（核准）的大中型水利水电工程，其移民安置规划大纲应在项目可行性研究报告（项目申请报告）审批（核准）前，报市大中型水利水电工程移民管理机构初审或审查后报国务院移民管理机构或市人民政府审批；其移民安置规划经国务院移民管理机构或市大中型水利水电工程移民管理机构审核同意后，随项目可行性研究报告（项目申请报告）一并报国务院投资主管部门或市投资主管部门审批（核准）。

2）建设用地审批。依法批准的流域规划确定的大中型水利水电工程，建设项目用地纳入项目所在地的土地利用总体规划。大中型水利水电工程建设项目的可行性研究报告或项目申请报告经批准（核准）后，项目用地应当列入土地利用年度计划。国家和市重点支持的大中型水利水电工程建设项目，土地征收后，按国务院和市人民政府的有关规定供应土地。大中型水利水电工程建设项目用地，必须依法申请并办理审批手续，可以按批复的工程初步设计确定的分期建设方案报批征收土地。为应急抢险需要兴建的防洪、治涝、供水等工程，可以先行使用土地，事后补办用地手续。

3）征地补偿标准。

一是征收耕地的补偿。大中型水利水电工程建设征收耕地的土地补偿费为该耕地被征收前3年平均年产值的8～10倍，安置补助费为该耕地被征收前3年平均年产值的6～8倍。土地补偿费和安置补助费之和应不低于该耕地被征收前3年平均年产值的16倍。上述土地补偿费和安置补助费不能使征地移民保持原有生活水平或明显低于被征耕地相邻地段国家或市级其他重点建设项目补偿补助标准的，在编制移民安置规划前，项目法人或者项目主管部门报项目审批或者核准部门批准后，可适当提高土地补偿费和安置补助费标准，但不得高于相邻地段其他建设用地的补偿补助标准。

二是征用林地的补偿。大中型水利水电工程建设征收林地的补偿费按该工程征收耕地土地补偿费的80%进行补偿。以林地为主要收入来源，因林地被征用确需进行安置的，安置补助费按土地管理法规或有关规定办理。征用集体或个人所有的林地、林木及其附着物补偿费按《重庆市林地保护管理条例》规定的平均标准执行；征用国有林地、林木及附着物补偿费按《重庆市林地保护管理条例》规定的下限标准执行。

三是征收牧草地、园地、养殖水面及其他土地的补偿。大中型水利水电工程征收牧草地、园地、养殖水面，其补偿补助标准参照该工程征收耕地的补偿补助标准执行。征收除耕地、林地、牧草地、园地、养殖水面以外的其他土地，按征收耕地标准的1/2支付土地补偿费和安置补助费。大中型水利水电工程使用未确定给单位或者个人使用的国有未利用土地不予补偿，但对已种植作物的国有河滩地可给予青苗补偿费。

四是农村房屋、青苗和地上构（附）着物补偿。大中型水利水电工程征收土地范围内的农村房屋、青苗和地上构（附）着物，参照各区县（自治县）人民政府贯彻渝府发〔2008〕45号文件制定的有关补偿标准给予补偿。

4）移民安置。大中型水利水电工程征地移民以农业安置为主，以农转非安置为辅，具体安置方式由移民所在区县（自治县）人民政府在听取移民意愿和移民安置区居民意见的基础上确定。

一是农业安置。农村移民在本区县（自治县）调剂土地安置的，区县（自治县）人民政府应与安置社（组）签订协议，并将土地补偿费、安置补助费和应分得的集体财产补偿费直接全额兑付给安置社（组）。农村移民在重庆市行政区域内其他区县（自治县）安置的（含移民自愿投亲靠友，以接收地县级人民政府出具的接收证明为依据），移民迁出地区县（自治县）人民政府应当与移民安置地区县（自治县）人民政府签订移民安置协议，并及时将相应的土地补偿费和安置补助费拨付给移民安置地区县（自治县）人民政府，用于安置移民的生产和生活。搬迁费及移民个人所有的房屋和附属建筑物、零星树木、青苗、农副业设施等个人财产补偿费，由移民迁出地区县（自治县）人民政府与移民签订补偿协议，直接全额兑付给移民。在城镇规划区外，农村移民住房采取自建房的方式进行安置，移民个人所有的房屋和附属建筑物按照所在区县（自治县）人民政府贯彻渝府发〔2008〕45号文件制定的征收土地房屋拆迁补偿标准，上浮50%给予补偿。农村移民建房按有关规定办理建设用地手续，免缴各种税费。大中型水利水电工程的农村移民按照国家规定享受相应的后期扶持政策。

二是农转非安置。农村集体土地被征收后，无法通过土地调剂进行农业安置并达到安置前生产生活水平的，可以按照渝府发〔2008〕45号文件和各区县（自治县）人民政府贯彻该文件的有关规定进行农转非安置。农转非安置的移民，原则上按照统建房的方式建设安置房屋。农转非移民人均住房建筑面积按照各区县（自治县）人民政府贯彻渝府发〔2008〕45号文件的有关规定标准执行。安置房建筑面积超过人均住房建筑面积标准的，超过部分由移民个人参照当地普通商品房的平均售价补足价差。农转非移民安置房建设用地由所在地区县（自治县）人民政府予以划拨，由移民工程建设项目业主通过招标的方式确定建设单位修建，并享受经济适用房建设的有关优惠政策。不愿意参加住房统建集中安置、确需进行分散安置的农转非移民，经本人向工程项目业主或区县（自治县）人民政府申请，按该工程农转非移民统建安置房的平均综合造价进行房屋货币补偿。农转非人员的基本养老保险、就业、生活困难救助等按照有关政策规定执行。

5）大中型水利工程征地优惠政策。国家和市级重点大中型水利工程免缴被征地农转非人员社会保障统筹费、建设工程规划综合费、城镇建设配套费；免缴征地范围内的矿产资源补偿费，但应完善有关手续。新增建设用地土地有偿使用费地方分成部分、耕地占用税、耕地开垦费及建设用地森林植被恢复费按照即征即返的方式办理。大中型水利工程建设所涉及的区县（自治县）不得自行确定收费项目。

3.1.4.2 基本特点

（1）坚持以人为本的原则。强调大中型水利水电工程建设征地补偿和移民安置应当遵循的首要原则就是"以人为本，保障移民的合法权益，满足移民生存与发展的需求"，坚持开发性移民方针，采取前期补偿补助和后期扶持相结合的办法，使移民生活达到或者超过原有水平。

（2）完善移民工作管理体制。移民安置工作实行"政府领导、分级负责、县为基础、项目法人参与"的管理体制，强化了县级实施主体、责任主体、工作主体的地位，强化了项目业主全过程参与的责任。从而明确了地方政府、项目法人、设计单位、移民行政管理机构各自的职责和工作程序要求，进一步规范了移民安置工作程序。

（3）强化移民安置规划的法律地位。规定未编制规划或者规划未经审核的，不得批准项目开工建设，不得为其办理用地等有关手续。移民安置未经验收或者验收不合格的，不得对工程进行阶段性验收和竣工验收。明确移民安置规划由项目业主负责编制，由国家或省级移民管理部门审核；移民安置规划大纲由省级人民政府审批，从而进一步保证了移民安置规划设计质量。

（4）提高并统一补偿补助标准。规定大中型水利水电工程建设征收耕地的，土地补偿费和安置补助费之和为该耕地被征收前3年平均年产值的16倍；按照16倍的标准补偿补助，仍不能使移民保持原有生活水平的，经项目审批或者核准部门同意，可以进一步提高标准。

（5）适当扩大对移民财产的补偿补助范围。包括远迁移民剩余的线上零星树木、房屋等的补偿，贫困移民建房补助等，使补偿项目更符合实际、更趋合理。

（6）提高移民对安置工作的参与程度。要求移民安置规划大纲和规划报告编制过程中充分征求移民意见，必要时召开听证会，更加强化移民知情权、参与权、选择权和监督权。

（7）加强对移民安置工作的监督管理。实行监督评估制度、稽查审计制度、责任追究制度等。

3.2 移民安置政策解析

乌江流域的水电开发始于20世纪70年代，至今已经历了30多年的历程，随着水电移民政策的日渐完善，乌江流域移民安置工作越来越规范，移民安置成效越来越显著。

乌江流域移民安置工作，依据的专项法规主要是《中华人民共和国土地管理法》、2006年国务院颁布实施的《大中型水利水电工程建设征地补偿和移民安置条例》（国务院令第471号）等一系列与水电移民安置相关的法律法规。此外，为了更好地指导移民安置实践工作，水电行业还出台了一系列专项法规，这些专项法规基于移民工作的不同阶段进行分类，并对不同阶段移民工作的具体工作内容及相关标准都进行了明确规定，有利于促进移民实践的规范性。水电移民分类专项规范见表3.2-1。

表3.2-1　　　　　　　　水电移民分类专项规范

序号	规 范 名 称
1	《水电工程建设征地移民安置规划设计规范》（DL/T 5064—2007）
2	《水电工程建设征地处理范围界定规范》（DL/T 5376—2007）
3	《水电工程建设征地实物指标调查规范》（DL/T 5377—2007）
4	《水电工程农村移民安置规划设计规范》（DL/T 5378—2007）
5	《水电工程移民专业项目规划设计规范》（DL/T 5379—2007）
6	《水电工程移民安置城镇迁建规划设计规范》（DL/T 5380—2007）
7	《水电工程水库库底清理设计规范》（DL/T 5381—2007）
8	《水电工程建设征地移民安置补偿费用概（估）算编制规范》（DL/T 5382—2007）

续表

序号	规 范 名 称
9	《水电水利工程环境保护设计规范》(DL/T 5402—2007)
10	《水电工程建设征地移民安置验收规程》(NB/T 35013—2013)
11	《水电工程建设征地移民安置综合监理规范》(NB/T 35038—2014)

乌江流域水电移民安置政策在国家政策指导下，结合流域内自然经济社会发展情况，根据不同时期水利水电工程移民的实践工作要求，对移民前期工作管理、实施监督管理、后期扶持管理、资金管理、信访管理等相关文件、规章制度进行深化、细化，充分体现出其政策体系的创新性、层次性、有机集成性、全面系统等特征。

3.2.1 贵州省政策解析

贵州省历来重视移民法规体系的建设，在国家、贵州省委和省政府的高度重视和支持下，贵州省通过深入调研，相继制定和出台了一系列配套的政策法规，并不断完善移民法规体系以更好地指导水利水电工程移民实践工作。贵州省政策法规体系构成见表3.2-2。

表3.2-2 贵州省政策法规体系构成表

施行时间	名称	主 要 内 容
2010年	《贵州省土地管理条例》	(1) 土地管理：实行国有土地有偿使用制度和土地用途管制制度。 (2) 土地征收补偿费用：耕地、菜地为前3年平均年产值的8～10倍；旱地为前3年平均年产值的6～8倍；其他土地为前3年平均年产值的2～4倍。 (3) 安置补助费：耕地为前3年平均年产值的4～6倍；其他土地为耕地安置补助费的一半；未利用地不支付安置补助费。 (4) 临时占地：申请批准
2010年	《贵州省基本农田保护条例》	(1) 基本原则：全面规划、合理利用、用养结合、严格管理。 (2) 税费：缴纳税费，以及"占多少、垦多少"或耕地开垦费，耕地开垦费最高不超过征收土地补偿费的2倍
2010年	《贵州省森林条例》	(1) 实施植树造林规划，落实目标责任制。 (2) 加强保护珍贵树木和特殊价值的植物资源
2004年	《贵州省林地管理条例》	(1) 林地权属管理：登记发证制度。 (2) 征、占用林地：办理审批手续。 (3) 临时占用林地
2003年	《贵州省招标投标条例》	招标投标的类别、发布招标公告、自行组织招标的投标人应具备的资格要求、招标代理机构与招标人应当签订书面代理合同
2006年	《贵州省信访条例》	信访内涵、信访工作原则、信访工作机构、信访工作人员、信访处理形式
2007年	《贵州省环境保护条例》	环境保护原则、环境保护监督管理者、环境保护目标责任制

除了以上政策法规外,为了妥善做好征地补偿和移民安置工作,规范移民工作行为,维护移民群众的合法权益,进一步提高依法移民的水平,贵州省政府及相关部门结合本地区实际,出台了一系列包括移民安置、后期扶持、资金管理和监督评估等相关内容的文件。贵州省移民主要配套政策文件见表3.2-3。

表3.2-3 贵州省移民主要配套政策文件

序 号	政 策 文 件 名 称
1	《贵州省人民政府关于进一步加强移民工作的意见》(黔府发〔2010〕12号)
2	《贵州省大中型水利水电工程移民安置验收管理暂行办法》(黔移发〔2011〕39号)
3	《关于进一步做好被征地农民就业和社会保障工作的意见》(黔府发〔2011〕26号)
4	《贵州省大中型水库移民后期扶持人口动态管理暂行办法》(黔移发〔2011〕47号)
5	《关于贵州省水库移民后期扶持项目管理办法的通知》(黔府办发〔2011〕72号)
6	《关于设立大中型水库移民后期扶持政策实施固定监测点的通知》(黔移发〔2012〕7号)
7	《关于做好扶贫生态移民工程就业和社会保障工作的通知》(黔人社厅通〔2013〕309号)
8	《贵州省大中型水电工程水库移民安置实施管理试行办法》(黔移办发〔2001〕6号)
9	《关于印发贵州省大中型水电工程移民资金审计办法的通知》(黔府办发〔2002〕53号)
10	《贵州省大中型水电工程移民机构工作经费会计核算办法》(黔移办发〔2005〕9号)
11	《贵州省大中型水库移民后期扶持资金使用管理暂行办法》(黔财企〔2007〕19号)
12	《贵州省大中型水利水电工程移民规划实施稽查暂行办法》(黔移发〔2011〕40号)
13	《贵州省大中型水利水电工程移民安置监督评估管理暂行办法》(黔移发〔2011〕41号)

贵州省在国家政策指导之下,进行了多方面的探索。由于国家政策制定的出发点是为全国范围内的水电工程移民提供政策指导,考虑因素更多,而贵州省的相关政策是以贵州省省情为出发点,立足于贵州省实践,适用对象仅是省内的水利水电工程移民,与国家政策相比,贵州省的移民政策更具体、操作性更强。

1. 政策创新性

水电移民安置政策受到不同时期执政理念、经济社会发展水平、土地资源状况等因素的影响,具有很强的时效性,贵州省在国家政策的指导之下,结合不同时期的经济社会发展条件进行不断创新探索。

(1)长期补偿政策。贵州省针对乌江流域存在人多地少、移民有土安置难的现实困境,通过物化土地的保障功能,以现金或实物的形式对工程建设征占耕地以国家审定的标准为基数实行逐年补偿(期限直至工程停止运行),并根据物价和实物的变化,适时进行调整。移民安置从此不再受土地资源的束缚,开创三方满意的新局面,移民问题大大减少,基本没有移民非正常上访和群体性事件发生,库区实现了长久持续稳定。2010年贵州省人民政府发布《贵州省人民政府关于进一步加强移民工作的意见》(黔府发〔2010〕12号),要求"对耕地容量紧张的库区,积极推行征占耕地长期补偿安置方式,科学确定逐年补偿的产值标准和风险防范机制,确保移民生活水平不降低、长远生计有保障。"

（2）后期扶持长效机制政策。从 2006 年起，虽然国家新的后期扶持政策给予了移民连续 20 年每人每年 600 元的后期扶持，但这只能解决移民的基本温饱，其自我发展能力仍然很差。特别是像洪家渡这样的老水库，移民贫困问题十分突出，脱贫成为移民最大的民生问题，贵州省充分认识到只能用发展的办法来解决。2007 年，贵州省人民政府发布《省人民政府办公厅关于移民示范新村建设有关问题的通知》（黔府办发〔2007〕105 号），要求"落实新时期移民政策，逐步建立移民后期扶持长效机制，进一步推进社会主义新农村建设"。2010 年 5 月，贵州省发展和改革委员会和贵州省移民局联合下发《关于加强〈大中型水库库区和移民安置区基础设施建设和经济发展规划（2011—2015 年）〉项目与部门专项规划衔接工作的通知》（黔发改能源〔2010〕805 号），要求"建立我省大中型水库移民后期扶持长效机制"。贵州省逐步建立后期扶持长效机制，解决移民长远生计问题。

（3）工程建设项目返包政策。移民安置涉及大量的集镇、专项和移民安置点建设，由于前期规划深度不够和实施管理不到位等因素，有的地方政府在组织建设中往往超概严重，严重影响了移民安置的进程，"水赶人"情况十分突出。为了解决此矛盾，贵州省移民局 2011 年发布《贵州省大中型水利水电工程移民安置建设项目管理暂行办法》（黔移发〔2011〕38 号），提出"采取'返包'代建方式"，即由移民安置协议签订主体或地方政府、项目权属单位通过签订协议，委托水利水电工程项目法人对工程项目进行总承包和代建，其项目投资依据审定投资由水利水电工程项目法人或代建单位包干负责。该方式使得业主责任感大大增强，而政府则从工程建设中解脱出来，集中精力抓好征地拆迁和移民安置等工作，通过"政府管民生、业主管工程"的双轮驱动，使项目建设和移民安置的进度、质量和投资得到有效控制。

贵州省在加强和规范乌江流域移民工作管理中，做好新老政策的衔接工作，并结合水利水电工程移民不同时期实践工作的具体要求，对移民政策进行了不断探索创新。

2. 政策的层次性

从权利主体来划分，移民政策包括中央政策和地方政策。从内容上来看，移民政策体系又可分为总政策、基本政策、具体政策、配套政策等。贵州省在《中华人民共和国土地管理法》《大中型水利水电工程移民建设征地补偿与移民安置条例》等总的移民法律政策指导之下，出台了如《贵州省土地管理条例》《贵州省信访条例》《贵州省人民政府关于深入贯彻落实国务院大中型水库移民后期扶持政策的意见》之类的基本政策，以及《大中型水库农村移民后期扶持人口核定登记工作意见》《贵州省大中型水库移民后期扶持方式确定办法》等具体政策，同时贵州省水利厅、贵州省住房和城乡建设厅等部门制定了关于移民安置、后期扶持、资金管理、监督管理等方面的配套政策，包括《关于中小型水库移民后期扶持资金征收解缴等有关问题的通知》（黔价格〔2007〕19 号）、《关于做好扶贫生态移民工程就业和社会保障工作的通知》（黔人社厅通〔2013〕309 号）、《贵州省在建大中型水利水电工程移民资金会计核算暂行办法》《贵州省大中型水利水电工程移民规划实施稽查暂行办法》（黔移发〔2011〕40 号）、《贵州省大中型水利水电工程移民安置监督评估管理暂行办法》（黔移发〔2011〕41 号）。总体而言，水电工程移民已建立了多层次、整体性的移民政策框架,注重国家政策与地方移民政策之间的衔接与交互,强化了移民政策的整体性功能,移民政策内容的整体性与移民政策过程的整体性相互融合,保证了移民政策机制的有效运行。

3. 政策的有机集成性

按照系统论的能级原则,不同层次的系统要素具有不同的能级。高层次的移民政策内容是概括性较强的原则性规定,常常难以应对移民工作过程中的实际困难。乌江流域所在的贵州省逐层分解高层次的移民政策,并加以具体化,转化为可操作性的一系列政策,将各个层级的移民政策有效地融合、聚合,形成相互联系的有机整体,并最大化地发挥其政策集成效应。

在《国务院关于深化改革严格土地管理的决定》(国发〔2004〕28号)、《大中型水利水电工程建设征地补偿和移民安置条例》(国务院令第471号)、《国务院关于完善大中型水库移民后期扶持政策的意见》(国发〔2006〕17号)及其配套政策的引导下,在省委、省政府的高度重视和支持下,坚持国家移民政策的总目标、总方向不变的原则,贵州省通过深入调研,专门制定了符合本地客观实际现状的移民安置政策、搬迁实施政策、移民新村建设政策、移民后期扶持政策等一系列地方层面的移民政策,构建了一套比较完善的水利水电工程移民政策体系。比如贵州省相继制定和出台了《关于印发贵州省大中型水电工程移民资金审计办法的通知》(黔府办发〔2002〕53号)、《省人民政府办公厅关于加强大中型水电工程移民跨县外迁安置和自谋职业无土安置管理的通知》(黔府办发〔2003〕12号)、《中共贵州省委 贵州省人民政府 关于加大全省大中型水电工程移民后期扶持工作力度的通知》(黔党发〔2004〕17号)、《省人民政府关于加强重点建设项目征地管理工作的通知》(黔府发〔2004〕5号)、《省人民政府办公厅关于调整我省大中型水电工程移民房屋补偿标准的通知》(黔府办发〔2005〕77号)、《省人民政府办公厅关于双河口水电站征占耕地长期补偿试点方案的复函》(黔府办函〔2005〕71号)、《贵州省大中型水电工程移民安置建设项目管理办法》(黔府办发〔2005〕23号)、《关于调整全省在建大中型水电工程移民补偿投资概算有关问题的通知》(黔府办函〔2006〕125号)、《省人民政府关于深入贯彻落实国务院大中型水库移民后期扶持政策的意见》(黔府发〔2007〕7号)、《贵州省大中型水利水电工程移民安置监督评估管理暂行办法》(黔移发〔2011〕41号)、《关于做好扶贫生态移民工程就业和社会保障工作的通知》(黔人社厅通〔2013〕309号)等政策。通过建立不同层次的整体性的移民政策,将移民政策加以具体化,使得各层级的移民政策有效结合,形成相互融合的有机整体,发挥政策集成效益。

4. 政策内容的全面系统性

乌江流域所在的贵州省水电工程移民政策体系涵盖了移民前期工作、征地补偿、安置监督、后期扶持等多方面,移民政策内容全面系统,不仅保证了移民政策的稳定性,而且为明确各相关部门责任和任务提供了有力保证。

(1) 移民前期工作方面,《贵州省大中型水利水电工程移民前期工作管理暂行办法》(黔移发〔2011〕45号)规定了前期工作中各级移民管理机构相应的职责,以及实物调查工作开始前的准备工作、实物调查成果认定要求、移民安置规划编制等方面的内容。

(2) 搬迁安置实施管理方面，《省发改委　省移民办关于调整我省大中型水电工程移民房屋补偿标准的实施意见》（黔移办发〔2005〕19 号）、《省人民政府办公厅关于移民示范新村建设有关问题的通知》（黔府办发〔2007〕105 号）、《贵州省发改委　贵州省移民办　贵州省水利厅关于编制全省大中型水库库区和移民安置区基础设施建设和经济发展规划的指导意见》、《贵州省大中型水利水电工程移民安置建设项目管理暂行办法》（黔移发〔2011〕38 号）、《贵州省人民政府关于进一步做好被征地农民就业和社会保障工作的意见》（黔府发〔2011〕26 号）、《贵州省大中型水利水电工程移民规划实施稽查暂行办法》（黔移发〔2011〕40 号）、《贵州省大中型水利水电工程移民安置监督评估管理暂行办法》（黔移发〔2011〕41 号）等规定了移民搬迁安置过程中的农村移民安置、专业项目建设、监督评估等方面的内容。

(3) 移民安置验收方面，《贵州省大中型水电工程水库移民安置实施管理试行办法》《贵州省大中型水利水电工程移民安置验收管理暂行办法》（黔移发〔2011〕39 号）等详细规定了移民安置验收组织、移民安置验收步骤等方面的内容。

(4) 后期扶持方面，《贵州省人民政府办公厅关于转发大中型水库移民后期扶持规划编制工作大纲的通知》（黔府办发电〔2006〕172 号）、《省人民政府办公厅关于转发省移民局省财政厅贵州省水库移民后期扶持项目管理办法的通知》（黔府办发〔2011〕72 号）、《贵州省移民开发办　贵州省水利厅关于转发〈大中型水库农村移民后期扶持人口核定登记工作意见〉的通知》（黔移办发〔2007〕4 号）、《关于进一步规范新建大中型水库农村移民后期扶持人口核定工作的通知》（黔移发〔2010〕18 号）、《关于开展水库移民后期扶持政策实施情况监测评估的通知》（黔移发〔2011〕44 号）、《贵州省大中型水库移民后期扶持人口动态管理暂行办法》（黔移发〔2011〕47 号）等规定了后期扶持人口、后期扶持监测评估、后期扶持生产开发等方面的内容。

(5) 移民资金管理方面，《贵州省在建大中型水利水电工程移民资金会计核算暂行办法》《贵州省大中型水库移民后期扶持资金使用管理暂行办法》《贵州省大中型水利水电工程移民资金计划管理暂行办法》《关于加强和完善我省征地补偿资金管理工作的通知》等规范了移民资金管理政策。贵州省建立了从前期阶段的实物调查准备、征地移民实物调查、移民安置规划编制等，到移民搬迁安置实施阶段的组织实施、项目实施，再到移民监督评估和移民安置验收、后期扶持的全过程的水利水电工程移民政策。系统性的移民政策为保证移民搬迁安置、保障移民合法权益提供了政策支持，促进了乌江流域库区和移民安置区经济、社会、环境协调可持续发展。

通过梳理贵州省水电工程移民法规体系发现，贵州省移民政策法规体系有两个突出特点。一是法律法规体系处于不断调整变化之中。调整的主要原因有两方面：一方面是由于国家层面的法律法规体系在不断调整变化；另一方面是贵州省移民工作实践过程中，为了解决实际困难而不断进行了一些创新举措。二是由于贵州省的经济、社会、人文等方面条件的制约，一些政策要求未能得到充分落实。比如《移民条例》中规定移民和项目法人要充分参与，项目法人负责移民安置规划编制，参与度较高，而移民由于自身文化素质不高、理解不到位等限制，往往参与度不高。

3.2.2 重庆市政策解析

乌江流域梯级开发的水电站中,彭水水电站和银盘水电站涉及重庆市,因此,对重庆市配套制定和出台的一系列政策文件进行了梳理。重庆市移民相关政策文件见表3.2-4。

表3.2-4 重庆市移民相关政策文件

序号	政 策 文 件 名 称
1	《重庆市土地管理规定》(重庆市人民政府令第53号)
2	《重庆市征地补偿安置办法》(重庆市人民政府令第55号)
3	《重庆市人民政府关于印发重庆市大中型水利水电工程建设征地和移民安置暂行规定的通知》(渝府发〔2001〕28号)
4	《重庆市人民政府关于乌江彭水水电站移民安置工作的意见》(渝府发〔2004〕85号)
5	《乌江彭水水电站工程重庆库区移民档案管理暂行办法》(渝移发〔2005〕67号)
6	《重庆市人民政府关于调整征地补偿安置标准 做好征地补偿安置工作的通知》(渝府发〔2005〕67号)
7	《乌江彭水水电站重庆库区农村移民安置管理暂行办法》(渝办〔2005〕69号)
8	《乌江彭水水电站重庆库区移民资金管理暂行办法》(渝办〔2005〕70号)
9	《乌江彭水水电站重庆库区集镇迁建和专业项目复建管理暂行办法》(渝办〔2005〕73号)
10	《重庆市人民政府关于印发重庆市大中型水库移民后期扶持政策实施方案的通知》(渝府发〔2006〕97号)
11	《重庆市人民政府关于贯彻国务院〈大中型水利水电工程建设征地补偿和移民安置条例〉的通知》(渝府发〔2007〕64号)
12	《重庆市人民政府办公厅关于印发重庆市大中型水库移民后期扶持规划实施管理暂行办法的通知》(渝办发〔2008〕332号)
13	《重庆市人民政府关于贯彻大中型水利水电工程建设征地补偿和移民安置条例有关问题的补充通知》(渝府发〔2008〕128号)
14	《重庆市移民局关于乌江银盘水电站移民安置实施阶段规划设计管理有关问题的通知》(渝移发〔2008〕231号)
15	《关于乌江银盘水电站武隆县移民安置工作实施意见》(武隆府发〔2010〕3号)
16	《乌江银盘水电站武隆县农村移民安置实施细则》(武隆府办发〔2010〕2号)
17	《乌江银盘水电站武隆县移民资金管理实施细则》(武隆府办发〔2010〕4号)
18	《重庆市人民政府办公厅关于进一步规范征地补偿安置工作的通知》(渝办发〔2011〕228号)
19	《重庆市大中型水库移民后期扶持项目竣工验收管理暂行办法》(渝水移〔2012〕35号)
20	《关于进一步调整征地补偿安置标准有关事项的通知》(渝府发〔2013〕58号)
21	《关于进一步调整大中型水利水电工程建设征地补偿安置标准有关事项的通知》(渝府办发〔2014〕81号)
22	《关于在建大中型水利水电工程征地补偿安置标准调整有关事宜的通知》(渝水移〔2014〕21号)
23	《重庆市人民政府办公厅关于印发重庆市征地补偿安置争议协调裁决办法的通知》(渝府办发〔2016〕98号)
24	《重庆市人民政府办公厅关于印发重庆市档案收集管理办法的通知》(渝府办发〔2016〕76号)

相对于贵州省而言,重庆市的乌江水电移民情况相对简单。重庆市的移民政策分为两个层次:一是重庆市层面配套国家政策出台的执行性文件;二是结合水电站所涉及区县的具体工作,如征地补偿标准、争议协调、档案管理、资金管理等,制定了一些区域性的文件和实施细则。有效地促进了移民安置实施的顺利进行。

第 4 章
移民管理模式

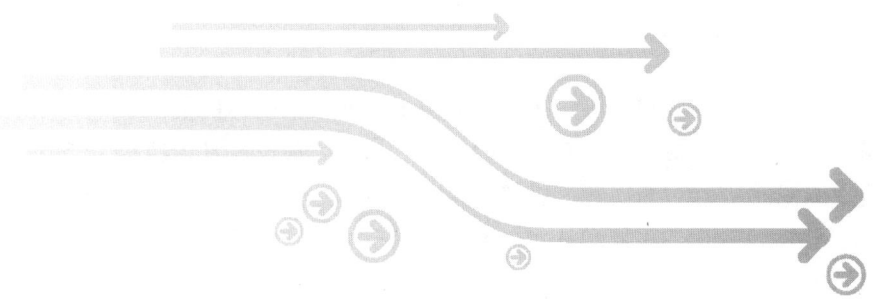

乌江流域的管理模式广义上可以分为工程建设管理和移民管理两大模式，但是从乌江流域整个区域各水电站的实践来看，又可以细致地分为实施管理、开发管理、设计咨询管理、监督评估管理四种模式。乌江流域的移民管理模式是在移民安置实践的基础上形成，并伴随着移民政策的出台完善而逐步完善的，但与移民安置实践不同，移民管理模式要受到不同时期国家管理机构设置及其职能分工变化的影响。因此，根据不同阶段国家的大政方针和管理机构的变化，乌江流域的管理模式主要划分为20世纪80年代初以前、20世纪80年代初至90年代初、20世纪90年代初至21世纪初、21世纪初以后四个阶段。

4.1 实施管理模式

4.1.1 20世纪80年代初以前

该阶段的水电工程建设，经历了特殊的历史时期，水电移民工作受到了较为严重的影响，移民工作主要依靠政府行为和强大的政治工作，尚未形成具体的移民管理模式。

水电工程建设存在"重工程、轻移民""重搬迁、轻安置"的倾向，没有专门的水电移民安置的政策、法律、法规和技术标准，可以遵循的其他政策法规也不完善。管理比较粗放，不重视移民安置规划，未按基本建设程序开展工作。在计划经济时期，移民安置居于工程建设的从属地位，在多快好省建设社会主义的口号下，一切为工程建设让路，主要采取"条块结合，以块为主"的管理模式，将移民问题交给地方政府负责，通过"一平二调"、行政命令的方式安置移民。移民安置措施上，表现为"重征迁、轻安置""重生活补偿、轻生产安置"。对于移民的安置，既要注重生活安置，也要注重生产安置，两者是既相互联系又相互区别的两个环节。"政企不分、权责不明、关系不顺"是这一时期移民工作的特点。移民实施中带有盲目性，加上移民资金不足等原因，许多水库产生了移民遗留问题。

4.1.2 20世纪80年代初至90年代初

改革开放后，随着投资体制的改革，水电工程和经营性水利工程开发从国家一统走向市场多元化，由过去的政府行为转向市场行为和企业行为。为了控制投资成本，对工程移民实行的是"政府负责、投资包干、业主参与、移民监理"的管理体制。地方政府负责移民投资和移民任务双包干，实际上有点类似工程建设中分包移民项目的"包干头"。由此带来的问题要么"包而不干"，要么留下大量移民遗留问题。

随着我国经济改革的逐步展开和责任制的建立，1984年，水利电力部在总结国内外水库移民经验教训的基础上，第一次提出了开发性移民的概念和思路。将水库移民安置实施的责任明确交由地方政府负责。1986年，国务院正式肯定了开发性移民的思路，并作为我国水库移民工作的基本方针，出台了一系列解决移民问题的政策措施和相关法律法规，使移民工作发展到了一个新的阶段，各级移民管理机构也进一步健全。这一时期，不仅水电建设项目纷纷建立了较为固定的管理机构，移民管理机构的建立也随着移民安置实施工作的不断深入不断得到加强，"政府领导、分级负责"的管理模式逐步形成。

4.1.3 20世纪90年代初至21世纪初

20世纪90年代初至21世纪初的世纪之交，为做好"西电东送"水电工程水库移民工作，理顺移民工作关系，贵州省和重庆市提出了"党委统一领导，政府全面负责，移民部门指导协调，相关部门密切配合，全社会共同参与"的移民工作管理思路。并且在进入新世纪后，贵州省在移民工程项目管理模式上，探索和创新出了专业项目复建工程的返包模式，即形成了"地方政府管民生，电站业主管工程"的协作机制。

2002年，国家计划委员会出台了《水电工程建设征地移民工作暂行管理办法》（计基础〔2002〕2623号），对我国大中型水电工程建设征地移民工作进行了规范，明确了水电工程建设征地移民工作实行"政府负责、投资包干、业主参与、综合监理"的管理体制。

这段时期的水电移民管理模式的特点是：①管理机构较为固定，且不断得到加强；②相关规章制度不断建立健全，水电移民安置工作逐步进入依法移民的轨道；③各级政府加强了对移民安置规划的实施和管理，实物指标调查、安置规划等前期工作不断得到重视；④"政府领导、分级负责"的管理模式逐步形成，随着相关工程外资的引入，移民搬迁安置管理开始逐步与国际接轨，移民监理、监测和后评估等相关制度逐步建立。

4.1.4 21世纪初以后

4.1.4.1 管理体制

2006年7月，国务院新修订的《大中型水利水电工程建设征地补偿和移民安置条例》（国务院令第471号），首次对移民管理体制作了明确和规范，规定"移民安置工作实行政府领导、分级负责、县为基础、项目法人参与的管理体制"，在具体条款中还规定移民区和移民安置区县级以上地方政府负责移民安置规划的组织实施，并与项目法人签订移民安置协议，未再强调投资包干的责任；同时《国务院关于完善大中型水库移民后期扶持政策的意见》（国发〔2006〕17号）确定，坚持"中央统一制定政策，省级人民政府总负责"的原则。国务院水利水电工程移民行政管理机构负责全国大中型水利水电工程移民安置工作的管理和监督；县级以上地方人民政府负责本行政区域内大中型水利水电工程移民安置工作的组织和领导；省、自治区、直辖市人民政府规定的移民管理机构，负责本行政区域内大中型水利水电工程移民安置工作的管理和监督。

2011年5月，国家能源局颁布《关于加强水电建设管理的通知》（国能新能〔2011〕156号），对做好建设征地移民安置管理从落实地方政府责任、移民安置实施、建设单位参与、设计管理和综合监理、移民安置技术管理和政策研究、移民干部培训和移民生产技能培训、建立移民突发事件应急管理机制等提出明确要求。

2013年6月13日，沙沱水电站最后一台机组发电后，乌江梯级水电开发完美收官。自"西电东送"工程以来，贵州省委省政府高度重视乌江流域水电开发移民管理工作。2001年，贵州省委、省政府出台了《关于进一步加强全省大中型水电工程移民工作有关问题的通知》（黔党办发〔2001〕20号），确立了"省政府统一领导，分级负责、县为基础"的移民工作管理体制。为加强移民工作目标管理责任，贵州省主要实施双向目标考核制度，即由上级和下级政府分管领导、移民部门主要负责人签订双向目标责任书。同时省政府建立了移民工作例会调度制度等一系列工作制度，使全省移民工作逐渐走入制度化、正规化、规范化的轨道，有力保障了电站建设的顺利进行，确保了"西电东送"工程大局。在乌江流域梯级电站开发中，有移民任务的各县（区）人民政府是移民工作的基础，各县均成立了电站工程建设协调指挥部，统一指挥电站建设中的征地拆迁、移民安置问题。在移民工作中，各县（区）人民政府的主要领导亲自挂帅、靠前指挥，协调解决移民工作中出现的问题；分管领导常驻扎一线，现场指挥督办，以重点难点工作的突破，来推动各项移民工作的全面落实。同时，各县及乡（镇）均委派政治素质好、作风优良、基层工作经验丰富、善于做群众工作的人员投身移民搬迁安置工作中，通过细化工作措施、落实责任分工，保证了各电站移民工作中"领导到位、责任到位、工作到位"，有力推动了乌江流域水电建设移民管理工作。

在业主参与方面，贵州乌江水电开发有限责任公司作为乌江流域水电开发的业主单位，积极履行业主职责，按照国家政策及时调整移民征地补偿、安置经费和优惠政策，通过加强与地方各级政府的沟通和协调，乌江流域各库区移民工作开展扎实、顺利，各电站得以按期或提前实现蓄水发电，取得了较好的社会效益和经济效益。

1. 政策研究

乌江公司在水电开发建设过程中，坚定不移地贯彻落实国家及贵州省的库区移民政策，重视对移民政策的研究，注重国家移民政策的宣传和落实，把妥善安置移民作为水电站工程建设的重要组成部分，主动配合地方各级政府做好移民工作，认真落实和及时拨付补偿资金。

东风水电站建设期间，由于规划设计在74号令出台之前，为此乌江公司按照74号令的要求在1993年对该水电站移民补偿进行了调概。

在乌江流域开发过程中，乌江公司严格按照法律法规、国家政策及时通过调整征地补偿标准，满足各方诉求，有力化解了企业与政府的矛盾、政府与移民的矛盾。

2. 业主参与移民工作

在乌江流域梯级水电站开发中，乌江公司严格按照"政府领导、分级负责、县为基础、项目法人参与"的移民工作管理机制开展工作，再移民工作坚持地方政府的主体地位，通过与地方各级政府及职能部门的协调配合、沟通协作，形成流域开发移民工作合力，成功实施了洪家渡、索风营、构皮滩、思林、沙沱等水电站的移民搬迁安置。

（1）坚持地方政府在移民工作中的主体地位和主导作用。

贵州省水利水电工程移民局作为乌江流域水电站移民安置工作的管理机构，负责乌江流域水电工程建设移民安置工作的管理、协调、监督和服务；根据国家和省有关移民工作的法律、法规和政策，对移民安置工作进行总体安排，组织各设计阶段成果的咨询、审查，参与各阶段工作完成后的验收。

各地（市）级水利水电工程移民局根据贵州省水利水电工程移民局下达的移民安置任务，在贯彻执行国家和贵州省有关移民工作的法律、法规、政策的同时，研究和拟订本地区移民工作的实施办法；负责指导、检查、监督本行政区域内移民安置任务的实施。

各县（区）水利水电工程移民局负责辖区内水电站移民安置工作的领导和部署，编报本行政区域移民安置实施计划和移民安置年度计划；依据批准的移民安置计划和实物指标分解细化成果，制定具体补偿方案；负责本行政区域内移民安置实施项目的自查自检工作。县水库移民办公室均委托项目所在的镇政府实施移民安置工作。

乌江流域各电站在移民安置规划编制过程中，所有电站的移民安置规划方案均由地方政府为主，同设计单位共同确定，乌江公司和移民参与，由县级人民政府对移民安置方案签署意见。

（2）牢固树立合作共赢意识。

共同做好电站移民工作，圆满完成移民安置任务，促进电站建设顺利进行，是乌江公司发展的需要，也是地方发展经济社会的需要。水电建设能充分拉动地方经济建设，水电运营可以大幅度增加当地的税收，因此乌江公司和下属建设公司在项目建设中，积极与各级政府交流，树立合作共赢的意识，确保移民迁得走、搬得出，确保工程建设的大局，实现共赢局面。

（3）建立健全工作体制机制，形成良好工作联动格局。

贵州省水利水电工程移民局建立定期的移民工作调度会制度，会议由省移民局组织召开，各市（州、地）、县分管领导及各级移民部门、业主单位参加，定期沟通交流移民工作与工程建设进度情况以及需要协调解决的问题，对移民工作中下级难以解决的问题，定期在协调会上，由会议议定或报请上级及相关协作单位协定，有力地推动了移民工作进程。

（4）全力抓好移民返包工程建设质量，使政府放心，移民安心。

只有移民搬迁安置点建设到位，移民搬迁才能有序快速推进。在省委、省政府的大力支持下，乌江公司对思林、沙沱两库区的移民工程实施返包，乌江公司通过组建返包工程建设项目，与当地县人民政府、移民局及有关乡镇一道，精心组织、周密安排、相互配合，在保障质量、安全的前提条件下，合理控制工程造价，加强进度管理，确保了思林水电站库区文家店镇、三道水土家族苗族乡等集镇以及沙沱水电站区淇滩镇、长堡镇、潮砥镇、新滩镇等集镇的场平、道路、桥梁等返包工程的进度满足电站下闸蓄水的需要。

（5）及时拨付移民安置经费，移民费用得到保障。

通过与省水利水电工程移民局的沟通协调，乌江公司及时拨付移民安置经费、管理费和防洪度汛费，保证了移民群众搬迁安置经费，保障了各级政府以及移民局等有关部门开展移民工作的经费，有效提高了移民搬迁安置进度及移民工作质量。

这一时期乌江流域建设的大中型水电工程较多，随着国家、地方各项配套政策规定逐渐完善，逐渐形成了现有的"移民安置工作实行政府领导、分级负责、县为基础、项目法人参与的管理体制。"在运行机制上，移民工作管理方式不断创新，先后建立了移民前期工作管理制度、移民工作目标管理责任制度、移民工作调度会议制度、移民安置建设项目管理制度、移民安置监督评估制度等一系列覆盖工作方方面面的规定或办法，全省移民工作步入制度化、规范化、程序化、法治化轨道。在具体的运行过程中，各级地方人民政府和移民管理机构围绕水利水电工程移民管理活动的三个阶段展开具体的职能。水电工程移民管理机构职能分解见表4.1-1。

表 4.1-1 水电工程移民管理机构职能分解表

移民安置阶段		移民行政管理机构	行政服务职能	非行政许可职能
移民安置规划阶段	实物指标调查阶段	省级人民政府	负责颁发"停建令"并组织设计的地市、县（区）、乡镇人民政府及相关部门召开动员大会	
		省级移民管理机构		负责审核封库令的相关申请材料，确认大型及跨省（州、市）的中型水利水电工程的实物指标调查大纲
		地市级人民政府		确认除省移民局权限外的其他中型水利水电工程项目的实物指标调查大纲
		县级人民政府	负责在建设征地涉及的镇、村公布"停建令"，会同项目主管部门测设界桩并办理相关手续；负责会同专业设计单位、实物指标调查相关部门及群众代表组成实物指标调查工作组，实物指标调查结束后，还要负责实物指标调查结果的确认及张榜公布	
		县级国土、电力、交通、教育、通信、农业等部门	国土部门提供用于实物调查的基础资料以及地类面积量算工作；电力、交通、教育、通信等部门则负责提供专项设施和城乡集镇的基础调查资料	
	移民安置规划大纲编制及审批阶段	省级人民政府	负责设计单位针对移民安置规划大纲的编制提出相关意见	负责大型和跨省（州、地）的中型水利水电工程项目的移民安置规划大纲进行审批
		省级移民管理机构		负责会同有资质的专业机构对移民安置规划大纲进行审查，并对大型水利水电工程项目的中型项目的移民安置规划大纲进行审批，报入民政府备案
		地级人民政府	负责会同设计单位共同完成移民安置规划大纲的编制，并负责配合完成大纲编制过程中的意见征询工作	
		县级人民政府	负责提供相应职能部门的社会经济基础资料	
		县级国土、电力、交通、通信、农业等部门		

续表

移民安置阶段		移民行政管理机构	行政服务职能	非行政许可职能
移民安置规划阶段	移民安置规划编制阶段	省级移民管理机构		负责大中型水利水电工程的审查和审核
		地市级人民政府	要配合设计单位针对移民安置规划大纲的编制提出相关意见	
		县级人民政府	负责合同设计单位共同完成移民安置规划大纲编制过程中的意见征询工作	
		县级国土、电力、交通、教育、通信、农业等部门	配合移民安置规划编制单位做好农村移民安置部分、城镇迁建部分、专项目迁建部分，水土保持和环境影响等篇章的编写	
	移民安置协议的签订	省级移民管理机构	负责同电站业主单位签订移民安置权下任务及投资包干协议	
		地市级移民管理机构	负责在市级人民政府办公室签订移民安置权下，代表市级人民政府与省级人民政府签订移民安置任务及投资包干协议，并与本地区所辖县（市、区）签订移民工作责任、资金分包协议	
		县级移民管理机构	负责在县级人民政府授权下，代表县（市、区）级人民政府与上级移民部门签订移民安置任务和资金包干协议	
移民安置实施阶段	移民安置实施阶段	省级移民管理机构	负责组织各市（地、州）人民政府及移民管理机构编制移民安置实施规划、县级组织库区、县（市区）及电站设计单位编制移民安置实施年度计划；负责项目的设计评审、招投标和验收（行署）、主持重要或重大移民安置工作，负责指导、协调，州、市人民政府、县级人民政府及移民机构的移民安置工作，及时处理移民安置工作中出现的问题，对移民资金使用中存在问题，及时向地、州、市、县（区）拨付资金；负责对移民资金对国家和省有关部门的使用费用进行全面监审计；负责移民安置国家按国家审查批推的移民资金规划及补偿投资完成移民任务；负责按计划及时向地、州、市、县（市）人民政府拨款和拨付；县级人民政府及移民机构的移民资金及使用情况、使用管理和拨付，按计划及时向上级移民部门汇总上报，并配合实施标准和验收验准；负责组织验收，对检查验收、负责组织水库淹设土地征用手续，组织有关部门及业主单位；负责协助业主单位及时处理移民突发事件	

续表

移民安置阶段	移民行政管理机构	行政服务职能	非行政许可职能
移民安置实施阶段	地级移民管理机构	负责配合设计单位完成本行政区内移民安置规划的编报工作；负责组织编制本行政区内移民安置年度实施任务；负责审核，汇总并用年度计划，并编报本行政区内资金使用及资金使用计划，并编报本行政区内资金使用进度及资金拨付的审计，监督；负责配合有关部门做好项目管理工作；负责指导、协调、检查本行政区内移民安置工作，及时向上级和有关部门反映移民安置中出现的问题；负责审核、汇总并编报本行政区内移民安置验收的问题和有关报告；配合做好相关工作，及时处理突发事件	
	县级移民管理机构	负责与设计单位编制、实施计划年度使用统计报表；负责本行政区移民资金的使用管理权限和移民安置实施进度及资金使用计划及资金使用统计报表；负责本行政区完成资金使用管理权限（包括分解、兑现和结算，负责检查和审计；负责本移民项目管理工作，门负责按照项目管理权限做好项目管理工作；负责国家有关政治工作；负责做好移民的宣传、政策宣传，及时和妥善处理移民群众思想政治工作，维护库区社会稳定；配合安置区做好移民工作中出现的问题和矛盾，及时和妥善处理移民安置综合管理，配合做好相关工作；负责编制本行政区移民安置综合验收报告和有关移民安置验收的检查验收工作；负责协助业主单位办理土地征用手续	
移民安置竣工验收阶段	省级移民管理机构	负责大型及跨市（州、地）中型水利水电工程移民安置阶段性验收	
	地市级人民政府	负责大型及跨市（州、地）中型水利水电工程移民安置验收的验收及跨市（州、地）外的中型水利水电工程项目的阶段性验收	
	县级人民政府	负责自验及跨市（州、地）中型水利水电工程移民安置验收的自验及跨市（州、地）外的中型水利水电工程项目的阶段性自验	

续表

移民安置阶段		移民行政管理机构	行政服务职能	非行政许可职能
后期扶持阶段	后期扶持规划的编制及审批阶段	省级人民政府		主要负责后期扶持规划的审批
		省级移民管理机构		后期扶持方式审批
		地市级人民政府		负责后期扶持规划的审核
		县级人民政府	负责后期扶持规划的编制	
		省级人民政府		负责审核全省后期扶持移民人口的动态变化情况
		省级移民管理机构	负责协同省财政部门向市（地、州）财政部门拨付后期扶持资金	负责审核项目年度计划（含100万元）部门对100万元以上进行审批及最终验收，负责审查后期扶持项目实施的工作总结、项目资金决算和年度统计报表
	后期扶持规划实施阶段	地市级人民政府		负责本行政区域范围内后期扶持项目的审批
		地市级移民管理机构	负责检查、汇总项目年度计划；负责上报年度统计报表；负责协同市（地、州）财政部门支付后期扶持资金决算和年度统计报表；负责和财政部门决算项目实施的工作总结、县（市、区）移民资金	负责30万元以上（含30万元）100万元以下的移民后期扶持项目的审批及最终验收
		县级人民政府		负责30万元以下的移民后期扶持项目年度计划的审查
		县级移民管理机构	负责本行政区域范围内后期扶持移民人口的核定并上报批工作；负责上报年度计划并上报市（地、州）移民项目年度实施的工作总结、项目资金决算和财政部门下发的后期扶持资金	
	后期扶持监测阶段	省级移民管理机构	负责委托有资质的单位对选定的监测评估点进行监测，并将监测评估情况上报国家有关部门	
		地市级移民管理机构	负责向监测评估机构提供后期扶持监测评估的相关数据和文件	
		县级移民管理机构	责向评估机构提供后期扶持监测评估的相关数据	

4.1.4.2 运行机制

21世纪初至今的水电项目建设不同阶段征地移民工作运行机制如下。

(1) 前期阶段。项目公司根据项目前期工作计划和年度基本建设计划，编制移民安置前期工作计划和年度移民搬迁安置计划，地方移民机构同意后，由二级机构报中国华电集团有限公司（简称"华电集团"）批准下达后执行，并作为考核二级机构和项目公司移民工作完成情况的依据。移民安置年度计划要满足工程前期工作和建设要求。同时项目公司还应配合地方移民部门编制移民安置及移民资金使用年度计划，年度资金计划需与前期工作计划、征地移民计划一致。

(2) 核准阶段。项目公司依据批准的移民安置规划，与相关地方人民政府签订移民安置协议，所签订的移民安置协议至少应满足主体工程建设进度需要。项目公司还应按照省级政府及移民主管部门的有关规定，与地方移民机构采取招标方式共同选择移民安置监督评估单位，签订移民安置监督评估协议，开展监督评估工作。

(3) 项目实施及运行阶段。项目公司按照移民安置协议和移民安置年度计划，确保移民资金足额到位。并应积极争取地方各级政府及移民管理机构、专业项目权属单位支持，对移民住房、城集镇迁建、基础设施、专业项目复建等工程实行代建，代建工程由项目公司按华电集团工程建设有关程序和制度进行管理。

对于移民安置实施过程中发生的设计变更，由移民监督评估单位组织地方政府、项目公司、移民综合设计单位、施工图设计单位等共同研究，达成一致意见。一般设计变更，由综合设计单位、施工图设计单位提出设计变更单，各方签字确认；重大设计变更，由综合设计单位、施工图设计单位编制设计变更报告，先报华电集团组织内审，各方确认并达成一致意见后，报原审批机关审批。

移民安置实施过程中，如确需对已审核的移民安置规划、补偿投资进行调整的，项目公司应编制移民安置规划调整修改报告、补偿投资调整报告，经二级机构审核同意报华电集团内审后，再按程序报送原审核单位批准。

4.1.4.3 工程建设管控理念和举措

通过实践和总结，乌江梯级水电开发形成了"34581"的工程建设管控理念和举措。"34"指三个四项制度，即项目法人责任制、招标投标制、工程建设监理制、合同管理制组成的项目"四制"原则；设计、施工、监理、业主组成的"四位一体"管理理念；工程设计、施工、管理、筹资组成的四个优化措施。"5"指技术、质量、安全、进度、投资组成的五项控制目标。"8"指业主职能的"服务、协调、督促、管理"八字方针。"1"指建设及运营两种机构"合二为一"的管理模式及"建一个项目培养一批人才"的人才培养计划。

乌江公司根据国家和行业标准制度，结合我国水电开发状况，按照"流域、梯级、滚动、综合"的开发方针，形成了上述的管理理念及举措。在实施流域水电开发的战略下，强调以人为本、技术为先，统筹组织社会水电建设资源，成功实现了乌江流域水电开发"按、快、好、省、廉"的目标，为我国流域水电开发工程管理提供借鉴作用。

(1) 项目"四制"原则。在乌江梯级水电工程建设管理过程中，以国家宏观经济政策为指导，以项目法人责任制为核心，以招投标制和工程建设监理为支撑，以合同管理制为依据，牢牢把握工程建设管理的主动权、主导权，推动了流域水电开发的顺利开展。

1) 项目法人责任制。即建设项目出资者根据国家有关法律和法规组建项目法人，依法对项目的策划、资金筹措、建设实施、生产经营、债务偿还和资本的保值增值负责，享有相应权利的责任制度。

乌江公司作为乌江水电开发的法定责任人，承担工程建设投资风险，对工程建设和建成后的生产经营实行一条龙管理和全面负责。电站建设公司作为乌江公司管理水电站工程建设项目的前方管理机构，全面履行公司授权范围内的建设管理职能，使业主负责制通过电站建设公司具体体现在工程建设管理中，提高了对工程建设中各种问题的针对性和时效性。电站工程建设实行业主负责制、工程招标投标制、工程监理制，根据其要求和程序进行工程建设的全面管理，按照"服务、协调、督促、管理"的方针，对工程安全、质量、进度、投资等进行宏观控制。项目管理立足于合同，运用有效的工程管理手段，组织技术方案的讨论和落实，对重大部位的施工技术组织参建各方进行讨论，对重要设计变更组织会议并邀请相关专家进行研究并实施，使工程在质量、安全、投资等得到良好的控制，实现各合同工程的建设目标。

2) 招标投标制。工程建设严格执行招标投标程序。乌江公司在工程建设招标中，严格遵守国家招标投标法律法规，遵循公开、公平、公正、择优和诚信的原则，实行资格预审、评标和定标过程三分离。对工程分标方案、招标方式、招标文件编制、评标、合同谈判及合同签订等全过程进行认真审查和严格管控，优选工程勘测设计、监理、施工承包单位。

乌江公司建立完善的招标工作组织机构体系，在招标职责范围上按集团公司三级管控原则实行分级、分层管理，着力招投标工作流程制度和规范建设。乌江公司本部和各电站建设公司均成立了招标领导小组，负责制定权限范围内的招标计划和市场研究，对招标工作进行全过程的管控；监察审计部门对招标活动进行全国监管，对重要标段由公证单位对开标过程及合同进行公证。

为加强招投标、合同工作的管理，明确责任，保证各个管理环节协调运转、高效工作，根据《中华人民共和国招标投标法》和相关规定要求，制定并颁布了《电站建设公司招投标工作程序》，明确了工程项目招标的工作权限，规范了工程项目的招标投标程序。涉及的招标项目包括设计、科研、监理、建筑工程施工、金属结构制作安装、机电设备采购安装、材料采购等，招投标活动遵循公开、公正、公平、科学、择优的原则。电站建设公司在实行水电站工程招标投标的过程中，在一定授权范围内拥有招标自主权，根据有关规定和工程建设实际情况进行邀请招标，促进了工程建设，对于创造公平竞争的市场环境起到了积极的推动作用。

案例：沙沱水电站招标投标制创新

由于沙沱水电站所处地理位置较为偏远的特殊性，为减少因投标单位不能在规定时间到达开标现场而对开标工作产生影响，特制定《电子开标管理活动的内容与方法》，并规定电子开标是指在招标过程中，投标人的书面投标文件因客观因素无法在规定时间送达开标现场，在符合招标文件规定的情况下，将投标文件采用电子邮件的形式发送到招标人指定的电子邮箱中，从而通过电子邮件进行应急开标的过程。电子开标是一种特殊的开标方式，只作为应急开标用，针对的是因特殊情况投标单位不能按时达到开标现场（如交通事故、特快专递未达到等），适用于沙沱水电站建设公司200万元以下的工程项目、机电物资采购的招标管理工作。当招标项目需要（或可能需要）采用电子开标方式时，规定投标单位将加密后的电子文件在规定的时间内传到指定邮箱，同时投标人在规定的时间内将书面投标文件按照招标文件的要求采用特快专递的方式寄给招标人，并将邮局回单及时传真给招标人。投标人电子投标文件的密码在开标时通过电话联系，通知现场开标监督人员，监督人员与开标人员一起打开电子文件。如打开电子邮箱时该邮件图标显示已被开启过，则该文件无效。电子开标过程进行全程摄像监控，使电子开标的工作程序真正实现公平、公正、公开的原则。

3）工程建设监理制。工程建设监理制是指具有相应资质的监理单位受项目法人委托，依据有关法律法规批准的工程项目建设文件和工程建设监理合同及其他工程建设合同，对工程建设进行监督、管理和咨询业务的责任制度，实行建设监理制度，在业主和承建单位中以规范为基础架设了公平公正的桥梁纽带。如新时期的沙沱水电站工程的监理组织体系是在电站建设公司统一领导下，按照主体工程项目的特点，以中国水电建设工程咨询昆明有限公司和中国水电建设工程咨询中南有限公司两家监理单位为主，贵州乌江水电工程建设监理有限责任公司、中国水电顾问集团贵阳勘测设计研究院、贵州黔水工程监理有限责任公司等监理单位为辅组成的监理组织体系。全面实现工程建设质量、进度、投资、安全的各项控制。其中，中国水电顾问集团昆明勘测设计研究院监理公司承担大坝主体工程及与之相关工程的监理工作；中国水电顾问集团中南勘测设计研究院监理公司承担厂房工程及与之有关工程的监理工作；中国水电顾问集团贵阳勘测设计研究院监理公司、贵州黔水工程监理有限责任公司等承担临建和辅助工程的监理工作。工程监理单位均与建设单位签订监理委托合同，相互之间是平等的合同关系，合同明确了监理的职责和建设单位的授权管理范围，监理单位之间无合同关系，监理范围以外的工作由建设单位统一协调。

乌江水电开发建设管理中创新采用"小业主、大监理"的管理模式。业主要求小而强，监理要求大而实，电站建设公司的管理工作放在宏观、全局的层面，抓重点项目和关键工程管理，着重于工程建设的超前性工作，监理单位处于日常项目管理层面，负责现场及具体的监督管理工作。面对极具挑战性的乌江流域各水电站建设工程，既要强调树立监理工程师的权威，充分发挥监理对工程的监督、管理作用，又要坚持业主的核心地位和主导作用，避免工程的监督管理出现"真空"。在工程建设过程中，监理工程师按照监理合同赋予的权利，认真履行对合同工程项目的"三控制、两管理、一协调"的职责。在质量监控上做到以下两点。

第一，事前预控。审批施工单位所报单项施工组织设计，避免施工方法、工艺上的错误与漏洞；设计图纸和设计技术文件均通过监理审查后才下发施工单位，在技术上起到了把关作用。

第二，强化施工过程控制。监理单位按照工序施工质量控制的"三检制"，按照规程规范质量要求组织验收，合格后才签字允许进入下一道工序，对于关键部位、关键工序的施工，监理单位基本能够做到采取巡视检查和旁站相结合的质量监督方式，发现问题及时处理，保证每一道工序的质量。各监理单位均能按时报送监理月（年）报及相关报表，对业主的指令和要求能够较好地执行，对施工单位提出的问题能够积极想办法解决。电站建设公司定期召集各水电站工程建设所有监理单位召开监理例会，通报监理工作情况，对监理工作过程中的相关案例进行讨论、剖析，对各监理部的监理机构、体系建设、人员配置提出要求，对各监理队伍的思想素质教育、业务技能、责任心等作出强调，督促各监理工程师树立服务工程、服务大局的思想意识服务好工程，这样进一步理顺监理与业主之间的协调关系。

4) 合同管理制。合同管理制是指项目法人通过与建设各方订立经济合同，明确相互权利义务关系，通过对合同的管理来实现预定的工程建设目标的制度。乌江水电开发各梯级电站工程的勘察设计、施工、设备材料采购和工程监理都依法签订了工程合同，建立了以合同为依据的工程建设管理格局。

乌江公司实行合同内部会签制度，工程、财务、审计、计划等职能部门层层把关，对合同条款分块负责，尽量减少合同漏洞，为合同顺利执行创造条件。电站建设公司在工程建设管理过程中，不断建立和完善了涵盖工程造价、计划统计、价款结算、索赔变更等方面的管理制度。同时，健全了工程委托报批程序，统一工程变更处理流程，明确变更的出入口；业主、设计、监理均建立包括执行概算量、招标量、施工图量及设计变更量在内的工程量变化对比台账，及时进行经济活动分析，动态掌握工程投资，力求合同管理高效、规范。

由于乌江流域各建设工程的复杂性与特殊性，在建设过程中设计变更较多，合同变化较大，从而带来大量的项目变更问题，如果这些问题处理不及时，必然会影响到工程安全、质量、进度和投资控制。工程的计量与支付、工程变更处理和索赔处理是合同管理的三个关键环节。工程计量与支付是合同管理的核心，监理要及时对已完工程量的施工部位、项目、数量、施工质量检查验收情况进行审核和确认，特别是对合同外发生的工程量及其原因，需要严格核实后方可确认。在合同执行过程中，应尽量减少合同条件的变化，以避免或减少索赔事项的发生，把好工程变更关。工程变更的审查和批准涉及业主、设计、监理和承包商，要求必须按照程序进行，并建立详细的工程变更台账。工程合同变更的处理原则上采用就近靠用，合同外变更多为设计新增加工程项目，原则上采用签订补充合同的办法或直接列入原来合同的办法。在索赔时间的处理上，电站建设公司始终以合同为依据，实事求是，通过协商在工程建设过程中给予解决。

(2) "四位一体"管理理念。将"设计、施工、监理、业主"四方结合为有机的整体。发挥设计单位的龙头作用，使其能够做好设计优化和现场设计代表工作，提供优质高效的设计成果；发挥施工单位的主体作用，增强其积极性、主动性、创造性，帮助解决施工中的困难，使其以更大的工作热情和主人翁态度投入工程建设；发挥监理单位的指挥作用，确保工程有序推进；发挥业主单位的服务作用，按照"服务、协调、督促、管理"的方针，为设计、监理、施工单位创造良好的工作环境和施工条件，统筹主导工程建设。贵州省乌江干流梯级水电开发主要参建单位见表4.1-2。

表 4.1-2　贵州省乌江流域梯级水电开发主要参建单位表

参建单位	单 位 名 称
业主单位	贵州乌江水电开发有限责任公司
设计单位	中国水电顾问集团公司贵阳勘测设计研究院、长江勘测规划设计研究院、中国水电顾问集团公司中南勘测设计研究院
施工承包单位	中国水利水电第八工程局有限公司、中国水利水电第九工程局有限公司、中国水利水电第六工程局有限公司、中国水利水电第十四工程局有限公司、中国水利水电第十六工程局有限公司、江南水利水电工程有限公司、中铁五局集团有限公司、中国葛洲坝集团股份有限公司、中铁十一局集团有限公司、中铁十三局集团有限公司、中铁十五局集团有限公司等

"四位一体"的管理理念是乌江公司在多年水电建设管理过程中不断摸索总结并成功应用于各在建工程的工程管理理念，保证了建设、监理、设计、施工相互团结、密切合作、各负其责，形成一个极具向心力的集体，使工程朝着一个共同的目标推进；保证了工程的安全、质量、进度、投资处于可控状态。在节省概算投资的前提下，乌江流域各水电站工程均比审定工期提前，2003 年乌江渡水电站扩建工程实现"一年双投"，比审定工期提前 7 个月；2004 年洪家渡水电站实现"一年三投"，比审定工期提前 27 个月；2006 年索风营水电站三台机组全部投运，比审定工期提前 4 个月；2009 年构皮滩水电站实现"一年五投"，创造了 60 万 kW 水轮发电机组"一年五投"的水电建设新纪录，比审定工期提前 20 个月；2009 年思林水电站实现"一年四投"，比审定工期提前 7 个月。经测算，以上水电站提前投产可产生经济效益达 41.55 亿元。参建各方"四位一体"关系见图 4.1-1。

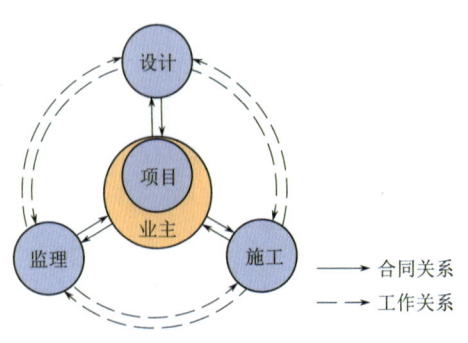

图 4.1-1　参建各方"四位一体"关系图

1) 设计单位的龙头作用。优秀的设计产品是工程优质高效建设的前提和基础。设计单位从勘测、预可行性研究、可行性研究、项目立项、工程招投标到施工设计等阶段，经过长期的研究和深入细致的工作，积累了宝贵的经验。乌江公司充分重视设计的龙头作用，利用公司专家系统的支持向设计单位提出优化设计意见，采取有效的激励措施，充分调动设计单位的主观能动性，从而挖掘最大的投资效益——设计的优化效益，并将优化设计和科研成果的应用贯穿于整个招投标和施工过程中，为缩短工期、节约投资做出了重要的贡献。

2) 施工单位的主体作用。施工单位是实现工程建设目标的实施者，是工程建设的主力军。工程建设中乌江公司强调要充分认识到施工单位的主体地位，要创造和提供一切有利于施工的条件，帮助施工单位解决具体困难，以充分发挥他们的积极性、主动性和创造性，确保工程施工按计划推进。

3) 监理单位的指挥作用。监理单位是工程"四控制、两管理、一协调"的现场管控单位，是设计要求和业主思路的贯彻者和指挥者。为避免造成施工现场多重指挥的混乱局面，乌江公司强调现场施工需由监理单位在授权范围内具体指挥实施和完成，同时监理单位也应按照公平、公正的原则，维护各方的合法权益，促进工程建设顺利进行。

4) 业主单位的主导和服务作用。作为业主单位，第一要务是优质、高效推进工程建设。业主要充分发挥自身的主导作用，一方面要制定合适的工程建设目标和提出管控要求；另一方面要确保这些建设目标和管控要求能通过合同关系让工程参建单位实现。因此，乌江公司强调在充分发挥业主单位的主导核心作用的同时，将自己的职责定位为"服务、协调、督促、管理"。一是要努力为设计、监理单位创造良好的工作和生活环境，努力为施工单位创造良好的施工条件，充分尊重他们的智慧和劳动，及时准确地保证工程款的拨付，正确对待和解决合同执行的分歧和意见。二是要协调好工程施工干扰，协调好设计、施工、监理之间，以及监理单位之间、施工单位之间的关系，紧紧把参建各方团结在一起。三是通过业主的核心纽带作用，组织各种有益于参建者身心健康的篮球比赛、乒乓球比赛、文娱演出、演讲比赛等文体活动和技能比试活动，使参建各方人员增强对工程的认知感、责任感，增加凝聚力，牢固树立主人翁意识，让干好工程成为参建四方的共同追求，也使"四位一体"的理念具有生动的具体内容。

(3) 坚持"建管结合、无缝连接"。为适应现代化水电建设高效、快捷的特点，公司推行"建管结合、无缝连接"的建管方针，当电站建设进入机电安装期，公司适时从所属单位抽调部分发电厂生产管理人员参加到工程建设中，全过程参与工程管理，掌握和控制机电设备的安装及质量监督情况。特别是在机组安装高峰时，发挥电厂人员在电气二次设备方面的优势，从公司所属电厂安排部分专业人员，负责计算机监控、继电保护、励磁等安装调试任务及现场协调、设备验收，有效解决了机组安装线多面广、人员不足的问题，为保证电厂安全稳定运行奠定了基础。由于生产人员的提前介入、积极参与，公司投产机组自投运以来均保持了良好的运行记录。

4.2 开发管理模式

4.2.1 20世纪80年代初以前

20世纪80年代以前，在国家三线建设号召下，水电开发由国家基本建设委员会、水利电力部牵头组织，由国家进行统一开发和管理。这一时期，乌江流域水电开发的代表水电站为乌江渡水电站。这一时期处于移民安置摸索阶段，采取单一、全国统一的管理形式，管理上相对粗放。

4.2.2 20世纪80年代初至90年代初

这一时期，国家逐渐开始重视流域的统筹规划，由国家对单个水电站指定开发转变为注重流域规划开发。1989年，国务院批准了《乌江干流规划报告》，确定了充分发挥乌江资源整合优势，突出重点，优先发展水电，大力发展综合运输，以能源、交通、原材料为开发龙头，带动全流域综合开发的指导思想，建立了完整科学的综合开发体系。这一时期的水电开发仍由国家基本建设委员会、水利电力部牵头组织，由国家进行统一开发和管理。

4.2.3 20世纪90年代初至21世纪初

随着开发理念的转变，管理模式也由全国统一管理逐步向流域管理转变。这一时期，流域水电开发逐步由国家统筹开发管理向项目业主承担开发管理转变。1992年，经国务院同意，乌江公司作为中国第一家流域水能开发公司正式注册成立，承担乌江流域水电开发建设及电站建成后的生产经营管理，确立"流域、梯级、滚动、综合"的开发机制，推行水电流域梯级滚动综合开发。

案例：乌江流域水电"流域、梯级、滚动、综合"开发

按照"流域、梯级、滚动、综合"的开发机制，以当时已建成的乌江渡和东风水电站作为母体水电站，以母体水电站的收益和部分折旧作为新项目的资本金进行滚动开发。随着洪家渡、索风营水电站的逐步投产，形成了"滚雪球"效应。之后，同时开发建设构皮滩、思林沙沱水电站并相继顺利投产。乌江公司成功探索出了一条"滚动开发、自我发展"的路子。乌江开发成功摸索了"流域、梯级、滚动、综合"开发机制，这种机制有利于调动各方面开发水能的积极性；有利于节约投资、加强管理、加快开发进度；有利于统筹考虑接入系统和外送规划；有利于实现梯级最优开发和发挥梯级水电站的综合效益，优化流域梯级调度，实现流域效益最大化。

1. 流域

我国大多数河流年内、年际径流分布不均，丰、枯季节流量相差悬殊，需要建设调节性能好的水库，才能充分利用水资源，更好地发挥综合效益。成立流域水电开发公司，负责一条江河各梯级水电站的规划、建设、经营、管理、筹资、还贷和资产保值增值。乌江干流77%的河段在贵州省，由单一公司开发和运营，有利于对整个流域的通盘考虑，能最大限度地筹划并有效利用水资源，最大限度地提高装机容量和发电量并节约投资和降低成本，统筹考虑发电与防洪以及环境保护等问题。反之，一个流域的若干梯级电站被不同的公司分割开发，不仅不能站在全流域和全局的角度进行统筹安排，还容易造成各自为政，在项目报批、报建过程中增加交易成本的局面，最终影响和制约水电开发速度和整体开发效益。

2. 梯级

一条河流上各水电站存在着天然的水力联系，梯级开发需要确定上下游河段的开发时序，合理科学的开发顺序，可以提前安排各梯级水电站的前期工作、资金筹集等。通过上一梯级水库对径流、洪水的合理调度，为下一梯级的施工导流和安全度汛创造良好的条件，从而降低工程投资，加快建设速度，缩短建设周期，有利于加快整个流域的水电开发。在流域水电站运行中，流域开发公司通过梯级优化调度，可大大增加梯级各水电站的发电量，有效改善整个河流的电能质量，从整条河流的整体经济最优进行运行，实现整条河流的梯级优化。

3. 滚动

根据发达国家电力建设的成功经验，应尽早开发水力资源，优先发展水电。但水电的建设周期长、投资大，国家的资金再投入有限，不能满足加快水电建设的需要，资金缺乏成为制约水电开发速度的关键因素。水电运行成本低，国家投资兴建的一批老水电站经济效益较好，将老水电站的收益用于新水电站的开发，就形成了水电滚动开发的思路。

乌江公司成立之初，国家将1983年已建成的乌江渡水电站和在建的东风水电站，交由乌江公司建设和管理，作为乌江公司开发建设和经营乌江干流贵州省境内河段电厂的初始资本。在乌江干流河段上，由乌江公司开发建设了共7个水电站，即洪家渡水电站、东风水电站、索风营水电站、乌江渡水电站、构皮滩水电站、思林水电站、沙沱水电站。当时，乌江渡水电站产权属于中央，东风水电站为中央和地方合资建设项目，由中央和地方分享产权。

在乌江水电开发过程中，将一个项目投产后的收益直接用于下一个项目的开发，以此类推，实现了梯级水电站持续有效发展的良性循环，形成了"资金滚动累积、人才滚动培养、项目滚动建设"的乌江水电滚动发展模式。乌江公司在国内众多水电流域公司中，是全国第一家在没有股东另外投入资本金的情况下，完全依靠母体水电站滚动积累开发多个水电站所需资本金的项目法人单位。

此外，在梯级水电站滚动开发过程中，由于建设、设计、监理、施工单位相对固定，工程建设管理模式和理念统一，梯级电站属性相近，使工程建设和运行管理人员对下一梯级电站建设和运行有较快较深的认识，可以不断吸收上一级电站的经验教训，提高工程建设和运行管理水平。通过乌江水电建设，培养了大批高水平技术人才和管理人才，同时使参建各方随流域滚动开发共同取得显著发展。

4. 综合

除了水电之外，乌江公司根据贵州区域能源优势，谋求产业协同、综合发展。围绕贵州省能源优势，以水为主、水火互济、煤电联营、上下延伸，发展一批涵盖煤炭、电力、原材料等领域的综合性开发项目，逐步向具有可持续发展能力和市场竞争力的一流能源企业的目标迈进。

乌江公司作为乌江流域开发的项目业主，其管理模式也不断丰富与完善。从体制机制看，乌江公司工程建设管理实行中国华电集团有限公司三级授权、分级管控模式，即中国华电集团有限公司—乌江公司—电站建设公司。

乌江公司统筹管控人员、资金等资源，负责工程建设的宏观管理；电站建设公司或筹建处不具备独立法人资格，负责授权内的工程现场管理。其中，新建工程在工程筹建阶段成立筹建处，具体负责工程的前期准备工作；工程正式开工后，成立电站建设公司，全面履行乌江公司授权范围内的建设管理职能；对于扩建工程，成立扩建工程建设管理部，在乌江公司职能部门和母体电厂的领导下履行工程建设管理职能；进入生产筹备和运行阶段，电站建设公司和电厂实施"建管合一、两块牌子、一套班子"模式，代表乌江公司行使现场管理职能。

乌江公司工程建设管理组织中，永久性专业职能部门和一次性项目管理组织同时交互起作用，具有中间管理环节短、指令统一等特点。其管理优势体现在以下几个方面。

（1）有利于集中管控和合理分工。通过分级管控模式，职能得到明确划分，管控效能得到提高。对于专业性强、具有流域普遍性、政策性强或需全局考虑的工作，如项目核准、资金管理、移民环保、大宗机电物资采购和电价运营等工作，由乌江公司职能部门直接负责管理，电站建设公司或筹建处则集中精力做好工程现场建设管理工作。

（2）有利于人才培养和统筹调配。随着梯级水电站建设滚动推进，乌江公司根据各水电站建设情况，同步统筹建设管理人员，在保证满足工程建设需要的同时避免人力资源的短缺和冗余。通过上一级电站建设为下一级电站准备建设人才，同时避免电站投产后过多的建设管理人员成为电厂安置的负担，而使各水电站的筹备、建设和生产运行得到有序开展。如2002年构皮滩水电站筹建人员，是从东风发电厂、乌江渡发电厂、洪家渡电站建设公司等单位抽调精干人员组成，并根据不同阶段的建设需要，不断补充工程管理、机电安装和生产运行等专业人员，确保了电站从建设到生产的平稳过渡，2009年实现了"一年五投"。沙沱水电站的筹建人员是从东风发电厂、索风营电站建设公司（发电厂）、乌江渡发电厂、洪家渡电站建设公司（发电厂）等单位抽调的，2011年电厂启动生产筹备工作，筹备人员以2009年投产的思林发电厂生产人员为主，确保了工程2013年按期"一年四投"。

（3）有利于集中优势攻坚克难。乌江公司在水电开发人才、技术、资金方面的统筹管理，有利于公司集中优势条件，攻克难关。如沙沱水电站在下闸蓄水和机组投产前的关键时期，面临移民复建工程任务重、移民搬迁安置难度大、生产准备时间紧等困难。乌江公司提出举全公司之力确保沙沱水电站按期下闸蓄水和投产发电目标。一是工程、物资等部门职能前移，现场办公，及时协调和有效解决工程建设过程中技术、环保、送出和验收等环节出现的问题。二是从其他电厂、电站建设公司抽调精干人员组成隶属于沙沱水电站建设公司的移民复建工程项目部，既满足工程攻坚需要，又考虑管理机构为临时机构，时间较短、无后期安置的特点，为移民搬迁安置工程的顺利推行奠定基础。三是生产筹备主体由已投产的思林发电厂生产人员组成，快速、优质、高效地完成生产准备工作，为机组按期投产和安全运行提供保障。四是资金优先保证，确保工程建设和移民安置所需资金及时到位，保证工程有序推进。

（4）有利于建设管理理念实践和发展。工程建设的理念和制度需要在实践中不断摸索、总结和发展。在乌江公司工程管理组织结构模式下，工程建设管理的理念及机制能在梯级水电站中得到完善和传承，管理人员能很快融入熟悉的工作模式，管理流程和规章制度得到严格执行，为工程建设规范化管理和工程快速推进创造了良好条件。如2000年，洪家渡、乌江渡扩机工程开工之初，乌江公司就创建"四位一体"工程建设管理理念及"服务、协调、督促、管理"业主职能方针，提出了加强设计、施工、管理及筹资"四个优化"的工作机制。制定下发了《贵州乌江水电开发有限责任公司关于加强和细化建设项目计划管理若干问题的办法》（黔乌司〔2001〕88号）、《贵州乌江水电开发有限责任公司关于机电物资招标采购管理办法》（黔乌司〔2002〕8号）、《贵州乌江水电开发有限责任公司水电工程基本建设项目管理办法》（黔乌司〔2007〕66号）等一系列工程建设管理办法、制度。随着梯级水电开发深化，形成了以工程安全、质量、技术、进度和投资控制为目标的工程建设管理特有体系和理念。

（5）有利于推广应用科技创新成果。上一级电站积累的科研探索，在下一梯级建设中转化为实践运用，并在后续梯级水电站建设中推广应用，促进水电工程科技水平的提升。

如乌江公司长期致力于磷渣粉与粉煤灰混掺混凝土技术的研究和应用，在索风营水电站及构皮滩水电站建设过程中进行相关项目的探索和研究，取得了丰富的研究成果，并会同长江水利委员会长江科学院、南京水利科学研究院、中国水电顾问集团成都勘测设计研究院有限公司等单位编制了《水工混凝土掺用磷渣粉技术规范》（DL/T 5387—2007）。当沙沱水电站建设时，磷渣粉与粉煤灰混掺混凝土便成功应用于大坝混凝土施工，促进了我国混凝土筑坝技术的发展。从索风营水电工程建设起，"半干法"环保人工砂石加工系统在各梯级水电站中得到广泛使用。

4.2.4 21世纪初以后

2003年重庆大唐国际彭水水电开发有限公司成立，具体承担重庆乌江彭水水电站工程项目的筹建和运营，而重庆大唐国际武隆水电开发有限公司承担乌江银盘水电站的建设和运营管理。随着水电多元开发政策的深化，2006年之后，中国华电集团有限公司、大唐国际发电股份有限公司等发电集团相继承担了乌江干流的水电开发任务，流域水电开发进入多元化发展时期，水电开发管理模式也日益多元化、具体化，很多大型水电站都纷纷成立了专门的水电开发企业，具体负责电站的建设和运营。

案例：乌江公司开发管理模式

乌江公司在乌江流域梯级开发的实践过程中"争政策、抓机遇"。乌江公司成立后，认真分析公司所处的地位和外部机遇，紧跟形势，审时度势，抢抓国家电力体制改革、西部大开发以及"西电东送"战略机遇，争取上级公司和地方政府的支持，以市场为导向，充分发挥梯级水电开发的有利条件，全面有序推进流域开发和建设。

1. 争取流域滚动发展政策

借鉴国际先进开发理念，乌江公司率先明确"流域、梯级、滚动、综合"开发方针和政策。乌江公司成立之初，国家将1983年已经建成的乌江渡水电站和在建的东风水电站交由乌江公司建设和管理，作为乌江公司开发建设和经营乌江干流贵州省境内河段水电站的初始资本，以母体水电站的收益和部分折旧作为新项目的资本进行滚动开发，同时明确了股东不分红政策和利润包干政策。国家电力公司（后为中国华电集团有限公司）和贵州省省属公司两个股东都同意在梯级开发未完成之前不从公司分红，这一发展方针为乌江梯级电站滚动开发奠定了基础、明确了方向、提供了力量，具有决定性的战略意义。

国家的利润包干政策和两个股东的不分红政策在1999年至今给公司带来的现金资本达到了14.33亿元，为公司增加的债务融资空间达到40亿元。财务杠杆作用显著，为梯级水电开发打下了坚实的基础。

2. 规范化改制

1992年10月，乌江公司成立后，在抓紧东风水电站建设的同时，高度重视其他工程的前期施工准备工作，为乌江水电全面开发奠定了良好基础。但由于体制不顺、产权不清一直困扰着公司发展，使流域开发进程缓慢。

1999年7月，为充分发挥贵州省水电资源优势，贵州省委、省政府按照党的"十五大"精神和建立现代企业制度的要求,成立了贵州乌江水电开发有限责任公司,对公司进行了规范化改制。贵州省委、省政府接受了专家提出的"让出一个百分点,激活一条江"的建议,明确了产权关系,国家电力公司持股51%,贵州省省属公司持股49%。国家给予公司的优惠政策不变,确定在乌江流域滚动开发期间,股东双方不收取投资收益,公司形成的利润除按照财政部要求上缴的3000万元所得税外,其余全部用于乌江流域水电滚动开发。至此,乌江公司经营机制得到完善,为企业注入了强大的生机和活力,从而掀开了加快乌江水电开发、促进贵州省经济发展的新篇章。这是从国家控股到电力公司控股经营独立发电公司的重大改革举措,也是贵州省电力发展史上的重要里程碑。

乌江公司改制后,按照"抓住机遇,加快乌江流域水电开发;深化改革,推进现代企业制度建立;加强管理,努力提高企业经济效益;再展宏图,创建一流水电开发公司"的发展思路,把"企业效益是否提高,发展是否加快"作为检验改制是否成功的主要标准,将目标定位在"开发"上,提出向管理要效益,形成成本倒逼机制,成功地走出了一条降低成本,挤出资本金,加快流域滚动开发的新路子,企业面貌发生了根本变化,为我国流域滚动开发积累了成功经验。

2002年12月29日,国家电力体制改革,新组建的11家电力公司在北京人民大会堂挂牌成立。乌江公司原属国家电力公司的51%的股份,整体划转国家五大发电集团之一的中国华电集团有限公司。电力体制改革后,乌江公司进一步拓宽发展领域,促进新的跨越式发展和可持续发展,加速乌江水电开发的进程。

3. 西部大开发和"西电东送"

世纪之交,党中央、国务院根据国际国内政治、经济形势新的变化,做出了实施西部大开发的重大战略的决策。实施"西电东送"工程,是党中央实施西部大开发战略的重要组成部分,是实施东西部地区优势互补、缩小差距、共同发展的重要举措。乌江水电站开发是"西电东送"工程定为带动贵州省经济和社会发展的富民兴黔的伟大工程。省政府及时协调、落实和解决水电站开发工程中涉及的水库移民、环保、水资源和土地资源等重大问题,从而保证乌江梯级水电站顺利实施。

在国家和贵州省将促进"西电东送"的产业政策提升到国家利益的战略高度时,乌江公司准确抓住了"西电东送"的最佳机遇期,紧跟国家战略,发展企业利益。

乌江公司高度重视梯级水电站工程的前期工作,提前开展施工准备,使乌江上游梯级水电站很快具备开工建设条件。2000年,我国首批"西电东送"工程——洪家渡水电站、乌江渡水电站扩机工程同时开工建设。同时,乌江公司及时提出了把构皮滩水电站(3000MW)作为贵州省水电站"西电东送"重点建设工程的设想,申请加入国家"十五"规划的工作部署,加快做好处于乌江下游的构皮滩、思林、沙沱水电站的前期工作,顺势形成"大开发"的态势。

4. 税收优惠政策

在乌江梯级水电站建设过程中,乌江公司积极、全面地开展水电站税收优惠政策的争取工作,为流域梯级水电站提供保障。

1990年,乌江公司所得税返还政策经国务院同意,由国家计划委员会、能源部共同下发的《关于成立乌江水电开发公司的批复》(能源水电〔1990〕372号)文件,明确

"为鼓励开发水电，国家对乌江渡发电厂实行利润包干上缴政策""包干以后的增长利润全部留给开发公司用于继续开发水电，免交所得税"。1993年，设定企业所得税，调节基金包干基数为6000万元。1995年，国家税制改革后将包干基数定为企业所得税3000万元。1999年，财政部以《关于贵州乌江水电开发有限责任公司"十五"期间有关财政政策的批复》（财政字〔1990〕820号）一文，明确"乌江水电开发有限责任公司在乌江流域开发期间原则上执行所得税定额上交3000万元、超交部分予以返还"的政策。2005年，财政部以《关于贵州乌江水电开发有限责任公司"十一五"期间有关财政政策的批复》（财企〔2005〕234号）延续上诉政策；2011年，财政部以《关于贵州乌江水电站开发有限责任公司"十二五"期间有关财政政策的批复》总计争取4亿元所得税财政返还款。2003—2011年，乌江公司获得国家西部企业所得税减半征收的优惠政策。

2001年，财政部加大对基本建设的扶持，下发《基本建设贷款中央财政贴息资金管理办法》（财建〔2001〕593号），对基建财政贴息范围做了明确规定。2002年，乌江公司根据条件开始申报基建财政贴息。2003年，财政部《基本建设贷款中央财政贴息资金管理办法》（财建〔2003〕421号）明确乌江公司基建财政贴息的返还。2003—2011年，乌江公司共计享受基建财政贴息金额7.26亿元。

2007—2011年，乌江公司通过积极争取，贵州省同意减免构皮滩电站建设公司及索风营电站建设公司耕地占用税达1.18亿元。

对乌江流域开发管理模式的总结来看，乌江公司作为国内第一家流域水电开发公司，在成立之初，国内尚没有可借鉴的管理经验。领导班子发扬"摸着石头过河"和"跳起来摘桃子"的精神，将梯级水电开发任务和建立现代企业管理制度目标相结合，不断总结升华，最终摸索出乌江水电流域梯级开发的成功道路。

4.3 设计咨询管理模式

4.3.1 20世纪80年代初以前

在20世纪80年代初以前，乌江流域水电开发移民安置设计管理遵循国家关于基建管理的统一规定。受国情影响，缺少专业的设计规范，边勘察、边设计、边施工的"三边"现象比较严重。该时期流域移民设计管理模式的主要特点包括以下几点。

（1）设计管理缺少政策依据。新中国成立之初的8年，中央实行高度统一的国民经济建设管理体制。中央人民政府为加强对基本建设工作的领导和管理，1951年3月颁布《基本建设工作程序暂行办法》，水利部1952年3月转发了中国共产党中央财经委员会的《基本建设工作暂行办法》，并结合水利事业情况提出了贯彻意见。该时期建设征地移民安置设计主要执行1958年1月全国人民代表大会常务委员会第九十次会议批准、1958年1月国务院颁布实施的《国家建设征用土地办法》。该时期的政策内容多为指导性的，在实施阶段缺乏实践性。

（2）缺乏专业的设计规范。当时，法规上没有提出生产安置人口的定义；建设征地移民安置无专业的设计规范，在初步设计阶段，设计单位一般只作实物指标调查，不作移民安置规划。移民安置由地方政府在实施阶段负责安置，移民安置方式基本上全部采取大农业安置。专业项目只作方案性规划，由于缺少基本建设程序规定，大部分专项采取"边勘察、边设计、边施工"的方式建设。

（3）设计阶段存在随意性、强制性。当时的水电开发受国情影响较为突出，如在急于求成的思想影响下，要打破常规、敢想敢干，对建设程序、管理办法都视为要打破的常规而抛弃了；领导点头立项，边设计、边施工、计划多变的现象比较严重。

该时期乌江流域典型水电站为乌江渡水电站，在20世纪70年代编制移民安置规划时，采取以地方为主，以设计单位配合的方式，移民安置规划报告由各公社分别负责编制、报经区、县逐级审批。

4.3.2　20世纪80年代初至90年代初

20世纪80年代后，移民安置法律政策、规程规范从无到有、逐步完善，1958年《国家建设征用土地办法》修改为1982年《国家建设征用土地条例》和1986年《中华人民共和国土地管理法》，由行政法规逐步发展为法律；颁布了移民规划设计的第一个专业规范《水利水电工程水库淹没处理设计规范》（SD 130—84）。移民安置规划设计从此变得有法可依、有章可循，遵从水电工程设计管理相关规定，对移民设计管理、咨询管理愈加重视。总体而言，该时期移民设计咨询管理模式主要表现出"地方政府主导，设计单位配合，相关成果统一咨询"的管理模式，主要表现为以下三方面特点。

（1）移民设计规范从无到有，设计管理逐步完善。在此时期，移民安置规划设计规范从培训版教材逐步上升为行业标准，设计工作有据可依。对于移民设计管理，在《水利水电工程水库淹没处理设计规范》（SD 130—84）中，将设计阶段划分为初步设计、技施设计两个阶段，对设计规范有了技术要求，移民安置前期规划设计不再是边勘察、边设计、边施工的"三边"现象。

（2）从国家层面、省政府层面缺乏前期规划设计管理和规定，虽然出台了专业规范，但设计领域出现重工程、轻移民的现象并未得到改变，移民工程设计深度仍然严重滞后于枢纽工程设计深度。移民专业队伍也没有得到明显的发展与壮大。当时，小水电站、水轮泵站、抽水机站等水利设施规划设计工作一般由地方为主，设计单位配合开展设计；专项设施等基本上由地方政府或委外设计。移民安置点、城集镇及交通、输变电等专项设施规划设计工作通常以地方政府为主，设计单位配合开展。虽然出台了移民专业规范，但在国家、地方层面都缺乏针对移民设计管理的具体规定。

（3）对移民安置规划设计成果不进行单独审查。在此阶段，流域内普定水电站的移民安置规划篇章与工程设计报告一起逐级上报水利电力部进行审查；对于调查细则等成果只进行咨询，不需要开展审查。

（4）移民设计规范从无到有，对水库淹没范围确定、实物指标调查、移民安置规划、集镇及专项处理、库底清理标准、补偿投资费用计算等内容从培训教材逐步上升到行业标准。

该时期乌江流域计划建设的典型水电站为普定水电站。在设计阶段作了初步移民安置规划，编制完成《普定水电站初步设计水库淹没处理报告》等。

4.3.3 20世纪90年代初至21世纪初

20世纪90年代,为加强水利水电工程建设征地和移民的管理,国家出台了《大中型水利水电工程建设征地补偿和移民安置条例》(国务院令第74号)、《关于印发水电工程建设征地移民工作暂行管理办法的通知》(计基础〔2002〕2623号)与《水电工程水库淹没处理规划设计规范》(DL/T 5064—1996);贵州省出台了《贵州省大中型水利水电工程移民前期工作管理暂行办法》(黔移发〔2011〕45号);重庆市出台了《贯彻大中型水利水电工程建设征地补偿和移民安置条例》(渝府发〔2007〕64号)等文件。相关政策条例、管理办法的出台,促使设计管理工作日趋规范。该时期设计管理实行"省政府领导,有关市、州、县参与,业主积极配合,设计单位主导"的模式。

在设计阶段划分问题上,根据电力工业部电计〔1993〕567号文《关于调整水电工程设计阶段的通知》,调整为预可行性研究报告、可行性研究报告(等同于初步设计)、招标设计、施工详图四个阶段,移民设计管理遵从水电工程设计管理的统一规定。

针对设计管理程序,相关政策规定没有移民安置规划的,不得审批工程设计文件、办理征地手续,不得施工;承担实施规划编制任务的设计单位要派代表驻移民安置实施现场负责设计交底并配合做好移民安置规划的实施;在移民安置实施中发生重大设计变更的,设计单位应分析原因并提出处理意见,经移民监理单位签署意见后按有关规定逐级上报审批。1991—2006年移民安置设计管理主要规定见表4.3-1。

表4.3-1　　　　　　　　1991—2006年移民安置设计管理主要规定

政策条例	颁布时间	颁布责任主体	设计管理主要规定
《关于印发水电工程建设征地移民工作暂行管理办法的通知》(计基础〔2002〕2623号)	2002年11月30日	国家计划委员会	第十条　建设征地移民安置规划设计是水电工程设计的重要组成部分,项目法人应按照有关规程规范的要求组织设计等有关单位做好相应阶段的建设征地移民安置规划设计工作。 第十一条　承担建设征地移民安置规划设计工作的设计单位必须具有国家认可的水电工程勘测设计的资质。 第十二条　建设征地移民安置规划应由受项目法人委托的设计单位会同地方政府进行编制,报国务院投资主管部门审批。建设征地移民安置规划未获批准的,不得开工建设
《贵州省大中型水利水电工程移民前期工作管理暂行办法》(黔移发〔2011〕45号)	2011年	贵州省移民局	第三条　大中型水利水电工程移民前期工作主要包括建设征地实物调查、移民安置规划大纲和移民安置规划的编制、申报、审核、审批等工作。 第五条　建设征地实物调查、移民安置规划大纲和移民安置规划编制,由项目法人或项目主管部门委托具有相应资质的设计单位承担。 第九条　设计单位是实物调查的技术归口管理单位,对实物调查工作负总责。有关县级人民政府参与和配合并负责组织、协调等工作。 第十条　建设征地实物调查应在工程建设征地范围确定的基础上进行。建设征地范围包括枢纽工程建设区、水库淹没区、水库影响区、输配水区。

续表

政策条例	颁布时间	颁布责任主体	设计管理主要规定
《贵州省大中型水利水电工程移民前期工作管理暂行办法》（黔移发〔2011〕45号）	2011年	贵州省移民局	第十一条 实物调查工作开始前，项目法人或项目主管部门、有关县级人民政府、设计单位应当对下列工作做好安排： （一）发布通告。项目法人或项目主管部门应当依据有关批准文件，向省人民政府申请发布建设征地通告；省人民政府发布建设征地通告后，有关县级人民政府应在建设征地范围涉及的乡（镇）、村、组、企业、学校、街道等公共场所进行公告。公告内容主要包括：禁止在枢纽工程区、水库淹没区、输配水区（灌区）新增建设项目、迁入人口和种植多年生植物等。 （二）测设界桩。依据省人民政府发布的建设征地通告，项目法人或项目主管部门应委托设计单位会同有关县级人民政府，按照确定的建设征地范围测设实物调查和建设征地界桩，并完善相关手续。 （三）调查准备。包括编制实物调查工作大纲或调查细则，以及对调查人员进行移民政策和业务培训。调查工作大纲或调查细则的内容主要包括：调查依据、调查范围、调查内容、调查方法、调查要求、组织分工、计划安排、经费保障和成果提交等。实物调查工作大纲或调查细则应按省级移民管理机构负责大型和跨市（州、地）中型水利水电工程项目、市（州、地）人民政府（行署）负责其他中型水利水电工程项目的程序进行确认。确认后的实物调查工作大纲或调查细则是实物调查的指导性文件。调查人员由设计单位技术人员、县级人民政府有关部门、有关乡（镇）、村组干部和群众代表共同组成。 第十二条 实物调查及成果认定应符合下列要求： （一）实物调查。土地调查按照《土地利用现状分类》（GB/T 21010—2007）的规定进行分类，调查时应实测不小于1∶1000土地利用现状地形图。已承包到户的土地，设计单位应协助地方分解到户；未落实到户的土地可以集体经济组织为单位进行测设、量算和统计，并分别标识于图上。其他调查（如人口、房屋、附属建筑、零星果木、坟墓、农副业设施及专业项目等），以户或项目为单位进行独立调查，并且必须达到有关规范的精度要求。 （二）成果认定和公示。调查成果经调查人、被调查人、所有权人、群众代表签字认可后，地方政府应履行公示程序，公示期内如对公示结果有异议，调查人员应对有异议的调查结果进行复核，并再次公示，每次公示期应不少于7天。公示结果无异议后，所有权人应予以确认并逐级汇总签字盖章认可，直至县级人民政府签署意见。 （三）成果提交。经确认的实物调查成果应填写一式四份，实物所有权人（或法定承包人）、县级移民管理机构、项目法人或项目主管部门和设计单位各执一份。 第十三条 实物调查结束后，设计单位应编制实物调查报告。实物调查报告的主要内容包括：调查时间、调查依据、工作组织、工作程序、调查范围、调查内容、调查方法、调查成果、实物公示和确认、地方政府对实物指标的意见、建设征地影响分析，以及干支流回水计算成果、建设征地示意图、实物

续表

政策条例	颁布时间	颁布责任主体	设计管理主要规定
《贵州省大中型水利水电工程移民前期工作管理暂行办法》（黔移发〔2011〕45号）	2011年	贵州省移民局	汇总成果等。 第十四条　移民安置规划大纲应在工程项目建议书或工程预可行性研究报告阶段批准后，实物调查完成的基础上进行编制。 第十五条　移民安置规划大纲由项目法人或项目主管部门委托具有相应资质的设计单位会同移民区和移民安置区县级人民政府编制。 第十六条　移民安置规划大纲应当根据工程占地和淹没区实物调查成果以及移民区、移民安置区经济社会情况和资源环境承载能力编制。 第十七条　移民安置规划大纲主要包括移民安置的任务、去向、标准和农村移民生产安置方式以及移民生活水平评价和搬迁后生活水平预测、移民后期扶持政策、淹没线以上受影响范围的划定原则、移民安置规划编制原则等内容。 第十八条　在编制移民安置规划大纲时，应当充分听取移民区和移民安置区县级以上地方人民政府的意见；应当广泛听取移民和移民安置区居民的意见，必要时，应当采取听证的方式。 项目法人或者项目主管部门应当将移民区和移民安置区县级以上地方人民政府对移民安置规划大纲的意见，以及征求群众意见情况作为附件，随移民安置规划大纲一同上报。 第二十条　移民安置规划应根据审查批准的移民安置规划大纲，在工程可行性研究报告阶段进行编制。必要时，在移民安置实施前，应当依据审查批准的移民安置规划编制移民安置实施规划或实施计划。 第二十一条　移民安置规划由项目法人或项目主管部门委托具有相应资质的设计单位，会同移民区和移民安置区县级人民政府编制。移民安置实施规划或实施计划由移民区和移民安置区县级人民政府负责编制，设计单位参与和配合（具体职责应在有关委托协议中明确）
《贯彻大中型水利水电工程建设征地补偿和移民安置条例》（渝府发〔2007〕64号）	2007年7月24日	重庆市人民政府	三、认真编制和实施移民安置规划 移民安置规划是水库移民工作的基础。重庆市大中型水利水电工程多、移民数量大、涉及范围广，科学制定移民安置规划并认真执行至关重要。各区县（自治县）人民政府、市政府有关部门和项目法人要按照《条例》规定，认真编制和审查移民安置规划大纲和移民安置规划。 （一）严格时间界限。2006年9月1日前已审批或核准的大中型水利水电工程，不再重新编制和审查移民安置规划大纲和移民安置规划。2006年9月1日以后审批或核准的工程，应严格按照《条例》规定，编制和审查移民安置规划大纲和移民安置规划。 （二）严格审批程序。移民安置规划大纲按照审批权限报送市政府或国务院移民管理机构审批，作为编制移民安置规划的依据。移民安置规划经市移民管理机构或国务院移民管理机构

续表

政策条例	颁布时间	颁布责任主体	设计管理主要规定
《贯彻大中型水利水电工程建设征地补偿和移民安置条例》（渝府发〔2007〕64号）	2007年7月24日	重庆市人民政府	审核后，由项目法人或项目主管部门报送项目审批或核准部门，与可行性研究报告或项目申请报告一并审批或核准。按照国家有关规定和市政府授权，市移民管理机构负责重庆市大中型水利水电工程移民安置规划大纲和移民安置规划的审核，并提出审核意见。市移民管理机构在审核时应当征求工程所在区县（自治县）人民政府的意见。未编制规划大纲和规划或者规划大纲和规划未经审批或核准的项目，有关部门不得审批或核准项目建设，不得为其办理用地等有关手续。审批或核准的移民安置规划不得随意调整或者修改，确需调整或者修改的，应报原审批机关审批或核准

4.3.4 21世纪初以后

在21世纪以后，伴随水电开发进程的加快，移民政策、法规进一步完善，补偿补助标准进一步提高，移民前期规划设计工作更加受重视，设计管理更加规范，现阶段设计管理实行"统一领导，分级管理，主体设计单位技术归口"的管理模式。《关于印发水电工程建设征地移民工作暂行管理办法的通知》（计基础〔2002〕2623号）中提出"没有移民安置规划的，不得审批工程设计文件、办理征地手续、不得施工"的强制规定；《关于做好水电工程先移民后建设有关工作通知》（发改能源〔2012〕93号）中明确提出"先移民，后建设"的水电开发方针。国家、贵州省政府层面陆续出台了对前期规划设计管理的规定，重工程、轻移民现象得到一定程度的改变。

这一时期乌江流域的思林、沙沱水电站在设计管理过程中，更加规范地执行法律法规，在移民安置实施过程中加强技术指导，做好移民工作的咨询服务。对于出现的重大变更，及时组织开展审查，加强技术管理。

21世纪初至今关于移民安置设计管理主要规定见表4.3-2。

表4.3-2　　　　　　　21世纪初至今移民安置设计管理主要规定

政策条例	颁布时间	颁布责任主体	设计管理主要内容
重庆市移民局关于乌江银盘水电站移民安置实施阶段规划设计管理有关问题的通知（渝移发〔2008〕231号）	2008年12月8日	重庆市移民局办公室	二、实施规划设计变更包括实物指标变更、实施规划变更和设计变更。 （一）实物指标变更 实物指标变更是指对实施移民搬迁安置过程中发现的，符合有关政策规定，但在实物指标调查时出现的漏、错数据的更改。 （二）实施规划变更 实施规划变更是指实施过程中由于地质等工程建设条件出现未预料的重大变化、政策性调整等原因引起的工程建设标准、建设规模、选址、工程总体布局、移民安置去向、安置方式、补偿标准等同批准的移民安置实施规划比较发生变化。

续表

政策条例	颁布时间	颁布责任主体	设计管理主要内容
重庆市移民局关于乌江银盘水电站移民安置实施阶段规划设计管理有关问题的通知（渝移发〔2008〕231号）	2008年12月8日	重庆市移民局办公室	1. 一般性实施规划变更是指涉及该项目局部调整，引起的投资变化不超出批准的移民安置实施规划该项目概算的5%的实施规划变更。 2. 重大实施规划变更是指项目选址、建设规模、建设标准、移民补偿标准、总体布局的调整或变更引起的变化超出已批准的移民安置实施规划该项目概算的5%以上的实施规划变更。 （三）设计变更 设计变更是指在实施中因设计条件或施工条件变化，对批准的单项工程施工图设计进行的变更。设计变更分为一般性设计变更、重大设计变更。 1. 一般性设计变更是指不改变单项工程的技术标准和重要结构形式、不增加养护费用和使用成本、不降低使用功能、不影响相关工程质量、不会因此变更而引起其他变更，且引起投资变化不超出批准的单项工程概算的设计变更。 2. 重大设计变更指变更单项工程除一般性设计变更以外的或引起的投资变化超出已批准的单项工程概算的设计变更。 三、实施规划设计变更程序 （一）实物指标变更程序 移民户（或产权所有人）提出书面申请→所在村（居）民委员会签署意见，乡（镇）人民政府复核并签署意见→所在县移民局（办）会同综合设代机构、综合监理机构、大唐武隆公司等审核，提出处理意见并张榜公布（公示）→重庆市移民局审批。 （二）实施规划变更程序 1. 一般性实施规划变更的程序。乡（镇）人民政府或工程建设单位提出实施规划变更申请→县移民局（办）初审→综合监理、综合设代审核→县移民局（办）→重庆市移民局会商大唐武隆公司后审批→综合设代出具实施规划变更通知和变更文件。 2. 重大实施规划变更的程序。乡（镇）人民政府或工程建设单位提出实施规划变更申请→县移民局（办）初审→综合监理、综合设代审核→县移民局（办）→重庆市移民局会商大唐武隆公司、县人民政府、长江设计院、长江工程监理咨询公司等单位后审批→综合设代出具实施规划变更通知和变更文件。 3. 对于特别重大的实施规划方案变更，报请重庆市人民政府审批后按原程序核准。 （三）设计变更程序 1. 一般性设计变更的程序。项目法人或施工单位提出变更申请→单项工程监理单位、设计单位审查论证→县移民局（办）会商大唐武隆公司审批→设计单位出具设计变更文件→监理机构下发工程变更令。 2. 重大设计变更的程序。项目法人或施工单位提出变更申请→单项工程监理单位、设计单位审查论证→县移民局（办）会同大唐武隆公司、综合设代、综合监理审查后提出变更初步意见→重庆市移民局会商大唐武隆公司、长江设计院、长江工

续表

政策条例	颁布时间	颁布责任主体	设计管理主要内容
重庆市移民局关于乌江银盘水电站移民安置实施阶段规划设计管理有关问题的通知（渝移发〔2008〕231号）	2008年12月8日	重庆市移民局办公室	程监理咨询公司审核→设计单位出具设计变更文件→监理机构下发工程变更令。 四、实物指标变更，应在接到申请后5个工作日内给予是否受理答复。一般性实施规划变更，应在接到申请后10个工作日内给予是否受理答复；重大实施规划变更，应在接到申请后20个工作日内给予是否受理答复。一般性设计变更，应在接到申请后3个工作日内给予是否受理答复；重大设计变更，应在接到申请后7个工作日内给予是否受理答复
《关于加强水电建设管理的通知》国能新能〔2011〕156号	2011年5月	国家能源局	一、加强水电工程前期设计工作 水电工程前期设计工作包括预可行性研究和可行性研究，主要任务是查明工程建设条件，确定工程建设方案和移民安置方案。科学的建设方案和合理的移民安置方案是保障工程安全和妥善安置移民的基础。 （一）科学制定工程建设方案。设计单位要加强重大技术问题的科研攻关，要专题研究涉及工程质量的重大问题；合理采用新技术、新工艺、新设备和新材料，处理好技术创新与工程安全质量的关系；根据我国水电建设的新形势新要求，统筹考虑工程开发任务、工程建设条件、移民安置和环境保护等要求，提出科学合理的工程建设方案。 （二）合理拟定移民安置方案。设计单位要按照现行法律法规政策和技术标准，以资源环境承载能力为基础，与当地经济和社会发展规划、土地利用总体规划、城集镇规划等有效衔接，充分听取移民群众和地方政府意见，尊重少数民族的生产、生活和风俗习惯，拟定科学可行的移民安置规划方案。移民安置规划报告设计深度要全面达到枢纽工程同等深度要求，并适度超前。 （三）切实加强技术管理工作。水电水利规划设计总院作为行业技术管理单位，要坚持技术管理机构的独立公正性，保持技术管理的科学有效性和权威性；要充分发挥工程咨询的重要指导作用，提高前期设计工作质量；要进一步加强和改进设计审查，并对审查结论负责；要对大坝防震抗震、移民安置规划大纲和报告、工程建设方案等重要技术问题加强指导、严格审查，对工作内容和深度达不到规范要求的，不予安排审查。 二、加强设计管理和综合监理工作。主体设计单位要全面负责移民安置规划设计及移民工程勘测设计等工作；要合理组织规划设计队伍，加强管理，确保质量；要加强移民安置区地质灾害危险性评价和勘察工作，确保移民安置区选址安全合理。 综合监理单位要保持独立性，加强能力建设和现场工作管理，强化对移民工作进度、移民补偿补助资金兑付、移民工程招投标及资金运用情况、移民安置生产生活水平恢复、移民安置区社会功能恢复和专项设施的配套建设等的监督，充分发挥综合监理作用

续表

政策条例	颁布时间	颁布责任主体	设计管理主要内容
《贵州省大中型水利水电工程移民安置建设项目管理暂行办法》（黔移发〔2011〕38号）	2011年11月	贵州省移民局	第十二条 项目法人应按相关规定委托有资质的设计单位开展项目勘测设计工作。项目设计应遵照审定批复的意见，执行国家行业标准和技术规范。承担项目设计工作的设计单位对设计成果实行终身负责制。项目设计文件完成后，项目实施管理单位应及时组织评审，必要时上级移民管理机构、水利水电工程项目法人、水库设计单位派员参加。未经评审批准的项目，一律不得实施。 第十三条 项目开工前，设计单位应按设计合同约定，向施工、工程监理、移民监督评估单位作设计技术交底工作，说明设计意图，解释设计文件，委派设计代表常驻现场，及时解决施工中出现的设计问题。 第十四条 建设项目应当按照经审批的设计方案实施，保持设计文件的稳定性和完整性。确需变更的，按本办法第八条的规定办理
《贵州省大中型水利水电工程移民前期工作管理暂行办法》（黔移发〔2011〕45号）	2011年11月	贵州省移民局	第四条 大中型水利水电工程移民前期工作程序和各阶段设计深度应满足《大中型水利水电工程建设征地补偿和移民安置条例》和有关规程规范要求。 第五条 建设征地实物调查、移民安置规划大纲和移民安置规划编制，由项目法人或项目主管部门委托具有相应资质的设计单位承担。 第六条 建设征地实物调查、移民安置规划大纲和移民安置规划应与工程建设方案的比选和论证工作相协调，以便确定技术可行、经济合理、社会和谐、生态保护的工程建设方案。建设征地实物调查、移民安置规划大纲和移民安置规划的编制内容应与工程最终确定的方案相一致。 第八条 建设征地实物指标是编制移民安置规划大纲和移民安置规划以及计算和兑现移民补偿资金的基本依据。调查成果应当全面、真实、准确。 第九条 设计单位是实物调查的技术归口管理单位，对实物调查工作负总责。有关县级人民政府参与配合并负责组织、协调等工作。 第十条 建设征地实物调查应在工程建设征地范围确定的基础上进行。建设征地范围包括枢纽工程建设区、水库淹没区、水库影响区、输配水区。 第十四条 移民安置规划大纲应在工程项目建议书或工程预可行性研究报告阶段批准后，实物调查完成的基础上进行编制。 第十五条 移民安置规划大纲由项目法人或项目主管部门委托具有相应资质的设计单位会同移民区和移民安置区县级人民政府编制。 第十六条 移民安置规划大纲应当根据工程占地和淹没区实物调查成果以及移民区、移民安置区经济社会情况和资源环境承载能力编制。

续表

政策条例	颁布时间	颁布责任主体	设计管理主要内容
《贵州省大中型水利水电工程移民前期工作管理暂行办法》（黔移发〔2011〕45号）	2011年11月	贵州省移民局	第十七条　移民安置规划大纲主要包括移民安置的任务、去向、标准和农村移民生产安置方式以及移民生活水平评价和搬迁后生活水平预测、移民后期扶持政策、淹没线以上受影响范围的划定原则、移民安置规划编制原则等内容。 第十八条　在编制移民安置规划大纲时，应当充分听取移民区和移民安置区县级以上地方人民政府的意见；应当广泛听取移民和移民安置区居民的意见，必要时，应当采取听证的方式。项目法人或者项目主管部门应当将移民区和移民安置区县级以上地方人民政府对移民安置规划大纲的意见，以及征求群众意见情况作为附件，随移民安置规划大纲一同上报。 第二十条　移民安置规划应根据审查批准的移民安置规划大纲，在工程可行性研究报告阶段进行编制。必要时，在移民安置实施前，应当依据审查批准的移民安置规划编制移民安置实施规划或实施计划。 第二十一条　移民安置规划由项目法人或项目主管部门委托具有相应资质的设计单位，会同移民区和移民安置区县级人民政府编制。移民安置实施规划或实施计划由移民区和移民安置区县级人民政府负责编制，设计单位参与和配合（具体职责应在有关委托协议中明确）。 第三十条　实行规划设计终身负责制和审查责任制。移民安置规划和社会稳定风险评估的编制、审查、审核单位，对其提交的设计文件以及审查、审核意见承担相应的经济、行政、法律责任。 第三十二条　经批准的移民安置规划大纲是编制移民安置规划的基本依据，应当严格执行，不得随意调整或者修改。由于国家政策、工程选择、规模等建设方案发生较大变化确需调整或修改的，应报原审批机关批准。 第三十四条　经批准的移民安置规划，由项目法人或项目主管部门报项目审批或核准部门。 第三十五条　经批准的移民安置规划是组织实施移民安置工作的基本依据，应当严格执行，不得随意调整或者修改。确需调整和修改的，应重新编制专题报告报原审核机关重新审核。 第三十六条　实物调查完成后超过5年项目未获批准或核准的，应当报原审批机关申请对实物进行复核或重新调查。移民安置规划大纲审批后超过3年项目仍未核准或实施的，应重新编制移民安置规划大纲并按规定程序报批
关于做好水电工程先移民后建设有关工作的通知（发改能源〔2012〕293号）	2012年2月	国家发展改革委	坚持统一规划、有序实施、政策衔接、确保稳定的原则，统筹制定移民安置规划方案及工程建设方案，科学确定移民安置周期和工程建设周期，优先实施移民安置，做到移民安置进度适度超前于工程建设进度，严格移民安置实施管理，做好移民政策有效衔接，确保移民安置质量，保障移民长久生计和长远发展。 经批准的移民安置规划是实施移民工作的基础依据，规划设计深度和质量直接影响移民搬迁安置的顺利实施和移民工作的效果，必须高度重视移民安置规划设计工作。

续表

政策条例	颁布时间	颁布责任主体	设计管理主要内容
关于做好水电工程先移民后建设有关工作的通知（发改能源〔2012〕293号）	2012年2月	国家发展改革委	强化主体设计单位的技术责任。设计单位要按照现行法律法规政策和技术标准，组织精兵强将，优先安排移民安置规划设计工作。主体设计单位要充分发挥在移民安置实施过程中的技术牵头和设计归口作用，全过程做好综合设计（设代）工作，向移民安置实施单位和移民综合监理单位说明勘察、规划、设计意图，及时解决移民安置实施中出现的规划设计问题。 发挥技术归口单位作用。要进一步加强规划设计技术指导，强化服务意识，做好移民工作的技术咨询服务工作，充分发挥技术咨询对设计的指导作用，全面提升移民工作技术水平和工作质量。要优先安排水电工程移民规划设计方面的审查，对有必要并具备条件的，要提前审查正常蓄水位选择、施工总布置规划、建设征地范围地质勘测专题等报告，及时组织对移民安置规划大纲、移民安置规划报告等进行审查；没有完成或落实移民安置规划设计工作的，不予审查工程可行性研究报告。要加强对移民安置实施阶段的技术指导，及时组织对移民安置重大设计变更的审查，加强对移民实施过程的技术管理和控制

4.4 监督评估管理模式

移民工程是一项复杂的系统工程，是水利水电工程的重要组成部分，开展该项工程既要符合工程基本建设程序，也要符合移民相关法律法规政策。在过去很长一段时期内，水库移民遗留下了许多问题，除了对水库移民的繁杂性和艰巨性认识不够和法律、法规不够完善外，还缺乏对移民安置情况系统的监督管理体制。

4.4.1 20世纪80年代初以前

该阶段，开工建设的代表项目为乌江渡水电站，移民工作主要依靠政府行为和政治动员，尚未形成具体的移民监督评估管理模式。

新中国成立后初期到20世纪70年代末的30年间，我国实行的是高度集中的计划经济体制，一直沿用建设单位自筹自管和工程指挥的工程建设管理模式。在工程建设领域，建筑生产长期被认为是"来料加工"活动，是"吃"国家投资和建筑材料的纯消费行为，否定其物质生产的本质和商品交易属性，以此形成了一种自然经济色彩浓厚的工程建设管理格局（建设投资由行政部门层层拨付，施工任务由行政部门向各自所属的建筑企业下达，主要建筑材料采取物随钱走的供应方式，随投资向工程项目按需调拨）。在这种格局中，建设单位、设计单位和施工单位只是被动的任务执行者，是行政部门的附属物。因此，政府对他们所参与的工程建设活动，采取单向的行政监督。在工程施工中，由于工程费用实报实销，不计盈亏，不讲核算，工程建设各参与者所关注的重点是工程的进度和质量。为了保进度，不惜投入大量的人力，采取兵团式的人海战术。而对工程质量的保证又主要依靠施工单位的自我监督，以致发生了一些质量问题。

20世纪80年代，我国进入改革开放的新时期，传统工程建设管理模式的各种弊端逐渐显露出来。在建设领域，投资开始有偿使用，投资主体呈现多元化，逐步实行了招投标承包制，施工单位开始摆脱行政附属地位，向相对独立的商品生产者转变，工程建设各参与者之间的经济关系得到强化，追求自身利益的趋势日益突出。这种格局的出现，迫切需要建立和健全新的管理体制，特别是在工程质量方面，要求建立严格的外部监督机制，即实行政府对工程质量的监督制度。

4.4.2　20世纪80年代初至90年代初

该阶段，由于移民综合监理和独立评估尚未形成正式制度，乌江流域大型水电工程未开展综合监理和独立评估工作。

工程建设管理体制改革必须适应社会主义市场经济体制。20世纪80年代中期，我国建设项目开始实行监理制度，在建设监理蓬勃发展的背景之下，作为水利水电工程重要组成部分的移民工程，也在探讨如何引入监理机制。进入20世纪80年代后期，随着社会主义市场经济体制的不断发展和完善，我国的水利水电工程建设体制逐步与国际接轨，并建立了"业主负责制、工程监理制、招投标制、合同管理制"的管理体制。

1988年7月，建设部颁布了《关于开展建设监理工作的通知》。它标志着我国工程建设领域的改革进入新的阶段，既参照了国际惯例，又结合了中国国情，是具有中国特色的建设监理制度。

改革开放以来，随着世界银行对我国业务的迅速开展，其监测评估的概念也逐渐深入我国移民安置工作中。乌江流域水电站移民独立监测评估工作实质从1991年开始。在此期间，除了世界银行贷款项目，我国其他水利水电工程鲜有开展移民监督评估，对移民权益实现、生活水平恢复、公共设施享有等方面不够重视。监督评估工作则建立在一系列相关法律法规和技术标准之上，移民监测评估机构一般按照批准的移民监测评估工作大纲和与项目法人签订的移民监测评估合同开展工作，进行现场调查和监测，建立有效的跟踪监测机制，发现移民实施中存在的问题并预测潜在的问题，提出改进措施和建议，对移民安置的效果进行评估。主要的监测评估内容包括生产生活水平恢复监测评估、移民权益保护监测评估以及移民涉及机构工作效率监测评估。

4.4.3　20世纪90年代初至21世纪初

1996年8月，水利部以水建〔1996〕396号发布了《水利工程建设监理规定》，明确了在我国境内的大中型水利工程建设项目，必须实施建设监理，小型水利工程建设项目也应逐步实施建设监理。明确定义水利工程建设监理是指监理单位受项目法人委托，依据国家有关工程建设的法律、法规和批准的项目建设文件、工程建设合同以及工程建设监理合同，对工程建设实行的管理。水利工程建设监理的主要内容是进行工程建设合同管理，按照合同控制工程建设的投资、工期和质量，并协调有关各方的工作关系。

1998年3月，电力工业部以电综〔1998〕251号发布了《水电工程水库移民监理规定》，移民综合监理作为制度在新的水电工程建设中推行。

在该时期，以乌江流域普定、东风水电站为典型标志，新的移民政策、修编与配套的政策密集出台。由于移民安置规划、规划报告是可行性研究报告审查的前置条件，也是工程项目核准、开工的前置条件，移民工作得到大部分建设单位及设计单位重视。在传统安置基础上，各地探索和出台了新的移民安置方式。移民政策更加强调以人为本，注重和听取移民意愿，规定了编制移民安置规划大纲、移民安置规划报告应该听取移民及安置区居民的意见。

这一时期，乌江流域梯级水电开发中，逐步开始引入和探索实践工程建设管理中的项目法人责任制、招标投资制、工程建设监理制、合同管理制四项制度。也就是这个时期，乌江流域上的代表性电站首次引入移民综合监理，并与独立评估一并委托。

4.4.4　21世纪初至今

4.4.4.1　国家层面的监督评估管理模式

进入21世纪，我国移民监理逐步走向规范化运作。2002年11月，国家计划委员会以计基础〔2002〕2623号制定了《水电工程建设征地移民工作暂行管理办法》，对我国大中型水利水电工程建设征地移民工作进行规范，明确了水电工程建设征地移民工作实行"政府负责、投资包干、业主参与、综合监理"的管理体制。

该阶段，一系列规章制度、条例和规范的出台，保证了移民综合监理政策实施工作的有序开展，并进一步规范了移民综合监理工作，明确了国家对移民安置和水库移民后期扶持实行全过程监督评估的管理模式。

2006年7月，在国务院颁布的《大中型水利水电工程建设征地补偿和移民安置条例》（国务院令第471号）中明确，国家对移民安置和水库移民后期扶持实行全过程监督。省、自治区、直辖市人民政府和国务院移民管理机构应当加强对移民安置和水库移民后期扶持的监督，发现问题应当及时采取措施。国家对移民安置实行全过程监督评估，签订移民安置协议的地方人民政府和项目法人应当采取招标的方式，共同委托有移民安置监督评估专业技术能力的单位对移民搬迁进度、移民安置质量、移民资金的拨付和使用情况以及移民生活水平的恢复情况进行监督评估；被委托方应当将监督评估的情况及时向委托方报告。

在此基础上，各省（市）不断研究、细化独立评估管理规定。贵州省于2011年发布《贵州省大中型水利水电工程移民安置监督评估管理暂行办法》（黔移发〔2011〕41号），明确移民安置监督评估包括移民安置综合监理和移民安置独立评估。

2012年2月，国家发展和改革委员会印发了《关于做好水电工程先移民后建设有关工作的通知》（发改能源〔2012〕293号），明确了监督检查时妥善安置移民的重要保障措施。对于基础设施和专业项目等工程，应严格工程建设管理，确保工程建设质量；对于移民房屋，应加强建房质量监督和施工队伍管理，维护移民合法权益；对农村移民搬迁安置、城市集镇迁建、专业项目处理、水库库底清理等的综合进度、综合质量和资金使用情况等实行全程移民综合监理，监督移民补偿补助费用按批准标准和数量兑付、单项移民工程按规定进行建设管理，督促移民安置协议签订双方的责任义务履行和移民安置规划的实施。

2014年6月，国家能源局颁布《水电工程建设征地移民安置综合监理规范》（NB/T 35038—2014），明确要求移民综合监理单位应依法履行移民综合监理合同，依据国家及省级人民政府颁发的相关法规政策、规程规范，审批的移民安置规划、专题设计文件、移民安置实施计划以及签订的移民安置协议，按照《水电工程建设征地移民安置规划设计规范》（DL/T 5064）的要求确定补偿补助兑付、农村移民安置、城市集镇迁建、专业项目处理、库底清理等分类目标和内容，并依据《水电水利工程项目建设管理规范》（DL/T 5432）和《建设工程监理规范》（GB/T 50319）对项目实施的综合进度、综合质量和资金拨付使用情况等进行全过程监督、检查、记录、审核、协调和报告。

现阶段，移民监理制是移民管理体制的重要组成部分，我国大中型水利水电工程移民搬迁安置实行政府监督和社会监督相结合的制度。移民监理是社会监督管理体系的组成部分之一，是具有独立法人资格的第三方，在移民搬迁安置实施过程中为委托方提供移民搬迁安置与移民工程建设管理的专业化监督与管理咨询服务。推行移民监理制，对参建各方，都有监督管理的作用，能有效地推进移民安置进度、保障移民安置质量、控制移民资金的使用，从而促进移民安置总体进程有效推进，确保移民安置总体进度中各重要项目节点的如期完成。

4.4.4.2 贵州省层面的监督评估管理模式

乌江流域大批水电站建设集中在这一时期，包括洪家渡水电站、东风水电站、索风营水电站、构皮滩水电站、思林水电站、彭水水电站、沙沱水电站等。

案例：洪家渡水电站移民监理的实施

洪家渡水电站是我国"西电东送"最早启动的标志性工程，是国家西部大开发拉开序幕的地方，也是贵州省从传统的计划经济向市场经济转型时期启动的首个大型水利水电工程项目。该工程移民数量多，补偿费用少，安置条件差，安置难度大。移民工作启动初期，许多做法都沿用了过去的老办法，结果适应不了新形势的要求，暴露出了许多较为突出的问题。如前期工作深度不够，设计进度严重滞后，不严格按规划实施，对自谋无土安置控制不严，重迁轻安，不重安置质量倾向突出，项目管理不规范，资料档案及统计报表工作滞后等。

为了完善移民工作管理体制，提高移民安置质量和效果，业主乌江公司和贵州省水库移民办公室及时引进了移民监理机制。自从移民监理参与之后，移民监理积极督促各级政府和移民实施机构，认真总结前期移民安置的经验教训；加强对移民工作的领导；严格按照国家审批的移民安置规划落实好移民搬迁安置的各项工作；要求各级移民实施机构，要以对国家负责、对业主负责、对移民负责的高度责任感，妥善安置好移民；要把安置质量摆在首位，一切工作都要服从于质量，不能牺牲质量抢进度，要在确保质量的前提下力保进度；要切实落实好移民的生产门路和生活出路，确保移民有稳定的生活来源，要对移民认真负责到底，为移民创造一个长期赖以生存和发展的基本条件。

移民安置实施过程中移民监理积极履行监理职责，客观、公正、独立地开展移民监理工作。引进并运用先进的移民监测与评估的理论与方法，对移民安置质量和安置效果进行全过程的监控。在移民监理的强力参与之下，移民安置工作逐步地进入到正确、规范、有序实施的轨道上，自谋无土安置及时得到了严格控制，移民安置实施规划一期比一期做得好，移民生产安置一期比一期到位，工程项目管理逐步得到规范，移民安置质量显著提高。尤其是移民拆迁进度之快是我国移民工作有史以来绝无仅有的，最终比原计划提前 2 年完成了移民拆迁任务，并创造了一个多月拆迁移民 2000 多户、10000 多人的最高纪录，从而使移民工作有力地保证了电站枢纽工程建设的顺利进行，为电站提前一年下闸蓄水发电创造了必要条件。

贵州省在移民工作中引进监理机制的时间比较晚，最先是在 2001 年从洪家渡水电站开始的。通过洪家渡水电站移民监理工作的开展，使有关方面认识到了移民监理不可替代的重要作用和显著效果，也引起了有关方面对这项工作的高度重视。因此，贵州省在后来陆续启动实施的一批大中型水利水电工程项目中，都开展了移民监理工作。而且，业主单位和贵州省水库移民办公室将洪家渡水电站移民监理报告作为范本推广到了其他工程项目上。在 2001—2005 年，应各业主单位和贵州省水库移民办公室的邀请，洪家渡水电站移民监理部主要监理人员作为移民监理和移民工作的专家，先后多次到贵州省乌江流域的构皮滩、引子渡、乌江渡扩机等大型水利水电工程进行咨询，对这些工程项目的移民监理和移民实施工作进行检查和指导。因此，洪家渡水电站移民监理对西部大开发中贵州省移民监理工作的全面推行，起到了一定的推动作用，为乌江流域乃至贵州省移民监理工作的开展，做出了示范性的贡献。

在此阶段，一系列规章制度、条例和规范的出台，保证了移民综合监理政策实施工作的有序开展，并进一步规范了移民综合监理工作。纵观我国移民监督评估管理的发展历程，涉及乌江流域的各个水电工程从 21 世纪开始，乌江流域贵州省境内逐步推行了相关的监督评估法律、法规。

2011 年 11 月，贵州省移民局颁布了《贵州省大中型水利水电工程移民安置建设项目管理暂行办法》（黔移发〔2011〕38 号），明确提出了监理管理。项目建设实行工程监理。工程监理单位必须执行项目建设有关规程规范，依据设计文件、工程质量检验评定标准进行监理；移民监督评估单位必须跟踪项目实施的全过程，包括施工招投标、项目年度计划的制定、工程款支付、设计审查、设计变更、建设进度、施工质量、施工安全、竣工验收等，并承担相应责任；工程监理人员在监理工作中对设计和施工存在的问题，应及时以书面形式通知施工单位、设计单位、移民监督评估单位、项目法人和移民管理机构，并提出处理意见；移民监督评估单位要对相关问题进行核实并提出书面处理意见，责成项目实施单位进行整改，将处理情况上报委托单位。项目法人原则上应依据工程监理单位签署的意见拨付工程款，并报移民监督评估单位备案。

近年来，贵州省为从源头上预防和降低大中型水利水电工程移民安置可能产生的社会风险，对可能影响社会稳定的情况及时预警，落实防范、化解和处置措施，确保移民安置顺利实施和社会和谐稳定，进行了大量的工作。主要体现在以下几个方面：一是建立高效快捷的运转机制，成立了突发公共事件应急工作领导小组。二是事先对可能出现的社会风险进行评估，评估工程的合法性，是否符合国家的法律、法规和政策；评估工程的合理性，是否兼顾了大多数移民群众的利益需求；评估工程的稳定性，是否征求了广大移民群众的意见和安置区居民的意见；评估工程的科学性，是否符合本地经济社会发展的总体水平，是否具有相关政策的连续性和严密性，是否具体、完善、具有可操作性，出台的时机是否成熟。三是建立由风险评估审查部门组织、风险评估承办单位和有关部门参与的阶段性维稳会商制度，及时掌握动态信息，及时调整对策措施，及时化解实施过程中遇到的问题和矛盾。四是群体性事件一旦发生，就按照事先确定的预案进行及时处置，化解矛盾与冲突。五是事后加强维护稳定工作，建立长效的社会和谐机制。

经过十年的积累，贵州省移民的社会风险处置机制基本建立和健全。2011年《中共贵州省委关于新形势下加强和创新社会管理工作的意见》（黔党发〔2011〕15号）、2010年《中共贵州省委办公厅贵州省人民政府办公厅印发〈关于在全省建立重大决策重大工程社会稳定风险评估机制的意见〉的通知》（黔委厅〔2010〕18号）、2010年《贵州省人民政府关于进一步加强移民工作的意见》（黔府发〔2010〕12号）及《贵州省大中型水利水电工程移民安置社会稳定风险评估暂行办法》（黔移发22号），将防范移民工作社会风险提炼成了省委、省政府的决策，这是贵州省移民社会风险处置机制形成的重要标志。移民安置社会稳定风险评估，是指对移民安置规划编制、移民安置政策的制定或调整等重大事项可能影响社会稳定的因素开展调查、识别、分析、评价，制定风险应对策略和应急预案。移民安置社会稳定风险评估应当按照"属地管理、谁决策、谁评估、谁负责"的原则，明确评估实施、评估论证、评估审查、责任追究主体。评估范围涉及大中型水利水电工程移民安置规划编制，关系广大移民群众切身利益的移民安置政策制定或调整，法律法规规定应进行社会稳定风险评估的其他事项。该办法还明确规定，移民安置规划社会稳定风险评估报告及审查意见是移民安置规划审核的重要依据。未编制移民安置规划社会稳定风险评估报告或风险评估报告未经审查通过的工程项目，各级移民管理机构不得审核批准其移民安置规划。对应当进行社会稳定风险评估而未实施评估，或未严格执行评估审查意见，引发规模性集体上访或群体性事件，造成严重社会影响的，按照《贵州省维护稳定工作责任制暂行规定》（黔委厅字〔2006〕9号），对有关部门、单位及其主要责任人和直接责任人进行责任追究。

2011年11月1日，为加强大中型水利水电工程移民规划实施的监督管理，规范大中型水利水电工程移民规划实施稽查行为，保障移民规划实施质量和移民资金安全，维护移民合法权益，根据《大中型水利水电工程建设征地补偿和移民安置条例》、水利部水库移民开发局《大中型水利水电工程移民规划实施稽查暂行办法》等有关规定，省移民局制定了《贵州省大中型水利水电工程移民规划实施稽查暂行办法》（黔移发〔2011〕40号），大中型水利水电工程移民规划实施稽查（以下简称"移民稽查"）工作的基本任务，是对经批准的大中型水利水电工程移民规划实施情况进行全过程的监督管理。大中型水利水电工程移民规划包括移民安置规划、后期扶持规划、库区和移民安置区基础设施建设和经济发展规划。

在组织管理上，省级移民管理机构负责本省行政区域内移民稽查工作。其主要职责是：①贯彻落实国家和省有关移民工作的方针、政策，研究制定移民稽查工作规章制度；②研究制定年度移民稽查工作计划；③组织开展移民稽查工作；④收集汇总和发布移民稽查信息，发出整改意见通知书；⑤督促移民稽查整改意见的落实；⑥负责移民稽查组工作人员的管理。

移民稽查工作实行移民稽查工作组制。根据工作需要，成立由省级移民管理机构稽查处为主，相关处室人员组成的稽查工作组，必要时可邀请相关部门、有关专家或抽调市、县级移民管理机构相关人员参加。移民稽查工作组的主要职责是：①负责移民项目的现场稽查工作；②客观、公正地评价被稽查项目的情况，以书面形式提交稽查报告，对存在的问题提出建议和整改意见；③督促有关整改意见的落实。

2011年11月1日，为加强大中型水利水电工程移民安置管理，规范移民安置监督评估行为，根据《大中型水利水电工程建设征地补偿和移民安置条例》、水利部《大中型水利工程移民安置监督评估管理暂行规定》等有关规定，贵州省移民局制定了《贵州省大中型水利水电工程移民安置监督评估管理暂行办法》（黔移发〔2011〕41号）。针对贵州省行政区域内大中型水利水电工程移民安置的监督评估和对移民监督评估活动的管理。省级移民管理机构负责对全省大中型水利水电工程移民安置监督评估工作实施监督管理。市、县级移民管理机构对本行政区域内大中型水利水电工程移民安置监督评估工作实施监督管理。

移民安置监督评估，是指具有资质的监督评估单位受签订移民安置协议的地方人民政府或其授权的移民管理机构和项目法人共同委托，对移民安置的进度和质量、移民资金的使用和管理以及移民生产生活水平的恢复情况等进行监督评估的活动。该办法规定了移民安置监督评估单位应在资质许可范围内承揽监督评估业务，从事监督评估活动应当遵循守法、诚信、公正、独立、科学的原则，应当对其监督评估成果负责。

在移民安置监督评估委托上，签订移民安置协议的地方人民政府或其授权的移民管理机构和项目法人（以下简称"委托方"）应当采取招标的方式，共同委托具有相应资质的移民安置监督评估单位，并依法签订监督评估合同。两个以上具有资质的移民安置监督评估单位，可以组成一个联合体承接移民安置监督评估业务。联合体各方应当签订协议，明确各方应当承担的工作和责任，并将协议提交委托方。联合体的资质等级，按照资质等级较低的一方确定。联合体中标的，联合体各方应当共同与委托方签订合同，就中标项目对委托方承担连带责任。委托方和负责移民安置实施的地方人民政府应当为移民安置监督评估单位提供必要的工作条件和有关移民安置实施的信息资料，支持移民安置监督评估单位独立开展移民安置监督评估业务，不得要求移民安置监督评估单位从事违反国家有关规定的活动。

在移民安置监督评估实施上，移民安置监督评估实行总监督评估师负责制。总监督评估师应当由具有工程类、经济类等与移民工作相关的高级专业技术职称和三年以上移民安置评估工作经历的移民安置监督评估师担任。移民安置监督评估单位应按下列程序实施移民安置监督评估：①监督评估单位应于委托监督评估合同签订后，及时组建移民安置监督评估机构，配置满足监督评估工作需要的有关专业设备、工具和办公设施，选派总监督评估师和监督评估师进驻现场；②按照经批准的移民安置规划和项目实际情况，编制移民安置监督评估大纲，明确项目监督评估机构的工作范围、内容、目标和依据，确定移民安置监督评估工作的制度、程序、方法和措施，并报委托方备案；③按照移民安置监督评估工作大纲和移民安置年度计划，编制移民安置监督评估实施细则，内容应包括移民安置项目的特点、监督评估工作的流程、控制要点和目标，监督评估工作的方法和措施等，要求详细具体、具有可操作性；④按照移民安置监督评估工作大纲和实施细则开展移民安置监督评估工作，按合同编制移民安置监督评估月报、年度计划实施情况监督评估报告。

移民安置监督评估单位应当采取现场监督、跟踪、检查、资金审核、监测评估等多种方式对移民安置实施全过程监督评估，发现问题应当及时报告委托方，并提出整改建议。移民安置监督评估单位应在监督评估过程中做好信息和档案管理工作，对有关资料和文件承担保密责任，并积极配合审计、监察和社会中介机构开展审计、监察和监督等工作。移民安置达到阶段性目标和移民安置工作完毕后，移民安置监督评估单位应配合移民安置验收组织单位做好阶段性验收和竣工验收工作，应当向验收组织单位和委托单位提交阶段性移民安置监督评估报告和监督评估总报告。对验收中提出的问题，应督促整改，及时报告整改情况。

在移民安置监督评估内容上，移民安置监督评估分为移民安置实施情况监督评估和移民生产生活水平恢复情况监督评估。移民安置实施情况监督评估是对移民安置和专业项目实施进度及质量、移民资金的拨付和使用情况等进行监督评估，主要包括农村移民安置、城（集）镇迁建、工矿企业迁建、专业设施迁（复）建、库底清理、移民资金的拨付和使用等内容。

移民安置进度监督评估主要内容包括：①协助委托方审核有关地方人民政府和单位提交的移民安置年度计划；②对移民安置年度计划执行情况进行跟踪检查与监督，并提出监督评估意见；③对移民安置实施过程中出现的规划设计变更，提出监督评估意见；④参与移民安置进度计划协调会议，提供有关监督评估资料。

移民安置质量监督评估主要内容包括：①督促有关地方人民政府和单位严格按批准的移民安置规划组织实施，对移民安置质量进行检查监督；②参与移民安置项目质量问题处理；③参与移民安置专业项目的验收工作；④对移民安置质量提出监督评估意见。

移民资金的拨付和使用情况监督评估主要内容包括：①跟踪检查移民资金拨付和使用，监督有关地方人民政府和单位按照批复的概算和年度投资计划合理使用资金；②协助委托方对移民安置预备费的使用提出意见；③协助委托方审核有关地方人民政府和单位报送的移民安置年度计划资金拨付和使用情况统计报表；④对移民资金拨付和使用效果提出监督评估意见。

移民生产生活水平恢复情况监督评估主要内容包括：①建立移民安置前的生产生活水平本底资料；②跟踪检测移民安置规划确定的移民生产生活水平恢复措施的实施情况及效果；③跟踪监测移民安置后的生产生活水平恢复情况；④对移民生产生活中出现的问题提出改进建议并报委托方。

第 5 章
移民安置实施效果

5.1 水电工程与地方经济社会发展

大型水电工程的开发建设对当地以及相关地区社会经济发展具有明显的拉动作用，特别是对于我国欠发达地区的拉动作用尤为显著。大型水电工程具有投资巨大、技术密集、人力密集、产业关联度大、投资时间长等特点，是国民经济发展的基础设施。

以乌江流域水电梯级开发为核心的"西电东送"水电工程是落实国务院推进西部大开发战略的重要举措，也是促进东西部优势资源互补、共赢的重要途径。贵州省通过以"西电东送"为重点的能源建设，将资源优势转化为经济优势，并取得了重大突破，使能源工业成为贵州省第一大支柱产业，与广东省等受电省份实现了互利共赢，拉动了第三产业和其他产业的发展，促进了地方经济社会的发展。根据乌江流域各县 2001—2010 年共十年数据的研究结果可以发现，乌江水电开发促进了乌江沿岸县域的人均 GDP、当地财政收入、农牧渔业总产值、农村人均收入、第二产业与第三产业就业、社会销售总额、乡镇企业销售总额等显著提高，使乌江沿岸县域的贫困率显著下降。通过"西电东送"，既推动了贵州省经济社会的快速发展，也解决了东部经济快速发展不断增长的用电需求。

乌江水电开发步伐的加快，极大地推动了电站周边地区和全省的经济发展，推进了贵州省经济结构调整和资源优化配置，带动了当地居民经济结构形式的多样化，改善了电站所在地的交通和供电情况，拉动了旅游、饮食、养殖、运输、建材等相关产业的发展，提高了当地居民的生活水平，推动了地方文化教育事业的发展，促进了地方社会管理水平的优化，也为保障贵州省电网的安全、稳定运行，以及改善乌江流域生态环境发挥了重要作用，带来了良好的社会效益。

5.1.1 基础设施建设日益完善

水电建设给工地和区域内外带来大量物资的运输和人员的流动，相应地必然发展和改善交通设施。乌江流域水电工程建设给贵州省基础设施建设带来了良好的发展契机、财政收入的稳定增长，确保了民众生活和社会的快速发展，同时也加大了对基础设施建设和重点事业的投入，大多数外迁移民安置区的水、电、路、文、教、卫的问题已基本解决，加快了地区建设速度，建成了交通、水利、通信等一大批重大基础设施项目，有效提高了基础设施建设水平，城乡面貌焕然一新。

5.1.1.1 交通运输

乌江流域内煤、铝、磷、锰、汞等矿产资源极其丰富，具备综合开发的优越条件。区内梯级电站的建设从前期筹备、项目施工直至建成运行，整个过程都促进了交通基础设施的发展、完善，加快了包括公路、铁路、水路等模式的立体交通运输网络的形成。

1. 公路

乌江流域内交通运输仍以公路为主。公路交通以贵阳市、遵义市为中心，有渝黔、滇黔、黔桂、渝湘 4 条省际公路干线。2000—2005 年、2006—2012 年贵州省公路线路里程年变化如图 5.1-1、图 5.1-2 所示。

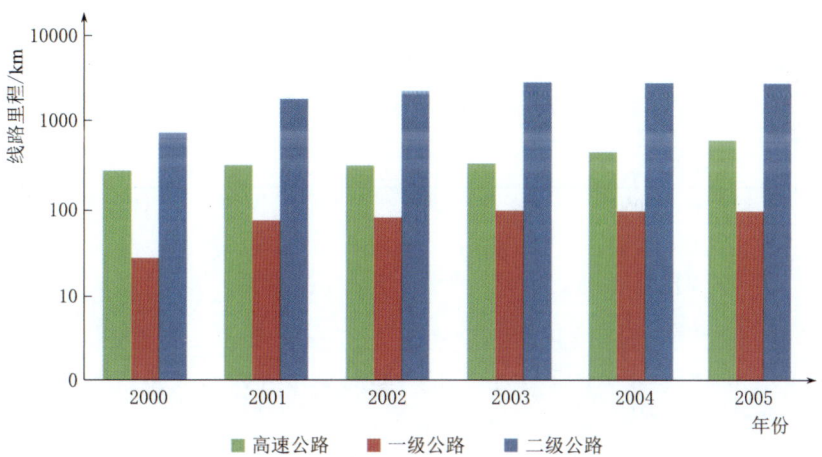

图 5.1-1　2000—2005 年贵州省公路线路里程年变化

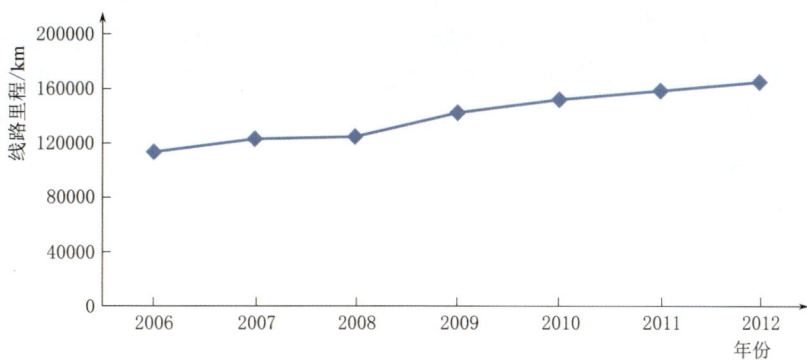

图 5.1-2　2006—2012 年贵州省公路线路里程年变化

从"十五"到"十二五"建设期间，贵州省省内公路里程平均增长速度为 13.9%。电站的建设在一定程度上增加了公路网络，改善了原有的公路状况。公路里程的增加、公路状况的进一步改善，为地区公路交通的发展提供了基础条件。同时，在电站建设过程中，大量人口向电站所在地区集聚，电站建成后，地区城镇化水平提高，旅游业更加繁荣，从而显著增加当地客流量，都有力推动了公路交通运输业的发展。

2. 铁路

贵州省铁路近年发展迅速。黔桂、滇黔、川黔、湘黔、渝怀、内昆 6 条铁路干线通过乌江。其中，尤以川黔线和滇黔线在流域内通过地段最长，成为流域内交通的主干。在梯级电站建设前期，贵州省的铁路建设事业一直停滞不前。在 1998 年东风水电站以及 2004 年索风营水电站等大型水电站建成以后，铁路建设事业进入了高速发展时期，铁路线路营业里程稳步扩大，展示了梯级电站建设的强大纽带效应。2000—2012 年贵州省铁路线路营业里程年变化如图 5.1-3 所示。

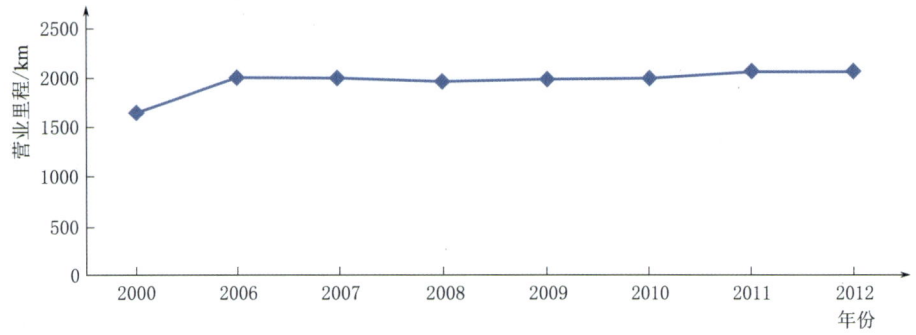

图 5.1-3　2000—2012 年贵州省铁路线路营业里程年变化

到 2015 年，贵州省铁路线路营业里程达 3037km，其中高速铁路通车里程 701km，铁路出省通道增至 12 个，实现了"十二五"期间贵州省铁路线路里程突破三千大关的目标。

3. 水路

多年来，乌江航运事业发展缓慢，甚至出现停滞不前现象。水库的建设在一定的范围内可以开展短途航运业务，既可以解决山区交通不畅的问题，又可以解决部分农户转产就业问题，改善了山区的交通运输能力，形成了水路交通网络，促进了水路运输业的发展。梯级电站建设使干流和主要支流回水长度增加，大大增加通航里程和通航能力，使得库内、流域内库间航运都得以发展。内河航道里程为 3661km，高等级航道为 690km。

总的来看，自乌江流域水电站建立运行发电以来，周边地区的交通运输，包括公路、铁路、水路等都得到了快速的发展。2000—2005 年贵州省省内运输线路长度统计见表 5.1-1。

表 5.1-1　　　　2000—2005 年贵州省省内运输线路长度统计

指标名称	2000 年	2001 年	2002 年	2003 年	2004 年	2005 年	2005 年比 2004 年增长率/%
铁路长度/km	1642	1644	1893	1900	1891	1986	5
公路长度/km	34643	34617	44220	45304	46128	46893	1.7
内河航道长度/km	2132	2132	2132	3322	3322	3322	持平

资料来源：《贵州统计年鉴 2005》。

通过上表可以看出，2000—2005 年，由于乌江流域水电站的建立和投入使用，贵州省省内交通运输路线长度总体呈上升趋势，促进了省内货物、旅客运输量的不断增长。到 2015 年，贵州省全年铁路、公路、水运货物周转量分别为 458.25 亿 t·km、897.10 亿 t·km、37.15 亿 t·km，占全省货物周转量的比重分别为 32.9%、64.4%、2.7%。铁路、公路、水运旅客周转量分别为 207.54 亿人·km、440.42 亿人·km、5.52 亿人·km，占全省旅客周转量的比重分别为 31.8%、67.4%、0.8%。民航货邮吞吐量为 8.96 万 t，比上年增长 7.9%；民航旅客吞吐量为 1563.28 万人次，比上年增长 10.0%。2011—2015 年贵州省货物、旅客运输量见表 5.1-2。

表 5.1-2　　　　　　　　　　2011—2015 年贵州省货物、旅客运输量

指标名称		2011年	2012年	2013年	2014年	2015年	2015年比2014年增长率/%
货物周转量/(亿 t·km)	总计	1060.69	1177.78	1292.11	1442.24	1392.51	5.0
	铁路	696.36	693.68	655.85	634.35	458.25	−11.6
	公路	350.10	467.60	610.64	776.95	897.10	15.5
	水运	14.23	16.50	25.62	30.94	37.15	20.1
民航货邮吞吐量/(万 t)		6.93	7.97	7.76	8.31	8.96	7.9
旅客周转量/(亿人·km)	总计	631.74	718.22	593.62	635.50	653.48	8.1
	铁路	204.58	199.20	211.21	217.39	207.54	11.2
	公路	422.01	513.07	377.87	412.92	440.42	6.7
	水运	5.15	5.95	4.54	5.19	5.52	6.4
民航旅客吞吐量/万人次		747.02	890.99	1125.46	1420.68	1563.28	10.0

资料来源：《贵州省2015年国民经济和社会发展统计公报》。

从以前的地区公路总量较少、公路等级较低、通行条件差、通行能力低，到现在的通航设施建设完善、通航建筑物标志明显，城间、城乡间、乡（村）间能行驶汽车的公共道路总量增加，公路通过城镇街道的里程、公路的桥梁变长，渡口的宽度加大，使贵州省省内乌江航道得以延长，船舶货运组织方式优化，各种运输工具实际运送的货物（旅客）数量增加，千吨轮船经乌江抵达沿河、德江、思南、石阡等地，经济走廊的价值倍增。有利于加快农产品商品化的推进、移民收入的增长、旅游业的发展，促进了地区之间的交流与合作。

5.1.1.2　水利设施

乌江干支流多为山区河流，两岸陡峻，滩险流急，河道坡降较大，河床覆盖层浅，具有不少可开发的优良水利枢纽地址。乌江流域年降雨量一般在900～1400mm，这是该流域水资源的主要来源，水资源指标都远高于全国平均水平。全省水能蕴藏量为1874.5万kW，居全国第六位，经济可开发水能资源为1633万kW，居全国第四位。乌江梯级电站建成后，通过大型水库调节、跨流域电力补偿等措施，明显放大了整体的发电效益，其防洪蓄水功能和调节供水功能都比单个电站的总和大得多，从而优化了水资源配置，提高了水资源利用效率。

1. 人畜饮水状况

虽然水源总量充足、水能资源丰富，但仍存在部分供水水源缺乏地区。主要是少数民族聚居区和边远贫困地区，这些地区交通不便、村寨分散、河谷深切、相对高差较大，村寨居住的地理位置高。乌江水电工程的建设使这些水源缺乏的地区获得便利。通过安装普及自来水或集中供水点，丰富了水源获取渠道，起到了调节水量的作用，保证维持其生活用水量。据贵州省大中型水库移民后期扶持政策实施情况2006—2010年监评报告中样本村监测显示，村内"组组通"要求的基础设施覆盖率已接近50%。同时，严格控制库区和移民安置区饮用水质，防止出现各项指标的超标情况，有效改善和提高了当地居民的生

活质量与生活水平。

2. 农田水利设施状况

一些移民安置区是石灰岩地带，属于典型的喀斯特地貌，农业抵御自然灾害的能力不强。加之，大部分提灌设施建于20世纪70—80年代，提灌站由于年久失修或设备老化，不能利用；多数渠道渗漏或淤塞。据贵州省大中型水库移民后期扶持政策实施情况2006—2010年监评报告中样本村监测显示，随着农田水利项目的实施，各村灌溉井总量增加66%，水闸、泵站总量分别增加75%和24%。因此，乌江流域水电工程的开发与建设，给这些地方的农田水利带来了便利，引进了高新科技和先进的农业灌溉技术，使得乌江流域各类水利设施不断完善，有效扩大了农业灌溉面积，提高了单位面积粮食产量，促进了乌江流域农业经济的发展。

5.1.1.3 电力电信设施

乌江流域的电力和信息通信基础建设明显加快。已完成电网建设投资3.12亿元，一批骨干输变电工程相继投入使用，城市与农村供电网改造力度加大，实现了城乡同网同价。乌江思林水电站、库区60%在沿河的乌江彭水水电站已建成投运，新建的乌江沙沱水电站也于2013年投产发电，这些产业带星罗棋布的小水电，形成了生产前景看好的清洁能源。

梯级电站增加了乌江流域的发电总量。据统计，2005—2013年，乌江流域梯级水电站综合发电耗水率总体呈逐年明显下降趋势，节约水量总和约220亿 m^3，折合成电量约56亿kW·h，累计创造效益接近14亿元。2000—2012年，新增水电装机容量640.5万kW，水电总装机达754.5万kW，较2000年翻了三番，乌江水电总发电量达到1782亿kW·h，创造了巨大的经济效益。随着时间的推移，乌江梯级水电站对贵州省电网的安全、稳定、经济运行和对"西电东送"高质量电能输送的作用将更加显著。

1. 供电状况

为满足贵州省电网负荷发展和"西电东送"的需要，2005年，贵州省电网总装机容量为1051.9万kW，其中较前一年新增558.1万kW；水电装机容量为227.9万kW，其中较前一年新增131万kW；外送容量300万kW（包括外送广西壮族自治区的50万kW容量）。2010年，贵州省电网总装机容量为1730.9万kW，其中较前一年新增679万kW；水电装机容量为411.9万kW，其中较前一年新增132万kW；贵州电网外送容量650万kW。至2017年，贵州省境内9座乌江干流水电站，总装机容量为7395MW，年发电量为298.1亿kW·h。除了单个电站的发电量增加外，梯级电站的建设对整体的发电效益有很大的提高。各个电站之间通过水量调节、实现跨流域电力补偿、采取统一上网报价措施等，可以使得总体的发电效益大于单个电站发电效益总和。据贵州省大中型水库移民后期扶持政策实施情况2006—2010年监评报告中样本村监测显示，各村供电保证率达99%以上。

2. 通信、广播电视状况

乌江流域梯级电站的建设促使周边区（县）的电力建设都得到很大的发展。梯级电站电网比单个电站的辐射范围要大，不仅仅是电源，还包括输变电线路和设备的建设，使得电网建设水平得到提高。由于梯级电站的建设位置都处于深山峡谷中，使得电网的覆盖面涉及更多的偏远地区，促进了这些偏远地区的电力建设，梯级效应比较明显。

目前，移民安置区基本安装了电视卫星接收装置和有线电视，可以收看几十甚至上百个地方电视频道，实现了广播电视村村通。同时，当地也逐步实现了信息通信网络全覆盖产业带，正在加快建设高速信息通道，推动乌江流域的信息化建设步伐，让当地居民在快速发展的新媒体时代体验到互联网给人们带来的方便与快捷。贵州省历年电信主要指标统计（2005—2008年）见表5.1-3。

表5.1-3 贵州省历年电信主要指标统计（2005—2008年）

指标名称		2005年	2006年	2007年	2008年	2008年比2007年增长率/%
年末固定电话用户数/万户	总计	466.49	493.91	521.19	499.61	−4.1
	农话用户数	138.23	176.77	209.99	217.6	3.6
	城市电话用户	328.26	317.14	311.2	282.01	−9.4
公用/万户		38.4	42.66	40.97	35.97	−12.2
住宅电话/万户		360.69	390.1	421.17	392.29	−6.9
净增电话用户/万户		148.31	27.42	27.28	−21.58	−179.1
移动电话用户/万户		509.42	646.2	834.05	1185.84	42.2
数字数据网用户/户		5830	5300	4300	2580	−40
互联网宽带接入用户/万户		33.77	51.03	68.19	85.13	24.8
电话普及率/（部/百人）		25	29.33	34.09	44.44	30.4
国内长途电话/万次		77609	74939	103754	114322	10.2
国际及港澳长途电话/万次		155.79	205.57	252.32	313.66	24.3

资料来源：《贵州统计年鉴2008》。

由上表可以看出，2005—2008年，电信指标中固定电话使用量由最初的增加变为减少，而互联网、移动电话等的使用人数不断上升，长途电话的使用频率也在增加。这一现象主要由于乌江流域水电站的建设，水电资源的高效利用使得当地居民生活水平提高、移动网络普及、人口流动增加。

查阅贵州省2015年国民经济和社会发展统计公报可知，2015年该省的全年邮电业务总量达514.87亿元，比上年增长34.9%。其中，电信业务总量为481.10亿元，比上年增长35.9%；邮政业务总量为33.77亿元，比上年增长21.7%。快递业务总量为7034.25万件，比上年增长50.7%；快递业务收入为13.24亿元，比上年增长34.9%。2015年年末全省电话用户数为3484.85万户，其中移动电话用户为3172.31万户，电话普及率为101部/百人；固定互联网用户为391.3万户，光缆线路长度突破60万km，互联网宽带接入端口916.7万个；移动通信基站16.3万个。2015年年末贵州省广播综合人口覆盖率为92.3%，电视综合人口覆盖率为96.0%。

随着乌江流域基础设施的完善，库区生态游、观光游增多，地方生态环境不断优化，生态良性循环机制正在形成，这些都在一定程度上促进了地方经济社会的发展。

5.1.2 科教文事业快速发展

乌江流域梯级电站的开发建设也同样带来了地方文化教育的发展。一方面，水电站的建设带动了区域人口的流动,促进了地域文化的互动、传播和交流,实现文化的多样化发展。另一方面,工程的建设面临着人口的集中化,移民安置工作的实施需配套一系列教育设施的新建与完善。为了方便乌江流域学龄儿童集中教学,地方政府加大了教育投入,增建教学楼,扩建新校区,完善教学设施,提供了现代化的教育环境。与此同时,各地政府开始注重科技文化事业的建设,鼓励支持多元文化推广,推动了乌江流域城乡文化教育的共同发展。主要表现在学龄人口入学率的提高、大专文化程度人数的增长、劳动力平均受教育年限的增加、科技成果数量的逐年增长、体育事业和文艺表演内容的日益丰富等。

5.1.2.1 教育事业

贵州省 2005 年、2012 年各市(州、地)教育事业主要指标统计见表 5.1-4。由数据比较可知,2005 年全省高等学校共有 31 所,到 2012 年增建到 54 所,在校学生人数也呈现出上升的趋势。其中,中学和小学的数量出现了有增有减的现象,这主要是由于地方的水电开发建设使得部分市(州、地)的教育投入增加,入学率上升,教育水平得到提高,高等教育的需求也随之增加;而另外一部分地区由于移民安置、区域建设等客观原因,一些学校扩建合并,使得该地区学校总量稍减,但得益于校区扩建合并后专业化的教学和优质的师资条件,教学质量在不断提升,培养出了更多全面综合发展的人才。

表 5.1-4 贵州省 2005 年、2012 年各市(州、地)教育事业主要指标统计

市(州、地)	高等学校/所		高等学校在校学生/人		普通中学/所		普通中学在校学生/人		小学/所		小学在校学生/万人	
	2005 年	2012 年	2005 年	2012 年	2005 年	2012 年	2005 年	2012 年	2005 年	2012 年	2005 年	2012 年
贵阳市	14	29	140690	307173	306	315	218994	262927	957	671	37.53	322319
六盘水市	2	2	4242	9262	238	221	210075	258229	1085	153	41.41	287894
遵义市	2	6	13573	53155	548	471	498081	528194	2452	1868	82.86	575768
安顺市	2	4	7590	15505	153	148	165916	159798	1044	904	33.59	243484
铜仁地区	2	2	4576	17074	239	256	267379	303517	1626	1453	48.84	402048
黔西南布依族苗族自治州	2	2	3309	11406	217	249	212782	229039	1136	1076	39.97	351363
毕节市	1	2	4894	17230	422	485	444909	603361	2521	2453	98.75	958741
黔东南苗族侗族自治州	3	3	11982	28869	285	274	283820	279199	1913	1231	46.55	260469
黔南布依族苗族自治州	3	4	17934	23060	260	242	247691	249558	1542	1120	43.91	298717

注 高等学校在校生包括研究生、普通高等教育、成人高等教育。
资料来源:《贵州统计年鉴 2005》《贵州统计年鉴 2012》。

相关数据资料显示,到 2015 年年末,贵州省各级各类学校 2.66 万所,比上年年末下降 3.7%。各级各类学校在校学生 1081.07 万人,比上年年末增长 1.5%;各级各类学校专任教师 48.72 万人,比上年年末增长 5.3%。小学学龄儿童入学率 99.5%,比上年提高 0.4 个百分点;初中阶段毛入学率 104.0%,比上年提高 1.5 个百分点;高中阶段毛入学率 86.1%,比上年提高 8.1 个百分点;高等教育毛入学率 31.2%,比上年提高 1.8 个百分点。总体来看,乌江流域内移民适龄儿童入学率在 1990 年是 91%,随着时间的逐步推

移，流域内适龄儿童入学率逐渐走高，直至 2007 年的 98% 以上。因此，随着乌江水电开发建设的步伐，贵州省的适龄儿童入学率在增长，受教育年限在不断增长，当地居民的文化水平也得到了很大的提高，主要体现在全省招生、在校生、毕业生人数的逐年增长上。2015 年全省招生、在校生、毕业生人数见表 5.1-5。

表 5.1-5　　　　　　　　2015 年全省招生、在校生、毕业生人数

指标名称	招生人数		在校生人数		毕业生人数	
	绝对数/万人	比上年增长率/%	绝对数/万人	比上年增长率/%	绝对数/万人	比上年增长率/%
研究生教育	0.54	6.1	1.55	5.6	0.45	3.2
普通高等教育	16.02	9.8	50.09	8.8	11.68	17.3
高等职业院校	8.44	15.9	19.87	15.6	4.71	17.9
中等职业教育（学校）	22.81	-3.3	60.25	10.7	11.88	9.5
普通高中	34.35	-1.6	97.89	3.8	28.07	17.7
初中学校	63.27	-5.2	197.97	-4.3	70.24	4.2
普通小学	57.24	3.2	346.31	0.0	63.69	-4.2

资料来源：《贵州省 2015 年国民经济和社会发展统计公报》。

以毕节市为例，该地区小学生在校人数从 2005 年开始逐年增长，于 2010 年达到最高值；2005—2010 年，普通中学和高等学校学生人数一直趋于上升，其中中学学生人数由于基数较大，涨幅较为明显。随着 2004 年、2005 年间索风营、洪家渡、引子渡水电站的陆续投入使用，移民安置工作的有序进行，毕节市的教育事业投入加大，学龄儿童入学率不断增长，教育水平也得到了明显提高。2005—2012 年毕节市在校生数如图 5.1-4 所示。

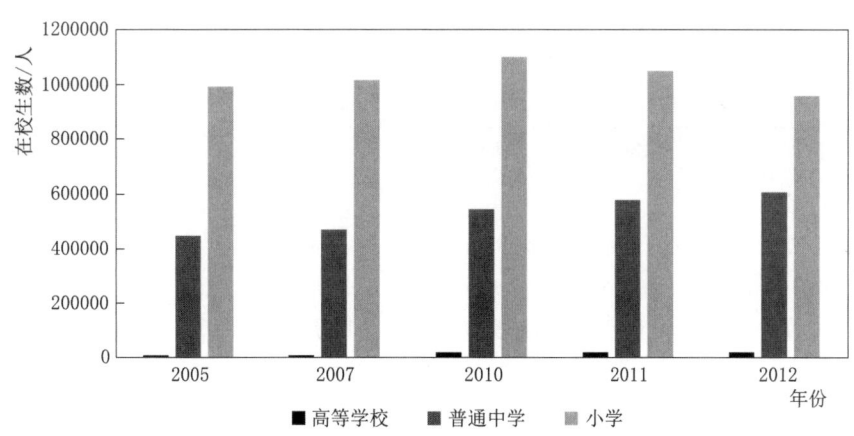

图 5.1-4　2005—2012 年毕节市在校生数

（资料来源：《贵州统计年鉴 2005》《贵州统计年鉴 2007》《贵州统计年鉴 2010》《贵州统计年鉴 2011》《贵州统计年鉴 2012》。）

5.1.2.2 科技成果

科技发展方面，2015年全年贵州省部级以上科技成果登记115项，比上年下降21.8%。其中，基础理论成果25项，比上年增长13.6%；应用技术成果89项，比上年下降28.2%。签订技术合同654项，比上年下降0.6%，成交金额2.60亿元，比上年增长29.8%。专利申请18295件，比上年下降18.6%。授权专利14115件，比上年增长39.7。完成产品认证的企业有545个，比上年增长21.1%。全省综合科技实力逐步增长。2015年贵州省科技发展主要情况见表5.1-6。

表5.1-6　　　　　　　　2015年贵州省科技发展主要情况

指标名称		数值	比上年增长率/%
省部级以上科技成果登记/项	总计	115	-21.8
	基础理论成果	25	13.6
	应用技术成果	89	-28.2
	软科学成果	1	持平
签订技术合同/项		654	-0.6
成交金额/万元		260190	29.8
公有经济企业、事业专业技术人才/万人		66.6	3.7
中级及以上专业技术职称人员/万人		29.47	3.7
全省中级及以上技能人才数/万人		33.92	5.0
专利申请/件		18295	-18.6
授权专利/件		14115	39.7
产品质量监督机构/个		48	-14.3
国家产品质量监督检验中心/个		4	100
产品质量、体系认证机构/个		1	持平
完成产品认证的企业/个		545	21.1
法定计量技术机构/个		113	持平
强制检定计量器具/万台件		41.81	39.5

资料来源：《贵州省2015年国民经济和社会发展统计公报》。

5.1.2.3 文化艺术

文艺表演方面，至2015年年末贵州省共有艺术表演团体41个，群众艺术馆、文化馆98个，公共图书馆96个，档案馆107个，博物馆、纪念馆74个，艺术表演场所6个，乡镇综合文化站1565个。全年图书出版量10361.01万册，杂志出版量1750.98万份，报纸公开发行3.22亿份。文化艺术全面发展，极大地丰富了当地居民的精神文化生活。

在乌江水电工程建设过程中，还考虑到少数民族移民的特殊性，为了促进少数民族移民文化教育事业的发展，提高少数民族的文化教育水平，对少数民族移民相对集中安置区域的文、教、卫等公共设施给予必要的倾斜扶持，在半通或不通汉语的民族移民点，开办双语教学点或双语教学班。另外，贵州省于2014年开展了移民避险解困第一批试点工作，实施教育培训计划，根据帮扶对象年龄结构、文化程度及职业现状，采取高职教育、农业实用技能培训、就业技能培训、创业培训、购买公益性岗位等方式,重点开展对口培训、订单培训和证书培训,全面提高帮扶对象素质,扩大就业渠道,增强就业能力。

5.1.3 对各产业发展带动作用明显

乌江流经我国西南的贵州省,是水能集中的水电富矿。通过"流域、梯级、滚动、综合"的开发方式,将其资源优势转化为经济优势,有效地降低投入成本,最大限度地缩减能耗。此外,水电开发直接促进了电力开发上下游企业参与地方经济建设,改善了当地硬件环境(交通网络、通信网络、服务配套设施等);通过大量人口流动,产生明显的信息的外溢效应,促进当地居民转变思想观念,改善软环境;梯级电站建设带入的巨大现金流促进了地方金融服务业的发展,改善金融不活跃的状况,吸引投资,为各产业发展构建了良好的投资环境。

水电开发对经济结构调整的推动,对区域间经济的协调发展,对当地投资环境的改善,对地方 GDP 和财政收入的贡献,对流域内及周边地区可持续发展能力的支撑等都有着巨大的贡献,对流域内各个具体产业部门的发展也都具有明显的带动作用。

5.1.3.1 旅游业

川、滇、贵地区具有丰富的旅游资源,特别是贵州省和川西地区的旅游资源以自然风光为主,自然、人文和农业生态旅游资源具有鲜明地域特色,多数地区具有良好的开发潜力。水电开发增加了旅游资源,丰富了旅游内涵。流域梯级电站建设运行后,既有利于整合旅游资源,提升旅游线路的整体开发水平,又改善了旅游服务设施,增加了游客容量,旅游业的收入显著提高。

2015 年,贵州省全年铁路、公路、水运旅客周转量分别为 207.54 亿人·km、440.42 亿人·km、5.52 亿人·km,占全省旅客周转量的比重分别为 31.8%、67.4%、0.8%。民航旅客吞吐量 1563.28 万人次,比上年增长 10.0%。2015 年贵州省全年旅游总人数 3.76 亿人次,比上年增长 17.1%;实现旅游总收入 3512.82 亿元,比上年增长 21.3%。

2017 年,贵州省全年铁路、公路、水路旅客运输总量为 91465.86 万人,比上年增长 2.7%。其中,公路旅客运输总量为 83809.00 万人,比上年增长 2.0%;铁路旅客运输总量为 5458.93 万人,比上年增长 15.5%;水运旅客运输总量为 2197.93 万人,比上年增长 4.9%。2017 年贵州省全年旅游总人数为 7.44 亿人次,比上年增长 40.0%;旅游总收入 7116.81 亿元,比上年增长 41.6%。

5.1.3.2 建筑、建材业

梯级电站建设主要是对钢材和水泥的需求,由于电站建设周期长,在 5~10 年内对建筑材料有着稳定的需求,在较长时期内对当地混凝土、钢筋混凝土等建筑行业的发展产生了持续而巨大的推动作用。同时,由于梯级电站建设带来的城市化进程加快、基础设施配套建设、移民安置点的建设等,都需要大量的钢材、混凝土等建材,这进一步增加了建材的需求量,同时扩大了建材的需求地,不仅仅是电站的建设,对于周边各个县、市,这种间接的影响对其建材行业的发展也都有很强的推动作用。以贵州省钢材产量的年度变化情况为例,根据《贵州统计年鉴(2007—2013)》,钢材产量由 2000 年的 150 万 t 逐渐增长到 2012 年的 560 万 t。

5.1.3.3 矿业、冶金业

乌江流域成矿地质条件好，矿产品种多、储量大，分布相对集中，品质优良，易于开采，在全国具有十分重要的战略地位，是我国西南矿产集中分布地区之一。为了充分发挥资源优势，各矿产资源丰富的地区纷纷加大开发力度，在采矿业、冶炼业迅速发展的同时，电力能源的需求也日益增加。

梯级电站的建设大大改善了乌江流域的矿业和冶炼业的生产条件和发展环境。首先，梯级电站建成后，提供了丰富的水源和成本相对低廉的电力，使矿产资源的开发和梯级电站的建设相结合，促进了矿产资源的开发利用。其次，梯级电站建成后，改善了航道的通航能力，给矿产的运输提供了便利，节约了运输成本，而且也便于聚集矿产，集中冶炼，增加规模效应。最后，梯级电站建成之后，大量的资金、技术和人才等生产要素向乌江流域聚集，有利于形成区域大市场，推动传统矿业的换代升级，提升矿业层次，改善矿业的成长环境，促进当地矿业的持续发展。

5.1.4 有效提高社会管理水平

社会管理主要是政府和社会组织为促进社会系统协调运转，对社会系统的组成部分、社会生活的不同领域以及社会发展的各个环节进行组织、协调、监督和控制的过程。

乌江流域的社会管理是围绕社会管理活动所建立的一系列制度、规范和措施，目的是处理流域内因水电开发建设引起的社会事务，协调社会利益关系，解决社会问题，化解社会矛盾，满足广大移民和群众的社会需求，保障社会有序运行，维护社会和谐稳定，为当地经济社会发展提供保障。1992年，经国务院批准，组建了我国第一家流域水电开发公司——贵州乌江水电开发有限责任公司，依托已建乌江渡发电厂和在建东风发电厂作为启动开发的初始资本，开发建设了乌江干流贵州省境内河段——洪家渡、东风、索风营、乌江渡、构皮滩、思林、沙沱7级水电站，为乌江干流水电开发奠定了良好基础，为乌江流域经济社会发展提供了前提条件，明显提高了当地的社会管理水平。其主要表现在三个方面：乌江流域地区城镇化水平的提高、社会福利事业的发展、社会安全保障体系的完善。其中，城镇化是评价地方社会管理水平的重要指标；社会福利是地方经济与社会协调发展的基本保障；社会安全直接影响着地方经济社会稳定和可持续性发展。

5.1.4.1 城镇化

城镇化是衡量地区社会管理水平的重要指标之一。伴随着我国城镇化水平的稳步提升，乌江流域水电工程在进行大型能源基础设施建设的同时，也在大力推动着当地的城镇化建设。水电工程建设地点大多位于土地资源相对匮乏的山区，由于环境容量不足和经济社会发展水平相对较低，传统移民农业安置的难度很大。尤其是近年来受耕地资源缺乏的制约，为妥善安置水电工程移民，使移民能够实现"搬得出、稳得住、逐步能致富"目标，国内一些地区逐步开展了多渠道、多途径安置方式的研究，结合城镇化多渠道安置水电工程农村移民逐步成为一种选择和发展趋势。作为中国水电大省之一的贵州省，近年来从政策上鼓励和引导移民城镇化安置。构皮滩、洪家渡、思林、沙沱等水电工程移民安置，采取集中与分散相结合、大分散小集中的方式进行，使大量农村移民进入集镇、县城安置，明显提高了城镇化水平。

在兴建水电站的过程中，项目建设方在当地投入大量的资金、改善交通运输条件、提供廉价电力，使一些水电站周围形成了新的城镇及工业区，促进了当地工业经济发展。有些县、市迁往水电站所在地，如构皮滩水电站所在地的构皮滩镇，形成了新的政治、经济中心；由于水库周围供水、供电的便利条件，贵州省乌江梯级电站的"龙头"梯级洪家渡水电站周围已经成为贵州省相当重要的新兴工业区；思南县文家店镇、三道水乡和瓦窑牛角岩新集镇随着思林水电站建设开发而发展。

乌江流域水电梯级开发，推动该地区的城市化进程，使得邻近城镇的城区人口增加，商业活跃，城市规模增大，城市功能日益完善，对区域的辐射能力加强。电站的建设促进和保证了当地财政收入、生产总值和城镇化率的稳步增长，带动了当地经济快速健康发展，提高了当地居民的社会化水平与生活质量。1999年和2012年乌江流域地区与贵州省主要社会经济指标汇总见表5.1-7。

表5.1-7　　1999年和2012年乌江流域地区与贵州省主要社会经济指标汇总表

区域	1999年					2012年					2012年比1999年增长率/%		
	生产总值		县级公共财政收入		城镇人口占比/%	生产总值		县级公共财政收入		城镇人口占比/%	生产总值	县级公共财政收入	城镇人口占比
	数值/亿元	乌江流域地区占贵州省比例/%	数值/亿元	乌江流域地区占贵州省比例/%		数值/亿元	乌江流域地区占贵州省比例/%	数值/亿元	乌江流域地区占贵州省比例/%				
乌江流域地区	623.59	62.56	23.42	53.73	16.53	4156.39	58.60	340.61	54.09	39.4	567	1354	138
贵州省	996.81		43.59		23.9	7092.85		629.72		36.5	612	1345	53

注　贵州省数据根据县级统计数据计算得出，不含市（州）级和省级部分。
资料来源：《贵州统计年鉴2013》《贵州统计年鉴2000》。

由表5.1-7可知，1999—2012年，乌江流域各县的县级公共财政收入、国内生产总值和城镇人口占比明显提高，增长比例分别为100.74%、92.64%和262.46%。伴随着贵州省的财政收入、国内生产总值和城镇化率的提高，乌江流域各县的财政收入和国内生产总值占贵州省相应指标的比重略有下降。从一个侧面反映，乌江流域各县单纯依靠加大基础设施投入以增加财政收入的发展模式得以逐步改变，各县依托水电站建设的契机，努力发展与之相关的第三产业，经济发展模式和道路逐步规范化和可持续化。城镇化率作为衡量社会发展改善水平最明显的指标，乌江流域的增长尤为突出。2012年，乌江流域地区城镇人口占比为39.4%，略高于全省36.5%的城镇人口占比，而1999年该值仅为16.53%，当时全省的城镇人口占比为23.9%。

5.1.4.2　社会福利

地方社会管理水平的提高还体现在社会福利事业的蓬勃发展上。乌江流域水电站的建设与开发促进了地方城镇化的进程，提高了地方产业的生产总值，使得地方政府有能力加大财政投入,积极培养专业人才,鼓励和支持社会福利机构,完善社会服务和设施的供给以推动社会福利事业的发展。

1. 救济支出

社会救助是保障群众基本生活权益、维护社会和谐稳定的"安全网"。伴随着乌江流域水电开发工程的实施,移民安置和后期扶持工作也在进行,对工程移民的救济必不可少,尤其是一些贫困人口。2007—2012年救济支出见表5.1-8。在救济支出方面,2007—2012年财政投入不断加大,从231788万元增加到891463万元,增幅较大。从农村和城镇救济支出来看,农村增幅更大,六年间实现了十倍的增长。可见地方政府越来越重视民生建设投入,真正落实了社会救助制度,完善了救助体系,确保救助工作的公平公正,努力使困难群众得到应有的救助。

表5.1-8　　　　　　　　　2007—2012年救济支出　　　　　　　　　单位:万元

指标名称		2007年	2008年	2009年	2010年	2011年	2012年
总计		231788	319061	433055	522166	830472	891463
优抚对象补助金额		39157	56748	66113	81660	95162	110456
国家支出		39157	56748	66113	81660	95162	110456
传统救济对象的国家救济金额		69833	11873	12575	14628	29995	33180
最低生活保障支出	总计	115493	243291	346696	419143	692908	731412
	城镇	63749	87999	104354	101685	143028	155819
	农村	51744	155292	242342	317458	549880	575593
收养性社会福利单位支出		7305	7149	7671	6735	12407	16415
国家支出		7305	7149	7671	6735	12407	16415

注　2007年传统救济对象的国家救济金额含农村低保支出。
资料来源:《贵州统计年鉴2012》。

2. 救济人员

2007—2012年救济人员见表5.1-9。从表中可以看出,这几年内全省城乡居民最低生活保障人数由逐年增长转变为略有下降,这一现象在城镇和农村救济人数中都得以体现。可见,近年来贵州省各地尤其是乌江流域社会救助工作成果突出,社会和谐稳定,人民生活水平不断提高。

表5.1-9　　　　　　　　　2007—2012年救济人员　　　　　　　　　单位:万人

指标名称		2007年	2008年	2009年	2010年	2011年	2012年
城乡居民最低生活保障人数	总计	309.72	377.86	379.48	588.72	585.23	566
	城镇	53.28	54.52	55.5	53.98	54.34	53
	农村	256.44	323.34	323.98	534.74	530.89	513
传统救济人数		1.89	1.81	1.72	1.7	1.71	1.74
收养性福利单位收养三无对象人数		1.05	1.12	1.14	1.35	2.25	2.34

注　2007年全省全面建立实施农村居民最低生活保障制度,原传统救济对象符合条件的转为农村低保人数。
资料来源:《贵州统计年鉴2012》。

3. 社会福利机构

社会福利事业是以政府为主、社区和社会团体相互补充的体系，它的健康发展离不开社会福利机构。因此地方政府要强化协调配合，注重社区建设，整合各类社会救助资源，鼓励发动社会力量参与救助活动，支持社会力量兴办社会福利机构，为地方福利事业献出一份力量。

2007—2012年社会福利机构见表5.1-10。从表中可以看出，乌江流域水电工程移民安置和后期扶持工作的实施，刺激了社会福利事业的发展，使得地方社会福利机构总量增加。除社会福利企业外每一类社会福利机构数都基本呈现了上升趋势，尤其到2012年社区服务单位数量高达5444个，充分体现了社区管理水平的提高，社区服务治理水平的提升，促进了社区成员生活质量的改善。

表5.1-10　　　　　　2007—2012年社会福利机构　　　　　　单位：个

项　目	2007年	2008年	2009年	2010年	2011年	2012年
总计	1417	1434	1432	1454	1722	7020
收养性福利单位	900	919	948	974	1185	1240
社会福利企业	143	128	90	84	81	59
优抚事业单位	52	54	56	59	62	63
救助类单位	55	56	58	61	64	71
殡仪服务单位	102	105	111	116	119	128
彩票发行单位	10	11	11	13	15	15
社区服务单位	155	161	158	147	196	5444

资料来源：《贵州统计年鉴2012》。

4. 社会福利机构人员

各种类型的组织都是一个以人为核心的相互协作的系统，社会福利机构的高效运营离不开组织成员的共同协作。随着乌江流域移民安置工作的进行，社会福利事业得到了快速发展，尤其是社区服务单位数量激增，对专业性服务人员的需求增加，为地方劳动力创造了更多就业机会，缓解了就业压力。

2007—2012年社会福利机构人员如图5.1-5所示。从图中可以看出，2012年由于社会福利机构数量的增加，机构人员数量也出现了成倍增长，高达35677人。

5.1.4.3　社会安全

加强和创新社会管理水平，需要构建社会安全保障体系，确保人民人身财产安全不受侵犯，实现社会保障公共安全和危机管理的能力的全面提升。社会安全的衡量指标主要包括交通事故、灾害事件、生产事故等的发生频率和对人民生活造成的影响。

1. 交通事故与火灾

2010—2012年三年间贵州省各类交通事故发生数和火灾发生数有明显下降趋势。2010—2012年交通事故发生数见表5.1-11，2010—2012年火灾发生数如图5.1-6所示。

2. 生产安全事故

2007—2012年六年间各类生产安全事故造成的伤亡人数由2007年的2588人下降到2012年的1301人，呈现逐年降低趋势。2007—2012年生产安全事故死亡人数见表5.1-12。

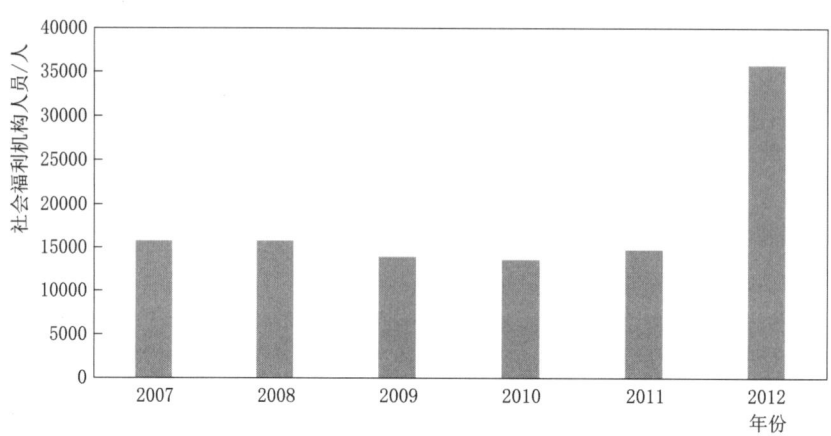

图 5.1-5　2007—2012 年社会福利机构人员
（资料来源：《贵州统计年鉴 2012》。）

表 5.1-11　　　　　　　　　2010—2012 年交通事故发生数　　　　　　　单位：起

指标名称	2010 年	2011 年	2012 年
总计	1764	1566	1361
重大事故	792	746	2
特大事故	65	71	51
机动车	1672	1509	1299
非机动车	8	9	3

资料来源：根据 2012 年贵州省统计年鉴整理。

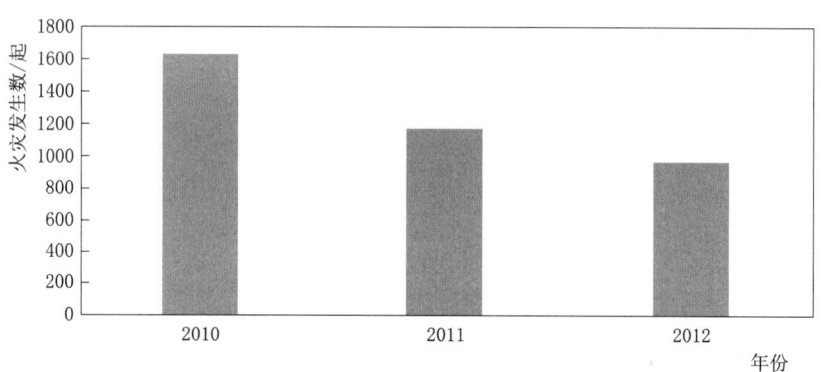

图 5.1-6　2010—2012 年火灾发生数
（资料来源：《贵州统计年鉴 2012》。）

表 5.1-12　　　　　　　　　2007—2012 年生产安全事故死亡人数　　　　　　　单位：人

项　　目	2007 年	2008 年	2009 年	2010 年	2011 年	2012 年
各类事故死亡人数合计	2588	2427	2183	1936	1655	1301
工矿商贸企业	985	863	776	659	523	296

续表

项　　目	2007年	2008年	2009年	2010年	2011年	2012年
火灾	81	77	77	64	54	31
道路交通	1356	1348	1210	1136	1020	931
铁路交通	150	120	95	75	49	38
其他	16	19	25	2	9	5

资料来源：《贵州统计年鉴2012》。

从以上3个图、表的数据可以看出，近几年来各项安全事故总数在减少，其中包括交通事故和火灾，生产安全事故导致的死亡人数也逐年减少。整体来看，贵州省各地社会安全保障体系在不断完善，社会安全性显著提高，地方政府的危机管理的能力也得到有效提升。这些安全问题的减少都与乌江流域水电开发有着紧密的联系，得益于公共基础设施的完善，也是地方管理水平提高的表现。

5.1.5　典型县经济社会发展现状

5.1.5.1　沿河土家族自治县

沿河土家族自治县（以下简称"沿河县"）位于贵州省东北角，乌江下游，属中亚热带季风湿润气候区，其气候主要特点是四季分明、气候温暖湿润，具有良好的光、热资源和气候条件。农业是全县经济的主要支柱，但是人多地少的矛盾十分突出。据《贵州统计年鉴2000》，沿河县人均国内生产总值在铜仁地区所辖10个县（市、区）中排名第10，在贵州省所辖86个县（市、区）中排名第80；人均地方财政收入在铜仁地区排名第9，在贵州省排名第82；农民人均纯收入在铜仁地区排名第10，在贵州省排名第81。因此，沿河县经济有待进一步发展。当地水能资源丰富，为水利水电的建设提供了很好的发展契机，同时也将带动当地整体的社会经济发展。水电工程建成后沿河县先后被冠以麻阳河国家级自然保护区、乌江山峡国家级风景名胜区、中国土家山歌之乡、中国古茶树之乡、中国空心李之乡、中国黑叶猴之乡、中国楹联文化县等诸多荣誉。不得不说，这些成绩都得益于水利设施在当地的建设。

水利水电工程建设时间跨度长、涉及面广，工程使大量资金投入于库区水、电、路等基础设施建设，同时让移民的居住条件和生活水平不断得到改善，迁建后的后期扶持也为沿河县群众安稳致富和当地经济社会快速健康发展提供了重要保障。对口支援的项目内容主要包括新建、改建、扩建人畜饮水工程，援建学校、道路、市场等基础设施，大中型牲畜养殖基地等。这些支援项目在促进移民生产生活恢复、基础设施和社区配套服务设施建设等方面发挥了巨大作用，大量的资金、技术投入促进了库区经济社会的发展。

1. 产业结构优化调整，社会经济稳定持续发展

水电站的建设改变了沿河县以农业为主的生产结构，这种改变为沿河县经济社会发展提供了历史性机遇。"十二五"期间，沿河县大力实施"5个100工程"，努力推进经济发展方式持续转变，三种产业结构从"十一五"期末的40：16：44调整为26.9：18.5：54.6。工业发展的雏形日渐显露，贵州省在当地建立了经济开发区，吸引投产企业53家，累计实现工业总产值42.22亿元；农业由传统农业转型为现代化农业，并建立高效农业示

范园区，并着重发展当地特色农产品，形成规模化和现代化的大型农业生产基地；第三产业发展迅猛，沿河县紧跟经济发展的步伐，着力打造当地特色的文化旅游产业和乡村特色生态旅游，"十二五"期间旅游综合收入达到21.61亿元，较"十一五"期间增长了126%，同时拉动了诸如金融保险、餐饮住宿、信息服务、文化科技等其他第三产业的发展。产业结构的转型为当地的社会经济发展注入了新鲜血液。

沿河县2017年全年实现地区生产总值1032325万元，按可比价计算，同比增长12.2%；财政总收入为95830万元，同比增长14.4%，一般公共财政预算收入为47316万元，同比增长15.7%。全年500万元以上口径完成固定资产投资1350023万元，同比增长23.1%；全年实现工业增加值104904万元，按可比价计算，同比增长12.0%；农村常住居民人均可支配收入为8016元，同比增长10.2%；城镇常住居民人均消费支出为16560元；金融机构存款余额为1439684万元，比上年年末增加164183万元，增长12.9%；贷款余额为798215万元，比上年年末增加122140万元，增长18.1%。全县综合实力实现新的提升，社会经济呈现出平稳增长的态势。伴随着国家一系列惠农政策的出台，彭水库区移民安置中生产安置措施以及各项扶助政策的落实，市场经济的发展，沿河县居民的人均纯收入在总体上得到恢复并有所发展。水利水电工程的建设拉动了当地整体的社会经济发展，沿河县逐渐摆脱了贫困县的帽子，成为贵州省新的经济增长拉动因素。

2. 基础设施条件明显改善

(1) 交通建设大为改观。"十二五"期间，沿德高速、酉沿高速相继建成通车，彻底打破了沿河县的交通瓶颈，高速公路实现零的突破，形成了2小时到铜仁、3小时抵贵阳和4小时达重庆对外交通格局；启动了326国道和211国道二级公路提级改造建设；大力实施县乡道大中修和通村油（水泥）路工程，全县农村公路通车总里程3600km，实现100%乡镇（街道）和75%建制村通油（水泥）路。航运方面，沿河县完成了乌江航道提级整治，先后对沿河县内乌江流域的白吉子、张公子、红椿树、银童子、七里、猫滩等处进行炸暗礁、炸明滩、切边石、筑坝、导治、渡口提升整治建设近40处，投入资金1533.29万元；完成坝坨新区码头、张家坝货运码头等两大综合码头建设，投入资金160200万元。

(2) 水利建设稳步推进。"十二五"期间，建设甘溪水库和当坝水库，完成16座病险水库的除险加固；建成集中供水工程318处，实现乡乡通自来水和22.3万人安全饮水目标；实施农田水利整治项目，综合治理面积为$16.78km^2$，农村人均有效灌溉面积为0.67亩。农田水利设施的建设是农村、农民、农业发展的重中之重，这些设施的建设改善了当地农民靠天吃饭的传统模式，拉动当地整体的社会经济发展。

(3) 电力和信息建设加快改善。沙沱水电站投产发电后，城乡电网改造全面完成，建成官舟110kV输变电工程、青山220kV输变电110kV送出工程和沙沱220kV送出工程，确保了沿河县城乡居民的生产生活用电需求。

(4) 生态建设成效显著。"十二五"期间，沿河县积极推进"省级生态文明先行示范区"建设和"绿色贵州"三年行动计划，着力建设"幸福沿河、满意沿河、生态沿河"，森林覆盖率达到55.65%；加强对生态环境的保护，深入开展森林保护"六个严禁"执法和环保"六个一律"专项行动;扎实推进环境治理和垃圾收运系统建设,启动县城污水处理二期和排水处理一期项目,实施5个乡镇污水处理工程,县城环境空气质量达标率为100%。生态文明体制机制改革创新逐步推进,实现生态与经济的和谐共进,建设"天更蓝、地更绿、水更净、环境更优美、发展更科学、生活更幸福"的生态沿河建设宏伟蓝图正在逐步实现。

3. 民生保障显著提升,科教文卫事业持续发展

"十二五"期间,沿河县人民政府加大了对民生的资金投入,全力改善民生,当地居民真正感受到了经济发展带来的实惠,增强了群众对政府的认同感,人民生活得更加稳定和幸福。

(1) 扶贫脱贫方面,沿河县最大的短板就是贫穷落后,政府加大扶贫工程的建设,共减少农村贫困人口11万人,实现19个贫困乡镇和整县的"减贫摘帽"。实施住房改造工程,完成农村危房改造3.03万户、城市棚户区改造1.08万户、保障性安居工程1.23万套,解决2.31万户城乡居民住房困难。

(2) 社会保障方面,沿河县积极推进县级公立医院综合改革,城乡公共卫生和医疗服务体系基本建立;新型农村合作医疗参合率达98%以上,累计兑现医疗救助资金8.12亿元;全面建立城乡居民最低生活保障制度,农村低保保障标准达到2580元,城市低保保障标准达到5280元;妇女儿童、残疾人和住房公积金等社会事业全面发展。

(3) 教育文化事业方面,沿河县实施教育提升工程,教育"9+3"计划和"4+2"突破工程实现重大突破;全面实施农村义务教育学生营养改善计划,建成山村幼儿园308所;全县小学适龄儿童入学率为98.82%,初中阶段入学率为96.48%,高中阶段入学率为85.02%,教育教学质量实现大幅度提升;完成21个乡镇(街道)有线电视网络和数字化转换改造,实施农村广播电视"村村通"工程8.2万户,建成农家书屋339家,配置图书73.4万册。实施体育利民工程,建成33个全民健身站点、110个乡村体育健身工程、12个农民健身路径工程、110个篮球运动场。

5.1.5.2 彭水苗族土家族自治县

1. 产业结构优化升级,综合实力大幅提高

2006年,彭水苗族土家族自治县(以下简称"彭水县")实现地区生产总值(GDP)30.47亿元。2013年年底,彭水县基本上完成了彭水水电站和银盘水电站的移民搬迁安置,届时彭水县实现地区生产总值(GDP)97.46亿元。按常住人口计算,全县人均地区生产总值达18467元,较上年增加2448元,增长13.9%。三次产业结构由上年的20.7:41.1:38.2调整为19.8:41.8:38.4。全年城镇居民家庭人均总收入为19006元,比上年增长10.9%,其中人均可支配收入为18532元,增长10.7%,城镇居民恩格尔系数为40.9%,比上年下降0.8个百分点;全年农村居民人均纯收入6723元,比上年增长12.8%,农村居民恩格尔系数为47.4%,比上年下降2.1个百分点。城乡居民收入比从上年的2.81:1缩小为2.76:1。

到2017年,彭水县全年共达成签约项目68个,落地项目52个,全年实际利用县外资金64.6亿元。全年外贸进出口总额达512万美元,同比下降72.0%,其中出口总额为512万美元,同比下降72.0%。全年实现社会消费品零售总额67.53亿元,同比增长

13.7%。按经营地统计,城镇实现消费品零售总额19.45亿元,同比增长12.9%;乡村实现社会消费品零售总额48.07亿元,同比增长14.1%。按行业统计,批发业实现零售总额17.32亿元,同比增长19.2%;零售业实现零售总额44.57亿元,同比增长13.0%;住宿业实现零售总额1.35亿元,同比增长8.7%;餐饮业实现零售总额4.29亿元,同比增长3.3%。

彭水县抓住机遇,不断转型,形成了以发展矿产资源加工型产业和新型建材产品为主的产业结构,并依托水电站库区等区位优势和较好的森林植被资源,着力发展集旅游、娱乐、休闲、餐饮、购物于一体的第三产业。水电站的建立,引导当地实现了产业结构总体上从农业主导型向工业主导型的重大转变,产业结构逐步趋向合理。同时加大吸引外资的力度,加大了基础设施建设和产业结构调整力度,以增强地区经济发展后劲,提高了当地居民的收入水平,综合经济实力明显增强,提高了人民群众的生产生活水平,为当地今后经济社会的发展奠定了良好的基础。

2. 基础设施日渐完善,生产生活条件明显改善

(1) 交通条件。水电站建设完备了当地的基础设施,改善了交通条件。政府加大对交通设施的建设,加上建设水电站对当地的政策和资金支持,彭水县渝怀铁路、渝湘高速公路、彭酉和彭务二级公路建成通车,农村公路建设上档提速,实现通乡通畅率和通村通达率100%、通村通畅率40%;彭水县内外交通环境获得极大改善,渝东南黔东北水陆联运综合交通枢纽"骨架"加速形成。交通是一个地区发展的重要命脉,彭水县交通条件改善之后,必定吸引大量外资涌入,能更加高效地利用当地的旅游资源和矿产资源,促进当地经济结构的转型,为当地的社会经济发展注入新的活力。

(2) 生活用水。水是生命之源,水电站的建设极大程度上改善了当地居民的用水状况,缓解了居民饮用不健康水源的现状,减少了疾病发生的可能性。彭水县以解决城乡居民生活用水和农业灌溉用水为重点,中、小、微结合,蓄、引、提结合,库、塘、池、田结合,整合利用好国家财政性资金、以工代赈资金、水利建设等政策性资金,大力发展中型骨干水源工程建设,有序推进农村人畜安全饮水工程,全面推进乡镇供水、节水灌溉、小流域水土保持工程、防洪抗灾基础设施建设,增强了基本农田的排涝与灌溉能力。2009年,彭水县共完成各类水利项目建设投资5.9亿元,加快建设县城防护堤工程,修建治理乡镇堤防5791m,县城拓展区和城南供水站工程启动,推进实施三峡库区中部灌区续建配套与节水改造工程。列入全市泽渝一期的重点工程三江口水利枢纽于2012年正式投入使用,龙虎水库、凤升水库陆续开工建设,解决了10.5万人饮水安全问题,被评为全国农田水利基本建设先进县,长期困扰人民群众的饮水安全问题得到基本缓解。生活用水条件和农业灌溉技术的改观使得当地城乡面貌发生了极大的改观,缩小了城市农村发展差距,为当地整体的经济发展奠定了基础。

(3) 防洪工程。彭水县建立了防护工程,提升了彭水县的防洪能力,移民投资建设的4段防护堤与地方投资建设的7段堤防堤工程连成一体,形成"两江、一河、六岸"库岸防护体系,总防护长度达10.4km。防护堤内侧形成的区域,为城市建设创造新的发展空间,县城区乌江、郁江两岸已高楼林立,城市景观初现,城市面貌焕然一新。县城防护堤工程的建设,对促进移民搬迁安置、提高城市防洪能力、确保库岸安全、改善城市交通状

况和城市环境、提升城市档次等方面均发挥重要作用,有力地保障了水电站的按期蓄水发电,促进了城市快速发展,社会效益和经济效益显著。

3. 社会保障事业全面发展

社会保障方面,截至 2017 年 12 月底,彭水县全县享受最低生活保障的人数达 3.23 万人,其中城镇低保为 0.71 万人,农村低保为 2.52 万人。全年累计发放城乡居民最低生活保障金 1.30 亿元,其中城镇居民低保为 0.37 亿元,农村居民低保为 0.93 亿元。城乡低保标准分别提高到 500 元/月和 350 元/月,分别比上年增长 8.7% 和 16.7%。基本实现了最低生活保障应保尽保,社会反响很好。截至 2017 年年末,全县统筹范围内参加社会养老保险的企业职工人数达 3.13 万人,收缴养老保险基金 2.20 亿元;参加失业保险的人数达 2.47 万人,失业保险费征缴收入 542 万元;参加医疗保险的人数达 3.63 万人,医疗保险征缴收入 2.00 亿元;参加城乡居民合作医疗保险的人数达 56.91 万人,城乡居民参合率达 99.4%。提供住宿的社会服务机构 1 个,社会福利收养单位床位数 60 个。对于弱势群体保护方面,重庆市针对贫困人口、低保户、老年人、妇女、残疾人、儿童等弱势群体出台了一系列涉及扶贫开发、社会福利、社会救助、医疗救助、临时救助、儿童权益保护、老年人保障、残疾人救助等方面的政策。社会保障政策在彭水县得到了较好的贯彻执行,这些政策的出台和实施为重庆市的其他地区提供了参考的范本,必将带动整个重庆市社会保障事业的发展。

4. 生态文明建设成效显著

"十二五"期间,彭水县深入推进了林业改革,实现林业发展的新突破,促进彭水县的经济发展。大力推进政府提出林业建设中的万元增收目标任务,把彭水县建成武陵山区及重庆地区的名特优林业产业基地,为当地提供新的经济增长点;加大对于当地生态脆弱区的修复和治理力度,保护好乌江、郁江流域自然生态环境,着力打造森林环抱、绿色田园、林水相依、林路相连、自然景观优美的山水园林绿化城市;加大彭水县生态文化建设力度,拓展生态文化领域,培育富有彭水县特色的森林生态文化和人工湿地文化,打造以乌江画廊为主的森林生态景观文化品牌;以建设国家级科示范县为契机,大力推广林业先进实用技术,推进产、学、研紧密结合,不断加强林业科技创新体系建设;同时特别注重人才队伍的建设,加快培养实用型现代林业技术人员和林业技术农民,建立鼓励高素质和实用型林业人才城乡自由流动机制;以县委、县人民政府提出的建设低碳经济先行县为契机,在大力发展低碳经济过程中,重视发展林业。彭水县在发展经济的同时尽可能地减少对生态环境的破坏,这是坚持"五位一体"发展最好的诠释。

5.2 典型工程与流域移民安置实施效果

5.2.1 典型工程移民安置实施效果

5.2.1.1 普定水电站

普定水电站水库淹没涉及普定县和织金县,淹没土地面积为 19.5km^2。普定县淹没涉及 6 个乡(镇)52 个行政村 182 个村民组,淹没耕地为 15991.63 亩(水田 9436.93 亩、旱地 6554.7 亩），淹没影响人口为 39425 人（淹没住房并作搬迁的移民 10629 人，淹地不淹房的连带影响人口 28796 人）。此外还淹没织金县熊家场乡高粱村 4 个村民组的耕地 108.64 亩，搬迁移民 206 人。共计淹没耕地 16100.27 亩，搬迁人口 10835 人。移民搬迁工作于 1991 年 1 月开始，1996 年 11 月结束。共搬迁移民 2345 户 10629 人。其中，外迁移民 1801 户 8429 人，后靠移民 544 户 2200 人。

1. 促进区域经济增长

20 世纪 80 年代中期，普定县仍是一个典型的内向型农业县，原有工业基础十分薄弱，全县没有一个大中型企业，县域经济发展困难，属于国家级贫困县。普定水电站的建成，缓解了安顺、普定、织金等地区用电紧张的状况和黔中严重缺水的局面，有效解决了安顺城区的生活用水问题，保证了安顺电厂立项建设的取水水源。同时，在很大程度上改变了当时普定县经济十分落后、工业基础十分薄弱的局面，有力推动了地方经济的发展的进步。

（1）投资影响。

普定水电开发直接促进了电力开发上下游企业参与地方经济建设，改善了普定县硬件环境（交通网络、通信网络、服务配套设施等），大量吸引了外来投资。同时，通过大量人口流动，信息的外溢效应明显，知识将带来新面貌，促进当地居民转变思想观念，改善软环境，吸引投资。而且，梯级电站建设带来的巨大现金流将促进地方金融服务业的发展，改善金融不活跃的状况，促进投资环境的改善，吸引投资。普定水电站在建成以后，吸引了大量投资，普定县固定资产投资情况见表 5.2-1。

表 5.2-1　　　　　　　　　普定县固定资产投资情况

年份	普定县固定资产投资/万元	年份	普定县固定资产投资/万元
1999	11043	2007	25182
2001	12010	2008	50317
2002	10868	2010	111144
2005	23469	2011	140534
2006	25287	2012	397170

从表 5.2-1 中可以看出，普定县固定资产投资自普定水电站建成以后稳步提升。同时，产业结构的调整与完善、基础设施的加强以及思想观念的更新等将促进投资环境日益满足投资者的要求，大量投资的进入，进一步改善了区域产业结构与产业空间分布，集聚人口，拉动服务业的快速发展，促进城镇化，推动社会经济协调发展。

（2）GDP 影响。

普定水电站的建立对普定县经济结构调整的推动，对经济的协调发展，对当地投资环境的改善，对地方 GDP 和财政收入的拉动，对流域内及周边地区可持续发展能力的支撑，都有着巨大的贡献。它优化了区域产业结构，提升了第二产业产值比重，促进了第三产业的发展，促进了城镇化，提高了城镇化的内在质量。梯级电站建设不仅对流域内各个具体产业部门的发展具有明显的拉动作用，而且还有利于区域内产业结构的调整，促进产业结构优化和产业升级。普定县地区生产总值及增长率见表 5.2-2，普定县产业结构变化如图 5.2-1 所示。

表 5.2-2　　　　　　　　　　普定县地区生产总值及增长率表

年份	地区生产总值	第一产业		第二产业		第三产业		比上一年增长率/%
		产值/万元	占总产值比重/%	产值/万元	占总产值比重/%	产值/万元	占总产值比重/%	
1999	73191	29102	39.76	27844	38.04	16245	22.20	14.4
2001	81923	26500	32.35	34193	41.74	21230	25.91	12.9
2002	102832	21998	21.39	57969	56.37	22865	22.24	11.6
2005	149205	32507	21.79	80732	54.11	35966	24.11	6.3
2006	177834	37880	21.30	97279	54.70	42675	24.00	14.3
2007	203043	39185	19.30	111425	54.88	52433	25.82	14.4
2008	227132	51432	22.64	114887	50.58	60813	26.77	2.8
2010	304844	58149	19.08	161433	52.96	85262	27.97	12.2
2011	367838	63981	17.39	183065	49.77	120792	32.84	16.1
2012	504900	76600	15.17	237900	47.12	190400	37.71	18.2

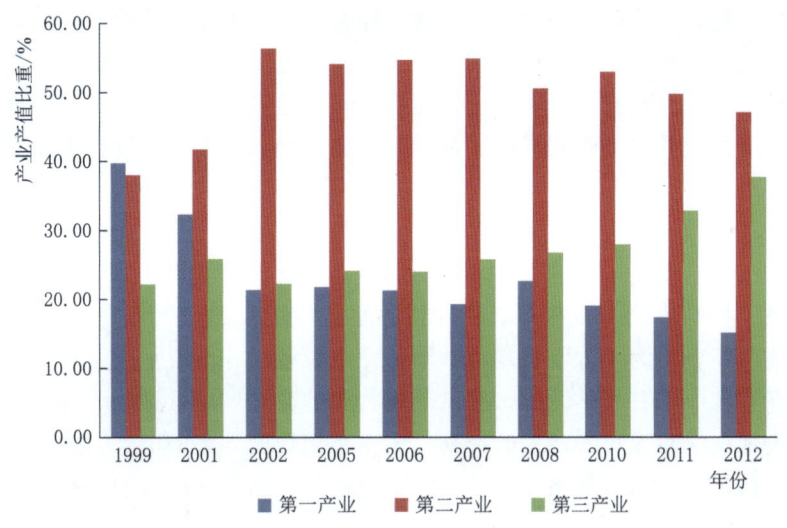

图 5.2-1　普定县产业结构变化图

从普定县产业结构变化图中可以明显看出，第一产业产值比重呈现出减少的趋势，第三产业产值比重呈现增高的趋势，第二产业产值比重一直保持平稳发展，普定县区域产业结构得到了显著的优化。各产业的发展，带动了普定县的经济增长，当地人民生活水平也得到了提高。这一方面带动了本地产业的发展，从而扩大原有城镇规模，完善城镇功能，辐射邻近区域；另一方面形成了新的城镇生长点，推动了城镇化进程。普定县人均 GDP 见表 5.2-3。1999—2012 年，普定县人均 GDP 由 1804 元增长至 13442 元，一直保持较高的增长率，实现了大幅度的提升和飞跃。

表 5.2-3　　　　　　　　　　普定县人均 GDP 表

年份	人均 GDP/元	年份	人均 GDP/元
1999	1804	2007	4817
2001	2041	2008	5729
2002	2536	2010	8012
2005	3584	2011	9754
2006	4243	2012	13442

2. 移民生活质量逐步提高

普定水电站移民安置区共涉及 10 个乡（镇），搬迁人口达到 10835 人。普定水电站库区移民采用人平法的补偿方式，按确定的合法移民人口进行补偿补助；安置方式实行有土安置，根据普定县人多地少、人地矛盾突出的实际，采用"小集中、大分散""县内为主、县外安置为辅"的安置办法进行生产安置。

普定水电站的运行使得移民的生活水平质量逐步提高。一方面，水电站的建立拉动了普定县经济发展，人均 GDP 呈现逐年递增的趋势，人民收入提高，生活质量也随之上升；另一方面，普定水电站的建设和运行，为当地人民提供了许多就业岗位，促进了就业率的上升，包括施工人员及其家属、为施工服务的人员等，劳动力收入的增加也带来了人民生活消费水平的提高。与此同时，水电站的建设和运行加快了市政建设的步伐，使城区面貌得到了较大的改观。普定水电站地处偏远，工程所在地城建步伐较为落后，水电工程开工建设后，积极带动了市政建设投资力度，使地方城镇建设高起点、高标准地得到完善和发展。人民所享受的公共服务得到提高，基础设施建设和社会保障制度也逐渐完善，大幅度提高了生活质量。

普定水电站的建设过程同样带来了地方文化教育的发展。一方面，水电站的建设带动了区域人口的流动，促进了地域文化的互动、传播和交流，实现了文化的多样化发展。另一方面，移民工程的建设面临着人口的集中化问题，移民安置工作的实施需配套一系列教育设施的新建与完善。为了方便普定县学龄儿童集中教学，政府加大了教育投入，增建教学楼，扩建新校区，完善教学设施，提供了现代化的教育环境，推动了普定县文化教育的发展。主要表现在学龄人口入学率的提高、大专文化程度人数的增长、劳动力平均受教育年限的增加、科技成果数量的逐年增长、体育事业和文艺表演内容的日益丰富等。

5.2.1.2　洪家渡水电站

洪家渡水电站库区涉及毕节地区的黔西县、织金县、大方县和纳雍县 4 个县，全库规划总拆迁人数为 45159 人。黔西县移民安置共涉及该县的 12 个乡镇 94 个村 275 个村民组 14082 人（含施工区的 1150 人）；织金县移民安置共涉及该县的 13 乡镇 92 个村 309 个村民组 11029 人（含施工区、料场爆破影响区的 1640 人）；大方县移民安置共涉及该县的 17 个乡镇 84 个村 312 个村民组 11506 人；纳雍县移民安置共涉及该县的 6 个乡镇 14 个村 14 个村民组 4744 人。省内其他市、县安置人口 6994 人，出省安置 97 人。

洪家渡水电站水库移民搬迁安置工作于 2000 年年底启动，2003 年年底基本完成，移民工作取得显著成效。截至 2004 年 12 月底，库区 4 县已累计搬迁移民 10435 户 43360

人,占全库总搬迁人数的96%。为了深入了解移民搬迁后在安置地的建房、土地对接、经济收入、各项手续办理、生产生活恢复等情况,洪家渡水电站水库移民综合监理部选择样本户对移民进行了跟踪调查。调查资料显示,到2004年年底,库区4县移民安置工作已取得较大进展,移民生产生活日益改善。

1. 生产条件恢复,移民收入提高

(1) 土地开发和农业种植。

洪家渡水电站的建设和运营,以及后期扶持项目的实施,大大地改善了库区及移民安置区的生产生活条件。生产项目的实施,使耕地免受灾害,改善了耕地质量。洪家渡水电站移民涉及的4县人均纯收入、人均粮食产量均高于搬迁前的水平。据乌江洪家渡水电站库区移民综合监理报告(2004年年报)抽样调查数据显示,截至2004年,洪家渡电站移民人均耕园地数量呈下降趋势,耕地类型有所调整。同时,洪家渡电站移民非农收入比例大幅上升,移民对土地的依赖性逐渐减小。库区4县经营土地抽样调查数据见表5.2-4。

表5.2-4　　　　　　　　库区4县经营土地抽样调查数据

县名	耕种土地			耕地类型			人均耕地		
	搬迁前/亩	搬迁后(2004年)/亩	增减比例/%	搬迁前	搬迁后(2004年)	增减比例/%	搬迁前/亩	搬迁后(2004年)/亩	增减比例/%
黔西县	530.29	166.70	-69	水田240.19亩;旱地190.10亩;林果2262棵	水田55.30亩;旱地111.00亩;林果0棵	水田-77;旱地-62;林果-100	1.17	0.35	-70
织金县	391.85	99.60	-75	水田158.06亩;旱地233.79亩;林果1378棵	水田28.60亩;旱地71.00亩;林果0棵	水田-82;旱地-70;林果-100	1.19	0.29	-76
大方县	557.50	161.30	-71	水田134.00亩;旱地423.50亩;林果1917棵	水田8.4亩;旱地152.90亩;林果0棵	水田-94;旱地-64;林果-100	1.38	0.39	-72
纳雍县	277.00	272.10	-2	水田26亩;旱地251.00亩;林果1287棵	水田50.10亩;旱地222.00亩;林果0棵	水田+93;旱地-12;林果-100	1.2	1.13	-6

(2) 就业技能培训。

随着电站的建成,库区移民已全部搬出库区,并在新的安置地建房居住,在新的地方开始了他们的新生活。然而,移民从祖祖辈辈长期生活的地方,迁移到新的安置地后,原来的生产生活环境发生了改变。经济结构和产业结构的不同、生产资料和劳动对象发生的变化等,致使原来所具有的生产技能和谋生手段可能随迁移失去了作用,移民要适应新的环境,许多人必须学习新的生产技能和谋生手段。

因此,为了帮助移民尽快适应安置地农业结构、调整新的生产方式,掌握新的生产技术,发展新的经济增长点,相关部门积极督促库区各县想移民之所想、急移民之所急,切实解决了他们的所求、所盼、所想、所急的实际问题，为移民发展生产了创造良好的条件。及时地利用农闲季节，对移民进行有针对性的农业生产技术、就业技能的培训，为他们的重新创业提供帮助，使他们能够尽快地适应新的环境和土地，尽快地恢复和发展生产生活，为移民的可持续发展奠定了技术基础，引导移民把主要精力投入到重建家园、发展生产、增加收入上来，使移民尽快走上致富之路。

（3）收入恢复。

洪家渡水电站建设的移民实施过程使得库区产业结构不断调整，当地居民原本的传统经济模式随之打破，在一定程度上影响了库区移民的经济来源和收入水平。库区4县经济收入抽样调查数据见表5.2-5。

表5.2-5　　　　　　　　库区4县经济收入抽样调查数据

县名	农林水牧收入/万元		第二、第三产业等收入/万元		抽样户总收入/万元		人均总收入/元		人均纯收入/元	
	搬迁前	搬迁后（2004年）	搬迁前	搬迁后（2004年）	搬迁前	搬迁后（2004年）	搬迁前	搬迁后（2004年）	搬迁前	搬迁后（2004年）
黔西县	31.04	9.37	29.25	44.56	60.29	53.92	1328	1143	1137	1037
织金县	20.2	4.75	18.85	28.58	39.06	33.33	1187	963	1001	915
大方县	28.17	8.73	20.46	30.38	48.63	39.11	1207	956	1010	726
纳雍县	13.23	11.73	11.22	14.9	24.45	26.63	1063	1105	884	935

从上表抽样数据可以看出，截至拆迁安置工作的基本完成时期（2004年），库区各县除纳雍县以外，尚未完全恢复到搬迁前的收入水平。可见经历了大型水电工程的开发建设，库区移民安置工作虽已基本完成，但其生产恢复仍在进行中。

2. 居住环境变化，移民生活质量改善

（1）基础设施建设。

洪家渡水电站的建设和运营，加大了对库区移民集中安置点的建设投入，推动了基础设施类项目的建设与实施。洪家渡水电站移民项目对项目建设区的水、电、路等专项的配备提出了较高的要求。为了保证工程顺利实施，对周边的专项设施进行了完善和提高，大大加快了4县的基础设施建设，也进一步改善了当地的人居环境。公共服务的提供逐渐全面，道路交通的修建逐渐完善，移民群众的出行越来越便利；供电、饮水安全方面得到保障，移民的基本生活要求能够满足。2004年洪家渡水电站水库移民集中安置点基础设施建设投入情况见表5.2-6。

从表5.2-6的安置点基础设施建设投入情况可以看出，在洪家渡水电站的开发与建设过程中，地方政府注重库区4县的基础设施建设，资金投入较大，尤其在交通建设方面投资数额达到总投资额的1/3，通过高额投资极大地改善了各县道路交通情况，为库区移民通行提供了便利。

库区需恢复重建的各项专业项目于2002年年底开工，到2004年基本完建，为库区搬迁移民带来了出行的便利。公共服务逐渐完善，学校得以扩建，为库区移民生活质量的改善提供了条件。织金县基础设施实施进展见表5.2-7，大方县供水项目实施情况见表5.2-8，纳雍县公路建设情况见表5.2-9。

表5.2-6　　2004年洪家渡水电站水库移民集中安置点基础设施建设投入情况

县名	供水/万元	供电/万元	交通/万元	场地平整/万元	征地/万元	文、教、卫/万元	邮电通信/万元	完成投资/万元	规划总投资/万元
黔西县	191.80	60.58	463.68	281.59	11.17	172.82	0.90	1250.34	1047.16
织金县	141.28	70.97	623.50	94.35	129.04	4.00	0.40	1063.54	1388.93
大方县	276.54	18.66	90.59	117.16	39.82	49.65	0.00	592.42	971.85
纳雍县	22.50	12.21	96.44	29.62	178.54	4.44	0.00	343.75	590.31
合计	632.12	162.42	1274.21	522.72	358.57	230.91	1.30	3250.05	3998.25

表5.2-7　　　　　　　　　织金县基础设施实施进展

项目	规划设计		实施进度	
	规模	投资/万元	形象进度	完成投资/万元
维修搬迁公路	122km	97.35	100%	97.35
渡口	18个	18		
人行桥	0.05km	1	100%	
10kV输电线	115.3km	345.9	100%	345.9
学校	5990m²	218.94	100%	218.94

表5.2-8　　　　　　　　　大方县供水项目实施情况

项目	规划设计		实施进度	
	规模	投资/万元	形象进度	完成投资/万元
黄泥塘加油站饮水工程		2.36	100%	1
理化长春片区供水工程	10.8km	81.69	80%	60
白布片区供水工程	9km	35.18		60
移山饮水工程	26.22km	183		199.57

表5.2-9　　　　　　　　　纳雍县公路建设情况

项目	规划设计		实施进度	
	规模	投资/万元	形象进度	完成投资/万元
人行桥	2座	2	50%	1
人行便道	24.3km	26.3	100%	26.3
改造等外公路	5km	1.5	30%	0.5
新建等外公路	4km	3.86	80%	3

（2）耐用品。

家庭耐用品数量的上升说明居民收入水平的提高，同时也对改变居民的生产生活方式起到了积极的作用。电站的建成为地方经济发展和移民收入提高提供了便利条件,移民家庭耐用品数量和种类也随之增加、丰富。洪家渡水电站库区 4 县家庭户均耐用品变化情况见表 5.2－10。

表 5.2－10　　　　洪家渡水电站库区 4 县家庭户均耐用品变化情况

项　　目	搬迁前	搬迁后（2004 年）	2004 年比迁前增减比例
汽车/台	2	3	50%
拖拉机/台	5	4	－20%
摩托车/部	12	23	92%
自行车/辆	4	13	225%
电视机/台	84	179	113%
VCD/台	23	93	304%
冰箱/台	7	23	229%
洗衣机/台	16	64	300%
热水器/个	2	2	0
电话/部	1	49	4800%
手机/部	12	18	50%
高档家具/套	2	19	850%

统计资料显示,移民家中拥有的高档家用设备及娱乐设施比搬迁前有所增加。一方面,电视机的普及方便了居民获取信息和实现生活娱乐;另一方面,家用电器拥有率的提高极大地提高了居民的生活品质。可见移民的生活质量正在逐步地提高。

（3）永久房屋建设。

截至 2004 年,洪家渡库区 4 县在建的移民集中安置点共 36 个,其中基本完建的移民集中安置点为 23 个（含停建不再续建的点）,还未完建的移民集中安置点为 13 个。2004 年年底,已在 36 个移民安置点上安置的移民共计 2290 户 9457 人,占规划安置容量 13597 人的 70%,占全库已经拆迁总人数 43360 人的 22%。2004 年洪家渡水电站水库移民集中安置点移民建房进度统计见表 5.2－11。

表 5.2－11　　　2004 年洪家渡水电站水库移民集中安置点移民建房进度统计表

县名	规划安置/人	已安置		规划投资/万元	完成投资/万元
		户	人		
黔西县	4902	1135	4586	1047.16	1250.34
织金县	3950	680	2745	1388.93	1063.54
大方县	3172	215	985	971.85	592.42
纳雍县	1573	302	1351	590.31	343.75

洪家渡水库移民在安置条件较差的情况下,4 县规划组全体专业技术人员深入实际,调查研究,结合各县县情,通过精心规划,充分利用库周区剩余耕地和其他可供开发的土地资源,体现了以土为本,就地消化和多渠道安置的原则。安置途径和生产开发项目符合

5.2.1.3 思林水电站

从 2005 年年底开始，思林水电站的移民工作全面展开，按照贵州省移民开发办公室、铜仁地区行政公署下达的分年度移民工作目标任务认真组织实施。截至 2009 年 6 月底，库区 4 县（凤冈县、余庆县、思南县、石阡县）农村累计完成生产安置人口 9493 人，占可行性研究规划审定生产安置人口 12523 人的 75.8%。累计完成搬迁建房人口 9444 人（其中直淹建房人口 8861 人），占可行性研究规划审定搬迁建房人口 17616 人的 53.6%，库区各县淹没线下淹房人口已经全部搬迁出淹没区。库区四县（含坝区）共建集中或相对集中安置点 7 个，安置移民 1469 人。截至 2009 年 6 月 30 日，思南县文家店镇、三道水乡和瓦窑牛角岩新集镇是思林水电站库区实施整体搬迁的集镇地，三集镇场平工程均已交付使用，进镇移民已基本建房完毕。

1. 资源合理配置，产业结构调整

（1）种植业安置。思林库区大多数移民搬迁户都选择在了交通便利地方。思林水电站移民生产安置情况见表 5.2-12。生产安置中，思南县、石阡县、余庆县、凤冈县的种植业安置占比高达 98%、100%、100%、100%。因此，库区各县移民安置区多属于安置县境内社会、经济较为发达地区，流转对接的耕地也多为熟田、熟地，耕地质量较好，产量较高，耕作方便。

表 5.2-12 思林水电站移民生产安置情况表

县名	生产安置/人	种植业安置/人	种植安置占生产安置比例/%
思南县	8651	8480	98
石阡县	385	385	100
余庆县	231	231	100
凤冈县	225	226	100

（2）耕地面积。在搬迁过程中，移民拥有的耕园地数量均有所下降。思林水电站移民搬迁前后耕园地变化对比如图 5.2-2 所示。思南县由 17994.1 亩下降到 7237 亩；石阡县从 582.62 亩下降到 321.6 亩；余庆县、凤冈县分别下降到 342 亩、246 亩。搬迁后，思南县、石阡县、余庆县、凤冈县人均耕园地分别为 0.91 亩/人、1.23 亩/人、1.52 亩/人、1.09 亩/人，人均耕地基本达到了当地村民的水平。

（3）产业结构。面对耕地资源的减少，当地政府及相关部门通过合理的引导，根据当地的具体情况制定出正确的移民后期扶持计划：对于农村第二、第三产业的发展，可充分发挥其优越的地理优势，视移民户的情况，可经营商、饮、运输、服务等项目增加收入，但仍应把粮食生产放在重要位置。一系列举措如建立经果林产业带、建立绿茶产业带、发展旅游业，都有利于促进产业结构调整，增加移民收入。

1）建立经果林产业带。为了促进经济全面发展，库区将原有的产业进行调整。其中效果显著的是建立了经济果树林产业带，也是建设乌江特色产业经济带的重要支撑产业。到"十二五"期末，全县果树基地已累计达到 6667hm^2（其中果园标准化基地总面积达到

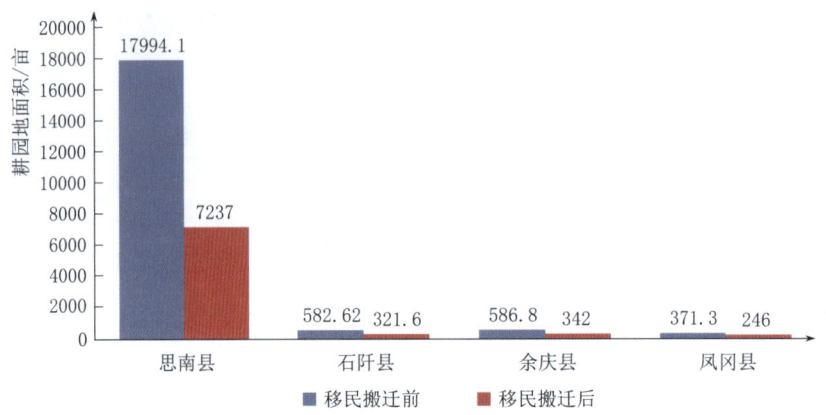

图 5.2-2 思林水电站移民搬迁前后耕园地变化对比

5333hm² 左右），2011—2015 年全县新建果园 4667hm²，果品总产量达到 15×10^4 t，直接产值达 6 亿元以上，带动储藏、加工、运销等相关行业增值 1.8 亿元。

2）建立绿茶产业带。另一个特色产业带是绿茶产业带。它主要有 4 个特点：一是以聚集资源、整体推进为宗旨，优化布局，将原规划的 4 个茶区减少为 3 个，发展良种无公害茶园 6666hm²，重点布局在 13 个乡镇。二是在提高茶产量及品质的基础上，积极推广先进的栽培、管理、病虫防治技术。三是建设茶叶体系，通过建立"黔东茶叶检测中心"，对茶叶生产全过程实行严格把关；对茶叶生产资格规范控制，通过市场化运作，规范化管理。四是整合品牌，打造名牌，形成了网络营销体系。库区绿茶产业带发展迅速，已成为支撑当地经济发展的优势产业。

3）发展旅游业。思林水电站建成后，在思南县已形成长约 35km、宽 20～3000m 的水面，这种区域湖光山色，具有美学价值，与两岸的自然景观和文物景观形成了互补型的资源组合。因此，政府整合资源，对库区高峡出平湖的壮美景观进行了开发：乌江山峡、思南石林、思南温泉、思南清代民居多彩组合的乌江百里画廊等景点的开发已初具规模，吸引了来自全国各地的游客一览美景。可以说，当地旅游业的不断发展，带动了住宿、运输、餐饮业的发展，对当地经济增长做出了很大的贡献。

2. 生活环境改善，移民住房条件提高

思林库区搬迁移民户原先都是居住在交通不便、信息不通、基础设施较差、远离乡镇、生存环境较为恶劣的地区。搬迁后，移民安置建设区已实现了集中或相对集中，安置点的交通、供水、供电、文教、卫生、通信等基础设施基本完备，公共服务水平大幅提高，就医、购物、子女上学等各方面都比较方便。集中安置点的移民迁建设施功能性质量较好，安置地的生产环境容量较为富裕，经济活跃，第二、第三产业相对比较发达，对外交通已经连接到交通主干道上，为移民今后增加经济收入创造了有利条件。

在住房条件和房屋质量方面，搬迁移民原住房 95% 以上是破烂的木瓦房，砖木房和砖混房所占比例比较低，原人均住房面积不到 34.1m²。其中，思南县原人均住房面积为 36.8m²；石阡县原人均住房面积为 27m²；余庆县原人均住房面积为 35.6m²；凤冈县原人均住房面积为 18.7m²。移民搬出后，多数移民户建的是砖混房，全库区搬迁建房人均住房面积达到 42.8m²。其中，思南县现人均住房面积为 43m²，增加 6.2m²；石阡县现人均住房面积为 35.8m²，增加 8.8m²；余庆县现人均住房面积为 55.7m²，增加 20.1m²；凤冈县现人均住房面积为 33.2m²，增加 14.5m²。已迁移民户的住房条件和房屋质量普遍好于搬迁安置以前。思林水电站移民搬迁前后人均住房面积情况表见表 5.2-13。

表 5.2-13　　　　　思林水电站移民搬迁前后人均住房面积情况表

县　名	原人均住房面积/m²	现人均住房面积/m²	差值/m²
思南县	36.8	43	6.2
石阡县	27	35.8	8.8
余庆县	35.6	55.7	20.1
凤冈县	18.7	33.2	14.5

5.2.1.4　沙沱水电站

沙沱水电站建设征地涉及铜仁地区沿河、德江及思南 3 个县 18 个乡 138 个村 582 个村民组。正常蓄水位为 365m 时，水库淹没影响区（含枢纽工程建设区提前征用库区）涉及 3 个县 17 个乡（镇）131 个村 570 村民小组；枢纽工程建设区（含枢纽工程建设区提前征用库区）涉及沿河县 2 个乡镇 12 个村 36 个村民小组。水库调查面积为 34.92km²（陆地面积为 20.68km²，水域面积为 14.24 km²）。枢纽工程建设区提前征用库区部分面积为 1.05km²（陆地面积为 0.85km²，水域面积为 0.2km²）。水库淹没影响区到规划水平年生产安置人口 10158 人，其中一次性补偿及组内调剂耕地安置 668 人、逐年补偿安置 240 人、其他方式安置 9250 人。搬迁人口 16778 人，分散安置 7553 人，其中后靠建房安置 3194 人、出组本村分散安置 11 人、出村本乡分散安置 3439 人，出乡本县分散安置 4 人；规划复建集镇 3 个、中心村 2 个，共安置 6408 人；规划农村集中安置点 8 个，安置 2176 人；投亲靠友 447 人，自谋职业 194 人。枢纽工程建设区到规划水平年生产安置人口 956 人（全部实行逐年补偿）；到规划水平年总搬迁人口为 1833 人。规划进淇滩集镇新址集中安置 920 人（含单位职工及家属 255 人）；分散后靠安置 66 人；规划农村集中安置点 2 个，安置 847 人。

1. 促进生产，移民经济收入增加

（1）耕地面积。

移民安置过程中，移民人均生产资料下降。思南县水田和旱田人均拥有率由 0.64 亩/人、0.38 亩/人分别降至 0.20 亩/人、0.05 亩/人；沿河县水田和旱田人均拥有率由 0.37 亩/人、1.46 亩/人降至 0、0.10 亩/人；德江县水田和旱田人均拥有率则由 0.72 亩/人、0.82 亩/人降至 0.20 亩/人、0.25 亩/人。沙沱水电站移民人均生产资料拥有情况对比见表 5.2-14。

（2）产业结构。

为应对移民生产资料的减少，在移民安置点周边，沙沱水电站建设公司与地方政府共同谋划，通过完善基础设施建设，地方政府大力招商引资，加快工业园区、农业产业园、旅游集镇合理布局与建设步伐，撬动经济发展杠杆，引领产业聚集，增加工作岗位，就近解决失地移民就业，解决移民收入、社会保障等系列问题。

表 5.2-14　　　　　　沙沱水电站移民人均生产资料拥有情况对比表

项　目	移民搬迁前（2011年）			移民搬迁后（2014年）		
	思南县	沿河县	德江县	思南县	沿河县	德江县
水田/(亩/人)	0.64	0.37	0.72	0.20	0	0.20
旱田/(亩/人)	0.38	1.46	0.82	0.05	0.10	0.25

注　数据根据思南县75户、沿河县144户以及德江县214户的移民样本调查所得。

在移民大乡德江县的长堡新镇，为了让移民过上比之前更好的日子，他们提早在该集镇进行产业布局，争取和整合项目，大力发展农业观光园，现已种植核桃、脐橙等精品农作物7000亩。同时，充分利用乌江沿岸资源，大力发展水产养殖，打造了乌江垂钓中心；利用当地著名的奇石资源，拟建9000m^2乌江奇石园及奇石博物馆，将该镇作为一个旅游集镇来规划建设。另一方面，随着水陆交通的逐步改善，素有"百里乌江画廊"之称的乌江三峡省级风景名胜区和麻阳河国家级自然保护区将逐步展现在世人面前，成为带动沿河经济发展的新产业。移民吃上"旅游饭"，逐渐步入小康生活。可以说，依托水电站，调整产业布局，大力发展第三产业增加了当地的经济效益。

（3）人均纯收入。

沙沱水电站涉及移民地区有思南县、沿河县、德江县，从水电站建设至竣工的一段时间内，各县的GDP增长率呈现出一种快速、稳定增长的趋势。同时，经济社会的发展也带动了移民经济收入的增加。思南县移民搬迁前后，人均纯收入由3565.28元增加到5629.65元；沿河县人均纯收入从3634.16元增加到5462.37元；德江县人均纯收入则由3421.88元增加到5648.96元，思南县、沿河县、德江县移民搬迁前后人均纯收入变化情况如图5.2-3～图5.2-5所示。

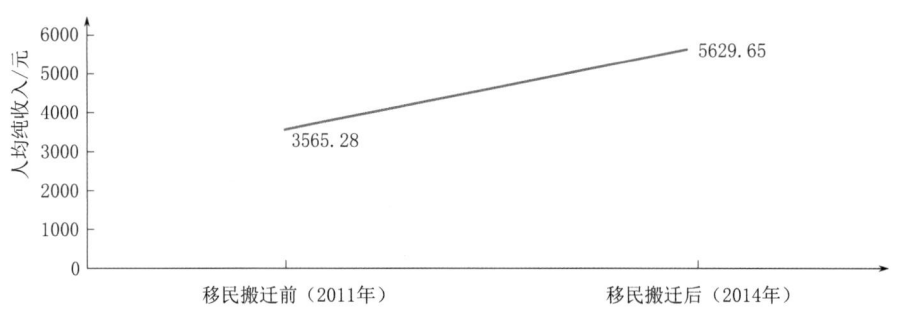

图5.2-3　思南县移民搬迁前后人均纯收入变化情况

2. 改善生活，提高幸福指数

（1）基础设施和社会服务设施。

沙沱水电站移民安置投资达218041万元，占沙沱水电站开发总投资的20%，涉及沿河县淇滩镇、夹石镇、彭华、枕子头、和平、罗家堡，德江县长堡乡、潮砥镇，桶井乡新滩及其望牌中心村等10个集镇及其中心村安置，涉及人口2万余人。为了让移民的生活环境得到改善，政府修建了8座桥梁、2条集镇公路，使得沿河县桥梁、码头、公路、航道等交通基础设施有了较大改善。同时，各个集镇的供水系统、污水处理系统、垃圾处理

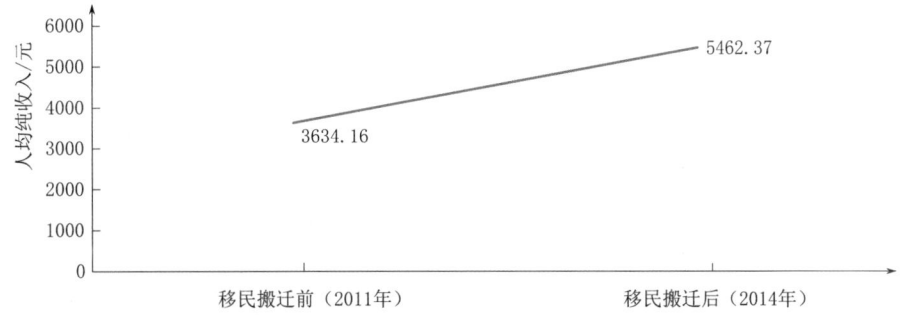

图 5.2-4　沿河县移民搬迁前后人均纯收入变化情况

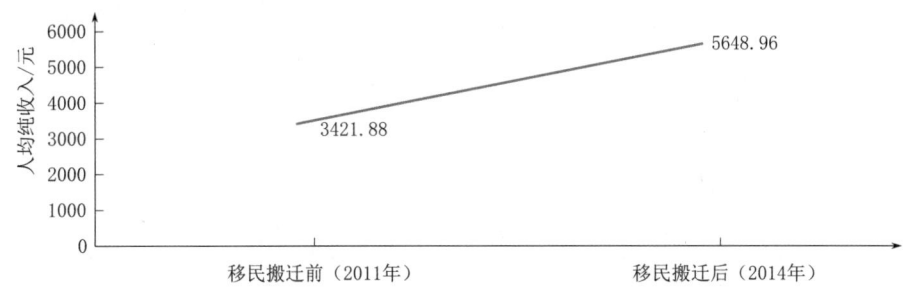

图 5.2-5　德江县移民搬迁前后人均纯收入变化情况

注：数据根据思南县 75 户、沿河县 144 户以及德江县 214 户的移民样本调查所得。

厂、公厕、休闲广场、购物中心等相关的生活功能配套设施一应俱全，改善了移民原有的生活环境，满足了移民群众的生活需要，为其生活提供了便利。众多的移民复建点的居住环境日益完善，移民的生活质量显著提高。

征地搬迁后（2014 年），思南县农村卫生用水户比例为 22.67%；稳定用电户比例为 100%；移民样本户住地距乡村公路或机耕路户均距离为 0.5km。沿河县农村卫生用水户比例为 86.80%；稳定用电户比例为 100%；移民样本户住地距乡村公路或机耕路户均距离为 1km。德江县农村卫生用水户比例为 84.11%；稳定用电户比例为 100%；移民样本户住地距乡村公路或机耕路户均距离为 0.16km。另外，3 县距小学、中学、医院和集市的距离也减少了许多，生活更为便利。沙沱水电站移民基础设施和社会服务情况对比见表 5.2-15。

表 5.2-15　　　　　　　沙沱水电站移民基础设施和社会服务情况对比表

比较项目	移民搬迁前（2011 年）			移民搬迁后（2014 年）		
	思南县	沿河县	德江县	思南县	沿河县	德江县
卫生用水户比例/%	16.87	28.79	22.73	22.67	86.80	84.11
稳定用电户比例/%	100	85.16	100	100	100	100
距离公路/机耕路平均距离/km	0.5	1	1	0.5	1	0.16
距最近小学平均距离/km	2	1.5	1.5	2	1	1.2
距最近中学平均距离/km	8	6	4	8	5.5	3

续表

比 较 项 目	移民搬迁前（2011年）			移民搬迁后（2014年）		
	思南县	沿河县	德江县	思南县	沿河县	德江县
距最近医院（或诊所）平均距离/km	2	1	4	2	1	1
距最近集市平均距离/km	8	3	1.5	8	1	1.2

注　数据根据思南县75户、沿河县144户以及德江县214户的移民样本调查所得。

（2）居住条件。

搬迁前后，移民生活方面改变较大的除了有基础设施的加强建设外，还体现在居住条件的变化上。在人均居住面积上，沙沱水电站3县土木类型房屋人均居住面积均呈下降趋势，其中思南县由18.62m^{2}下降为6.15m^2；砖木类型房屋人均居住面积除思南县由2.60m^{2}增加为7.16m^{2}外，沿河县、德江县均降至0；而砖混类型房屋人均居住面积均有大幅提升。由此可知，从住房结构来看，居住条件较搬迁前有很大改善，砖混结构住房的增加，优化了移民居住条件，提高了居住安全性，生活品质提高。沙沱水电站移民搬迁前后人均居住面积对比表见表5.2-16。

表5.2-16　　　　沙沱水电站移民搬迁前后人均居住面积对比表

住 房 类 型	人均居住面积/m^2					
	移民搬迁前（2011年）			移民搬迁后（2014年）		
	思南县	沿河县	德江县	思南县	沿河县	德江县
土木	18.62	4.04	3.80	6.15	0	0
砖木	2.60	9.61	7.02	7.16	0	0
砖混	10.45	8.89	14.39	24.36	48.26	48.63

注　数据根据思南县75户、沿河县144户以及德江县214户的移民样本调查所得。

以下，以移民搬迁前后住房类型比例进行说明。思南县、沿河县、德江县移民搬迁前后住房比例情况如图5.2-6～图5.2-8所示。

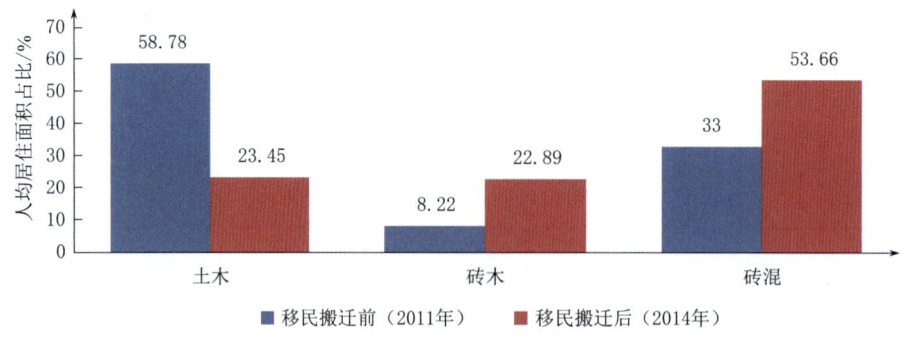

图5.2-6　思南县移民搬迁前后住房比例情况

（3）耐用品。

移民在搬迁后有机会改善居住条件，加上交通条件改善、区域经济发展，激发了移民对生活品质的追求，耐用家电和交通运输工具的拥有量稳步上升。思南县移民搬迁后，耐

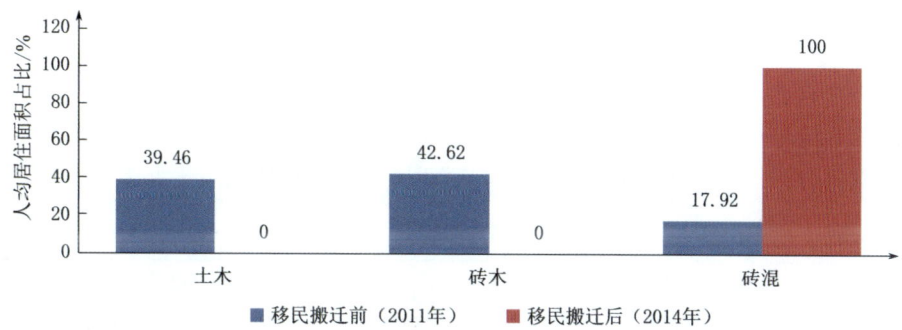

图 5.2-7　沿河县移民搬迁前后住房比例情况

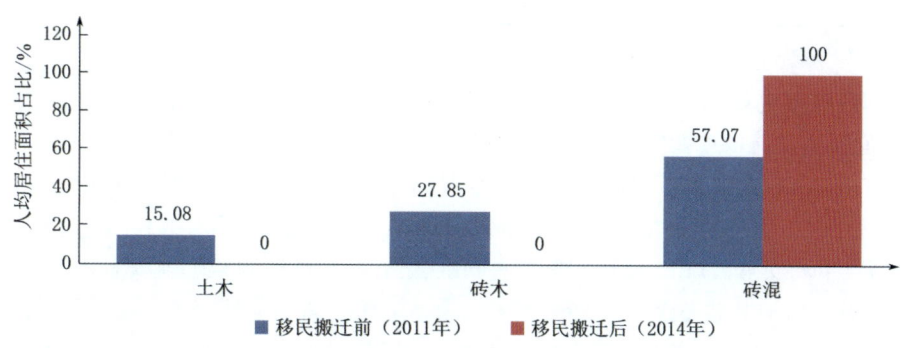

图 5.2-8　德江县移民搬迁前后住房比例情况

注：数据根据思南县 75 户、沿河县 144 户以及德江县 214 户的移民样本调查所得。

用家电（电视机、电脑、洗衣机、冰箱、空调）户均拥有的数量由 3.71 台增加到 4.15 台；交通运输工具（摩托车、农用车、汽车）户均拥有的数量由 0.48 辆增加到 0.60 辆；配套家电（卫星接收器、VCD、热水器）户均拥有数量由 0.83 台增加到 2.10 台。沿河县、德江县移民搬迁后耐用品拥有量也呈上升趋势。沙沱水电站移民搬迁前后耐用品拥有情况对比见表 5.2-17。

表 5.2-17　　　　沙沱水电站移民搬迁前后耐用品拥有情况对比表

耐用品拥有情况	移民搬迁前（2011 年）			移民搬迁后（2014 年）		
	思南县	沿河县	德江县	思南县	沿河县	德江县
户均耐用家电/台	3.71	3.52	3.95	4.15	3.86	4.16
户均交通工具/辆	0.48	0.47	0.35	0.6	0.55	0.52
户均配套家具/台	0.83	1.28	1.53	2.1	1.59	1.62

注　数据根据思南县 75 户、沿河县 144 户以及德江县 214 户的移民样本调查所得。

（4）环境卫生条件。

征地搬迁前后，思南县移民户环境卫生条件无明显变化，原因主要因为移民户基本分散后靠安置，生活污水和生活垃圾全部采用分散自流处理；而沿河县、德江县的生活污水和生活垃圾处理情况从无到有，其中沿河县生活污水集中处理比例和垃圾处理比例分别提升为 48.61% 和 69.44%；德江县生活污水集中处理比例和垃圾处理比例分别提升为 93.46% 和 93.46%。生活环境及基础设施的逐渐改善，特别是安置点污水垃圾集中处理设施基本修建完成，并设有统一的生活污水排水沟渠管道，使得移民的生活习惯逐渐改变，更多的移民户开始采用更加环保卫生的方式处理生活污水和生活垃圾，环境卫生条件较从前有明显改善。沙沱水电站移民搬迁前后环境卫生条件情况对比见表 5.2-18。

表 5.2-18　　　　　沙沱水电站移民搬迁前后环境卫生条件情况对比表

项　目	移民搬迁前（2011年）			移民搬迁后（2014年）		
	思南县	沿河县	德江县	思南县	沿河县	德江县
生活污水集中排放比例/%	—	0	0	—	48.61	93.46
生活垃圾集中处理比例/%	—	0	0	—	69.44	93.46

注　数据根据思南县 75 户、沿河县 144 户以及德江县 214 户的移民样本调查所得。

5.2.1.5　彭水水电站

贵州库区水库淹没涉及铜仁地区沿河县 11 个乡镇 69 个村 305 个组，人口 13662 人，水库淹没影响区人口 2328 人，因后期发展撤乡并镇，电站淹没影响范围内主要有县城区域、黑獭乡、新景乡、客田镇、中界乡、洪渡镇、思渠镇。根据沿河县 2015 年《调概实施方案》，沿河县生产安置人口 8844 人，其中种植业安置 7489 人、自谋职业安置 1355 人；截至 2014 年 12 月，沿河县共搬迁安置 3997 户 17262 人，通过农村靠后安置、集镇及安置点集中安置、县城城南及城北建房安置等方式，基本实现了移民永久妥善安置。农村移民和集镇移民搬迁已基本完成，农村和集镇安置除自建房屋只有少数移民因外出务工、寄住或资金不足等多种原因尚未完成完建外，集中安置点和迁建集镇安置点已形成相应规模，附属设施基本完建。受淹企事业单位和居民已搬迁至新集镇安置，移民生产生活需要得到满足。

1. 经济收入逐步增加

（1）农业产业扶持。

水库淹没土地导致土地数量减少，对以种植业为生的农民而言，他们失去了生产资源。为了使移民的生产生活较快得到恢复，沿河县通过统筹资金、整合资源，结合当地的自然资源、社会经济特点及未来规划，有针对性地开展了一些农业产业项目，对移民生产进行适当引导和扶持，带动了经济增收。

1）引进外省成熟的养殖技术。将该生态养殖技术作为移民增收项目，在思渠镇率先试点。不仅增加了移民的纯收入，也带动了饲料、销售、运输等上下游产业，真正实现了共同致富的目标。

2）注重区域特点，大力发展养殖业。沿河县结合区域优势和特点，投入大量资金及人力帮扶移民大力发展养殖业。县职能部门多次组织养殖业技术培训，从技术上帮扶移民，并利用后扶资金开展了大量养殖项目。例如 2014 年，沿河县利用后扶资金 130 余万元先后开展了洪渡镇红渡村豪猪养殖项目、黑獭乡石坝村养殖场扩建项目、思渠镇池江养猪项目、思渠镇池江村养鸡示范基地项目等，合理地运用后扶资金为移民带来了较为可观的增收项目。

3）利用库区优势，推动渔业、旅游业发展。库区蓄水后，可控养水面增加，而且库内水流平稳，适宜于发展水产养殖业，加之沿河县有较为丰富的民俗和民族风情旅游资源，县职能部门结合这一特点，利用后期扶持及其他渠道筹措的资金，大力推动渔业及旅游业发展。例如2013年，县移民局就在晓景乡侯家寨村开展了生态养鱼及旅游配套设施项目，为移民拓宽增收渠道，也结合该地区民俗风情推动了旅游业的发展。

(2) 人均纯收入。

彭水水电站的建设带动了地方经济社会的发展，同时移民在安置过程中也因为产业结构调整、生计模式的转变，使得移民经济收入增加。调查结果显示，2004年安置前农村人均年收入为1432元/人，2013年安置后农村人均年收入为5155元，在不考虑同期物价指数的基础上，安置后比安置前人均年收入上涨了260.0%；安置前县城人均年收入为3980元/人，安置后县城人均年收入为15520元/人，在不考虑同期物价指数的基础上，安置后比安置前人均年收入上涨了290.0%。彭水水电站移民安置前后收入变化情况表见表5.2-19。由此可见，移民安置前后收入水平发生了显著的变化，大部分移民选择外出打工，且多为江、浙、粤等发达地区，侧面拉升了人均年收入，而留在本地务农或经商的移民，由于国家一系列惠农政策的出台，以及库区安置中生产安置措施及各项辅助政策的落实，移民收入也能恢复到搬迁前水平，并有所发展。

表5.2-19 彭水水电站移民安置前后收入变化情况表

指标类型	安置前（2004年）	安置后（2013年）
农村（含集镇）人均年收入/(元/人)	1432	5155
农村（含集镇）户均年收入/(元/户)	6746	25560
县城人均年收入/(元/人)	3980	15520
县城户均年收入/(元/户)	12148	47372

注 数据根据沿河县农村、集镇及县城570户移民样本调查所得。

1) 农业安置移民收入。农业生产安置收入主要包括种植业收入、养殖业收入以及外出务工收入。沿河县主要以农业为主，农业收入是主要收入来源。安置后，大部分移民选择外出务工，收入所占比例上升，在总收入中居第一位，种植业和养殖业收入在总收入中的比重也有所上升。其中，种植业由2004年人均1632.3元上升至2013年人均5290.5元；养殖业也由2004年人均1342.3元上升至4779.5元，增长幅度明显。农业安置移民安置前后种植业纯收入和养殖业纯收入变化情况见表5.2-20和表5.2-21。

表5.2-20 农业安置移民安置前后种植业纯收入变化情况表

种植业纯收入指标		移民安置前（2004年）	移民安置后（2013年）	2013年较2004年变化
各收入区间占比/%	−499～0元	0	8.10	8.10
	0元	9.10	3.30	−5.80
	1～499元	37.30	11.30	−26.00
	500～999元	33.50	26.10	−7.40
	≥1000元	20.10	51.20	31.10
平均值/元		1632.3	5290.5	3658.2

注 数据根据沿河县农村、集镇及县城570户移民样本调查所得。

表 5.2-21　　　　　农业安置移民安置前后养殖业纯收入变化情况表

养殖业纯收入指标		移民安置前（2004年）	移民安置后（2013年）	2013年较2004年变化
各收入区间占比 /%	－499～0元	0	7.50	7.50
	0元	6.10	5.30	－0.80
	1～499元	35.40	8.80	－26.60
	500～999元	42.50	29.10	－13.40
	≥1000元	16.10	49.30	33.20
平均值/元		1342.3	4779.5	3437.2

注　数据根据沿河县农村、集镇及县城570户移民样本调查所得。

2）非农业安置移民收入。失去土地后的移民，大部分会选择自谋职业、投靠亲友，生计模式发生较大变动，由安置前的农业为主转向非农为主，收入也随之发生变动。据调查统计，2013年沿河县非农安置移民收入的人均纯收入为9992元，与2004年相比，同比增加了6011元，增长幅度151.0%，可以看出，非农业收入大幅提高。非农业安置移民安置前后纯收入变化情况见表5.2-22。

表 5.2-22　　　　　非农业安置移民安置前后纯收入变化情况表

纯收入指标		移民安置前（2004年）	移民安置后（2013年）	2013年较2004年变化
各收入区间占比 /%	≤－500元	0	2.0	2.00
	－499～0元	0	0	0
	0元	2.2	0	－2.2
	1～499元	3.8	0	－3.8
	500～999元	32.5	3.9	－28.6
	≥1000元	61.50	94.1	32.6
最小值/元		0	－8500	－8500
最大值/元		44000	124000	8000
平均值/元		3981	9992	6011

注　数据根据沿河县农村、集镇及县城570户移民样本调查所得。

3）移民收入与沿河县、铜仁地区及贵州省比较。从人均纯收入看，沿河县移民安置生活水平与同期沿河县、铜仁地区和全国同期相比，也有明显变化。由于沿河县经济水平偏低，属于贫困地区，农村移民和县城移民人均收入与铜仁地区相比相差不远，较全国差距较为明显。县城移民人均收入未达到县城居民人均收入水平，主要是移民安置区附近的经商活动还未形成氛围，部分门面空置，直接影响了县城移民的人均收入。但农村移民收入有所改善，移民安置后农村人均收入5155元明显超过沿河县人均5015元的水平。一方面是由于外出打工导致，另一方面，也与政府在移民安置后出台的相关政策及利用相关项目对移民生产进行大力帮扶相关。2013年沿河县移民人均纯收入与铜仁地区和全国同期比较如图5.2-9所示。

2. 移民生活质量显著提升

彭水水电站从可行性研究阶段到库区达到正常蓄水位，移民搬迁安置已有十几年，城

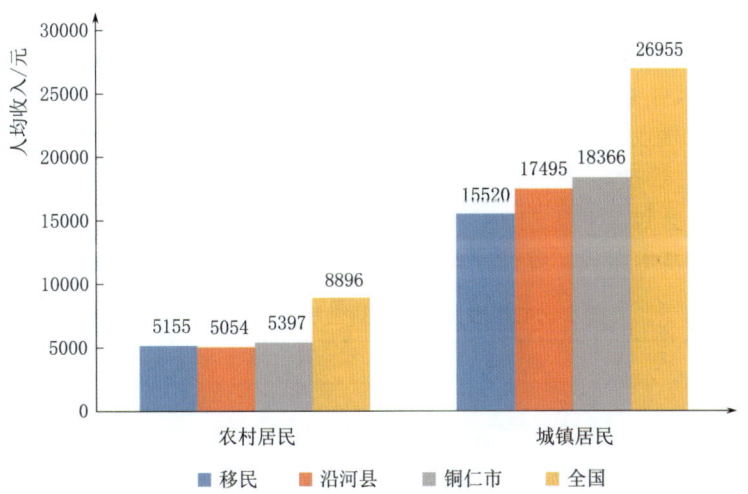

图 5.2-9 2013 年沿河县移民人均纯收入与铜仁地区和全国同期比较
注：数据根据沿河县移民样本调查，2013 年沿河县、铜仁地区
及全国人均数据资料所得。

镇基础设施和公益设施明显改善，移民居住条件也普遍得到移民赞许。

（1）生活环境。移民安置前后生活环境的显著改变可以从生活用水、供电状况以及交通状况三方面得到体现。在生活用水方面，移民安置前取水方式有自来水、山泉、井水和江河水，大部分来自自来水，占总数的 55%，而安置后这一比例提升至 84%，移民生活用水得到很大改善，取水方式也变得更便捷、环保。在供电状况方面，按照《乌江彭水水电站建设征地移民安置规划报告》要求，农村 2 个居民点设 2 台变压器，容量共 715kVA，分散搬迁安置移民采取发放补偿自行接入的恢复方式，集镇生活用电负荷要达到 300W/人。目前，沿河县电力设施恢复已完成，移民安置后对用电情况基本满意，移民认为用电有保障的比例从安置前 73% 上升至安置后 82%，用电状况较安置前有明显改善。在交通状况方面，随着移民安置区路况和道路的改善，移民出行交通方式更为多样化，传统以轮渡为主的出行方式发生重要改变，移民出行更加便捷安全，交通出行条件比安置前改善了许多。彭水水电站移民安置前后生活环境变化情况见表 5.2-23。

（2）居住条件。移民安置后，移民的房屋结构有所提升，由搬迁前的砖木和土木结构为主转变为大部分是砖混以上结构，房屋面积较搬迁前也有了很大的提高。通过抽样调查，沿河县居民安置前砖木及以下结构房屋占总数的 61%，砖混及以上结构占总数的 39%，安置后分别达到了总数的 26% 和 74%；人均面积指标上，安置前农村（含集镇）人均居住面积为 40m²/人，安置后则达到了 58.540m²/人，县城人均居住面积约为 34.5m²/人，安置后则变化为 35.8m²/人。根据数据可以看出，安置前后移民的居住环境得到明显改善，特别是农村（含集镇）移民，房屋结构和人均居住面积都得到大幅提高。彭水水电站移民安置前后居住条件变化情况表见表 5.2-24。

5.2.1.6 银盘水电站

根据《乌江银盘水电站移民安置实施规划报告》，乌江银盘水电站建设征地涉及重庆市武隆县和彭水县 11 个乡（镇）2 个集镇 44 个村 109 个组。移民工程建设占地涉及各类房屋面积 11834.6 m²，武隆县和彭水县规划需搬迁建房人口 4437 人，其中农村搬迁建房人口为 2864 人（武隆县为 1685 人、彭水县为 1179 人），集镇规划搬迁建房人口为 954 人（武隆县为 247 人、彭水县为 707 人），彭水县城规划搬迁建房人口为 619 人。2011 年 3 月和 2012 年 2 月，银盘水电站分别通过了初期蓄水验收和 215m 终期蓄水移民验收。验收结果表示，武隆县和彭水县 215m 线下移民已全部搬迁，各专业项目水下部分已全面完成，库底清理工作基本完成，移民工作满足电站终期蓄水要求。

表 5.2-23　　　　　彭水水电站移民安置前后生活环境变化情况表

指　标　类　型		安置前（2004 年）	安置后（2013 年）
生活用水取水方式/％	自来水	55	84
	山泉、井水及其他	45	16
生活用电满意度/％	有保障	73	82
	无保障	27	18
交通状况到标志性地点距离/km	到汽车客运站		4.26
	到集镇		1.00
	到小学		0.85
	到中学		＜1.00
	到医院		＜2.00

注　数据根据沿河县农村、集镇及县城 570 户移民样本调查所得。

表 5.2-24　　　　　彭水水电站移民安置前后居住条件变化情况表

指　标　类　型		安置前（2004 年）	安置后（2013 年）
房屋结构/％	砖木及以下	61	26
	砖混及以上	39	74
房屋面积/(m²/人)	农村（含集镇）	40	58.5
	县城	34.5	35.5

注　数据根据沿河县农村、集镇及县城 570 户移民样本调查所得。

为准确反映移民安置实际情况，重庆市移民局于 2009 年 1 月委托长江工程监理咨询有限公司承担了乌江银盘水电站建设征地和移民安置监督评估工作，监理公司组建乌江银盘水电站移民安置监督评估工作项目部，下设驻武隆县、彭水县 2 个经常性监督评估工作站，开展移民安置监督评估工作。移民样本户分为农村移民户和城（集）镇移民户，农村移民户抽取了武隆县、彭水县两个县共计 60 户作为样本，其中武隆县 40 户、彭水县 20 户；城镇移民户抽取了 53 户作为样本。调查资料显示，库区移民安置工作已取得较大进展，移民生产生活日益改善。

1. 人均耕地减少，生产条件有待改善

（1）耕园地。两县农村移民样本户人均耕园地面积为 0.46 亩，在农村移民生产安置实施中，两县对生产安置方式进行了调整，由规划调地安置改为货币补偿，在生产安置方式选择上，94.7％的移民户选择了土地补偿。农村移民（尤其是武隆县坝区移民）剩余可耕种土地较搬迁前急剧下降,一方面是未按规划调地安置,导致移民失去大部分土地(此种情况在坝区较为突出),无土地可耕种;另一方面,安置在集镇和焦村坝居民点的移民,由于路程较远,耕种不便,加之年轻劳动力向第二、第三产业转移就业,从事农业的劳动力以老年人为主,无力耕种,即使线上尚有部分可耕种的土地,现也已租(赠)给他人耕种。农村移民样本户家庭经济收入对传统农业生产的依赖性呈逐年下降趋势。

(2)收入恢复。2012年,两县农村移民样本户收入增长较快,其年人均纯收入水平均高于两区县收入水平。武隆县农村移民样本户年人均纯收入(7165元)增长16.9%,高于重庆市农民年人均纯收入的增幅(13.9%),也高于武隆县农民人均纯收入增幅(15.6%);但彭水县农村移民样本户人均纯收入(7137元)增长13.8%,略低于重庆市农民人均纯收入增幅(13.9%),也低于彭水县农民人均纯收入增幅(14.3%)。从农村移民收入构成看,工资性收入占比增加较快。武隆县农村移民样本户人均纯收入中,工资性收入占59.1%,较搬迁前(35.7%)增加了23.4个百分点;彭水县农村移民样本户人均纯收入中,工资性收入占83.7%,较搬迁前(82.2%)增加1.5个百分点;而家庭经营净收入占比分别较搬迁前减少了3.1个百分点和7.4个百分点。2008—2012年武隆县和彭水县农村移民样本户人均纯收入增长趋势及比较如图5.2-10和图5.2-11所示。

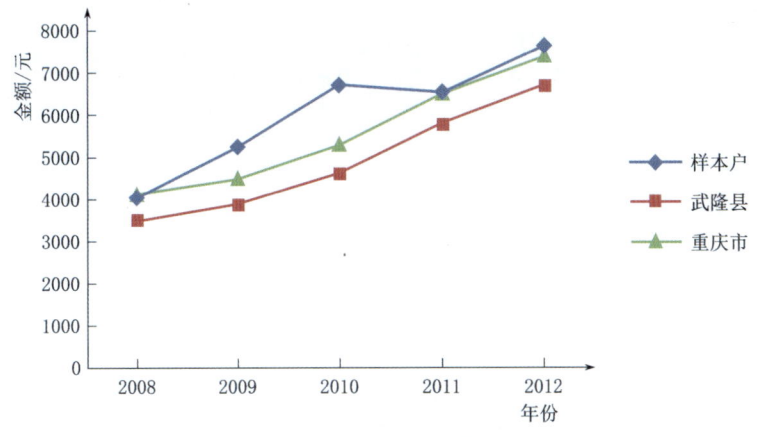

图5.2-10 2008—2012年武隆县农村移民样本户
人均纯收入增长趋势及比较图

(资料来源:《乌江银盘水电站建设征地和移民安置阶段性独立评估报告》。)

城(集)镇移民收入人均可支配收入水平总体偏低。2012年,武隆县和彭水县城镇移民样本户人均可支配收入分别为8162元和7511元,均低于同区域城镇老居民点收入水平,安置后由于商业门面经营尚未得到恢复,移民家庭收入受影响较大。

2. 居住条件明显提高,居住环境显著改善

(1)住房条件。农村移民样本户住房人均住房面积、住房砖混或框架结构比例均较搬迁前有明显的提高,移民样本户普遍对居住舒适性、安全性感到满意。农村移民搬迁前后住房条件变化情况见表5.2-25。

2012年,武隆县和彭水县城(集)镇移民样本户人均住房面积分别为79.5m^{2}和75.5m^2,住房结构均为砖混及框架结构,使用清洁能源的比例分别达到91.7%和

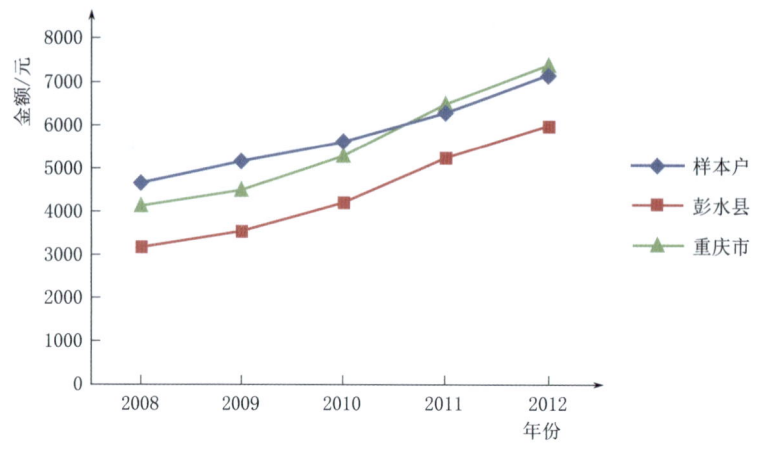

图 5.2-11 2008—2012 年彭水县农村移民样本户年
人均纯收入增长趋势及比较图

（资料来源：《乌江银盘水电站建设征地和移民安置阶段性独立评估报告》。）

46.3%，较搬迁前居住宽敞、舒适、安全、卫生。集镇移民搬迁前后住房条件变化情况见表 5.2-26。

表 5.2-25　　　　　　　农村移民搬迁前后住房条件变化情况

县名	砖混及框架结构住房比例/%			人均住房面积/m²		
	搬迁前	搬迁后	搬迁前后对比	搬迁前	搬迁后	搬迁前后对比
武隆县	78.7	100	21.3	33.8	52.8	19
彭水县	80.8	100	19.2	47	59	12

资料来源：《乌江银盘水电站建设征地和移民安置阶段性独立评估报告》。

表 5.2-26　　　　　　　集镇移民搬迁前后住房条件变化情况

县名	砖混及框架结构住房比例/%			人均住房面积/m²		
	搬迁前	搬迁后	搬迁前后对比	搬迁前	搬迁后	搬迁前后对比
武隆县	61.8	100.0	38.2	55.4	79.5	24.1
彭水县	67.9	100.0	32.1	60.1	75.5	15.4

资料来源：《乌江银盘水电站建设征地和移民安置阶段性独立评估报告》。

（2）基础设施建设。农村移民样本户饮水、用电、就医较搬迁前便利。通过修建小型供水设施等措施解决了饮水问题，随着自来水的普及，不仅移民的生活用水质量得到了较好的保障，而且移民的取水便利程度也大大提高。两县农村移民样本户安置区（村）饮用自来水的移民样本户分别占 67.5% 和 75%，分别较搬迁前增加 23.8 个百分点和 36.5 个百分点。另外，农村移民样本户所在安置区（村）全部通电，供电可靠；生活使用清洁能源（天然气、液化气、沼气和电力）的移民样本户增多；使用水冲厕所的移民样本户比例较搬迁前明显增多；交通条件得到较大改善，公路通达率为 100%；农村移民样本户安置区或周边均设有学校和医疗服务点，也基本能够满足移民子女就近入学和就医的需要。

移民迁建城（集）镇基础设施和公共服务设施条件也得到一定改善。武隆县和彭水县城（集）镇移民样本户家庭已全部通电且有保障，饮用卫生水的移民样本户比例达100%，安置区道路基本实现硬化，有线电视或卫星电视入户率达100%，安置区内及周边学校、医院等公共服务设施齐全、配套完善，较搬迁前得到一定改善。

（3）家庭耐用消费品。2012年，武隆县和彭水县移民样本户拥有洗衣机、电冰箱、空调、摩托车、彩电、移动电话、家用电脑等主要耐用品的数量明显超过搬迁前耐用消费品拥有数量，在一定程度上说明农村移民搬迁安置后，生活条件有一定程度的改善，生活质量得到提高。以武隆县为例，武隆县搬迁前后主要耐用消费品数量对比情况见表5.2-27。

表5.2-27　　　　　武隆县搬迁前后主要耐用消费品数量对比情况

主要耐用消费品	洗衣机/台	电冰箱/台	空调/台	摩托车/台	彩电/台	移动电话/部	家用电脑/台
搬迁前	53	56	13	31	91	150	2
搬迁后	90	75	48	55	95	228	6
前后比较	37	21	35	24	4	78	4

资料来源：《乌江银盘水电站建设征地和移民安置阶段性独立评估报告》。

5.2.2　流域移民安置实施效果

移民可持续是指移民能够在搬迁后，在安置措施的保障下，构成其生产与生活的资源、人口、经济、社会、环境等各个方面能够快速有效地恢复起来，并且不同要素之间能够良性互动，促使移民整体保持可持续发展状态。移民搬迁后生产生活水平的恢复程度，是评价移民安置效果的重要内容。乌江流域水电移民安置能否实现移民可持续的目标，既有待于实践检验，也需要客观全面的评价。

5.2.2.1　安置效果评价指标体系

1. 指标体系

根据移民生产生活评价基本内容，乌江流域移民生产生活评价指标体系由生产条件与水平、收入与消费、生活环境、人口素质、居住条件五个方面构成。

移民生产生活的生产条件与水平指标主要是资源投入与产出、资源数量情况，该分项指标体系由人均粮食产量、人均耕园地面积等指标构成。资源占有状况是生产条件与水平的重要研究方面，尤其应主要围绕人均占有资源的数量开展研究，如人均耕地面积、人均园地数量、人均主要粮食生产量、主要粮食的单产水平等都需要充分考虑。资源的质量也是资源可持续的一项重要保证。资源是创造人类社会财富的源泉。优质的资源可供人们更好更便捷地创造价值和财富，促进经济和社会更好更快地持续发展。资源的投入和产出一定程度上被资源的分配和利用情况影响着。资源分配是价值规律的具体表现形式。合理的分配和利用可以促进资源的可持续发展。

移民生产生活的收入与消费指标主要反映移民收入的恢复情况，该分项指标体系由人均纯收入、食品消费比重等指标构成。收入相关研究应包含人均纯收入及年人均纯收入增长情况；消费方面的研究应包含食品消费支出占总支出的比重等。

移民生产生活的生活环境指标主要反映基础设施、公共设施情况，该分项指标体系由居民点距公路、学校、乡镇医院距离等指标构成。基础设施是移民经济各项事业的发展基础，包括公路、通信、水电煤气等，也包括社会性基础设施，如教育、科技、医疗、卫生等社会事业。

移民生产生活的人口素质指标主要反映人口素质与人口结构，该分项指标体系由适龄儿童入学率、人均劳动技能培训次数等指标构成。从人口构成和人口素质两方面着手开展评价。人口构成是人口总体内部的各种属性特征的数量和比例关系，一般包含人口的年龄、性别、职业、文化和城乡分布等内容。人口素质是人口在质的方面的规定性，包含思想素质、文化素质、身体素质等。人口素质方面可以教育为出发点进行评价。适龄儿童的入学情况、劳动力接受教育情况及其接受技能培训等都是关注的焦点。

移民生产生活的居住条件指标主要反映居住情况，该分项指标体系由人均住房面积、钢混结构住房比重等指标构成。移民居住主要体现在居住条件和居住安全上。通过对人均住房面积和住房材质结构的调查和统计，可对移民居住条件进行研究；通过对安置区移民的危房户数及移民安置点是否处于危险地段的情况进行调查和统计，可对移民的居住安全进行研究。乌江流域移民生产生活评价指标体系如图5.2-12所示。

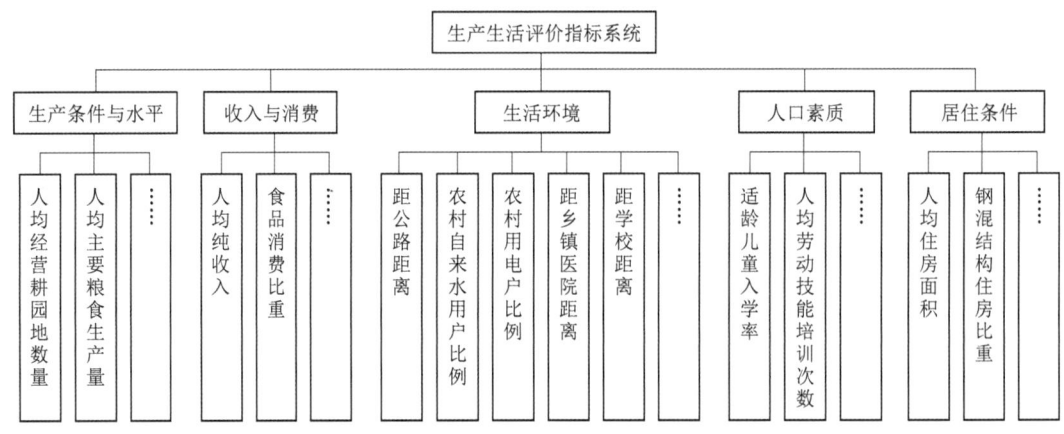

图 5.2-12 乌江流域移民生产生活评价指标体系

2. 单项指标解释

（1）人均经营耕园地数量：反映了移民经营土地的数量。

（2）人均主要粮食生产量（粮食不超过三个种类）：指人均粮食生产能力，人均产量＝主要粮食总产量/人数。

（3）人均纯收入（元）：移民人均纯收入是指平均每个移民占有的纯收入。移民纯收入是指移民家庭总收入中，扣除从事生产和非生产经营费用支出、缴纳税款和上交承包集体任务金额以后剩余的，可直接用于进行生产性、非生产性建设投资、生活消费和积蓄的那一部分收入。

（4）食品消费比重：指用于食品方面的支出占总消费的比例。

（5）居民点距公路距离（km）、行政村公交通达率：反映了安置地交通状况。

（6）农村自来水用户比例：指自来水用户数占村总户数比例，反映了村内通水情况。

(7) 农村用电户比例：指用电户数占村总户数比例，反映了村内通电情况。

(8) 居民点距乡镇医院距离（km）：反映了安置地医疗卫生条件情况。

(9) 居民点距学校距离：反映了安置地文化教育服务情况。

(10) 适龄儿童入学率：指达到入学年龄（6岁）的儿童的入学情况，反映了移民地入学儿童数在达到上学年龄儿童中的比例。

(11) 人均劳动技能培训次数：指劳动力一年中所受到的有组织的专业技能培训的次数，反映了移民接受技术培训的扶持情况。

(12) 人均住房面积（m^2）：指移民人均拥有的居住面积，反映了移民居住条件，人均面积是否符合标准。人均面积为房屋总面积与移民人数之比。

(13) 钢混结构住房比重：指钢筋混凝土结构的住房在所有结构的住房中所占的比重，反映了移民居住的房屋质量的情况。

5.2.2.2 生产安置效果评价

乌江流域水电工程按普定、引子渡、洪家渡、东风、索风营、乌江渡、构皮滩、思林、沙沱、彭水和银盘11个梯级电站开发。其中，征收耕地面积约19.06万亩，库区淹没影响人口约12.76万人，施工区占地人口0.50万人，规划生产安置人口9.33万人，规划搬迁安置人口11.10万人，实际搬迁人口约14.43万人。乌江流域部分梯级电站移民人口统计表见表5.2-28。

表5.2-28　　　　　　乌江流域部分梯级电站移民人口统计表

项目名称	征收耕地/亩	库区淹没影响人口/万人	施工区占地人口/万人	规划生产安置人口/万人	规划搬迁安置人口/万人	实际搬迁人口/万人
普定水电站	16100.27	3.94	0.04	—	—	1.06
引子渡水电站	8990.3	0.55	0.14	0.53	0.52	0.59
洪家渡水电站	68733.57	4.08	0.23	4.36	4.31	4.31
思林水电站	22709.26	1.07	0.13	1.36	1.87	1.65
沙沱水电站	15729.17	1.14	0.18	1.21	1.32	1.32
彭水水电站	15000	2.65	—	1.49	3.07	1.28
银盘水电站	3618.3	0.17	—	0.29	0.44	—

乌江流域梯级水电站移民安置方式经历了从单纯安置补偿向开发性补偿过渡的变化历程，安置方式也从单一的有土安置向多种安置方式转变。主要采取"以农为主、有土安置"方式，以土地作为生计保障的方式安置移民，为移民配置足够的耕地和生产资料。在有土安置过程中，政府发挥了很大的桥梁作用，他们充分利用各安置区、安置点现有土地资源，千方百计引导移民群众对接耕地，尽量让移民有地可种、有农可务。同时以征占耕地、实行长期补偿为补充形式，根据土地的年产值和市场价格变化情况，变一次性补偿为动态的长期补偿，电站运行一年补偿一年，确保移民的长远生计不受影响，乌江流域移民安置实施情况见表5.2-29。

1. 提高生产力、优化生产结构

(1) 在土地数量变化方面，根据生产安置规划，乌江流域调整和补充开垦耕地。在搬迁后，移民人均耕园地数量指标长序列值具有向上趋势。人均耕园地的增加，有利于移民开展农业种植，保证移民后的经济收入，有利于社会稳定。乌江流域移民人均耕园地数量指标长序列值如图 5.2-13 所示。

表 5.2-29　　　　　　　　　乌江流域移民安置实施情况表

工程名称	移民工作截止时间		有土安置比例	安置方式占比				
	开始日期/年	完成日期/年		集中安置	后靠安置	分散安置	投亲靠友/自谋职业	逐年补偿
乌江渡水电站	1976	1985	97%	57%	25%	18%		
东风水电站	1989	1991	93%	99%			1%	
洪家渡水电站	1999	2004	86%	23%	7%	39%	31%	
索风营水电站	2001	2005	99%	17%	30%	52%	1%	
构皮滩水电站	2003	2007	94%	22.3%	14%	72%	0.8%	4.9%
思林水电站	2003	2008	100%	31%	8%	58%	3%	
沙沱水电站	2005	2011	87%	21%	—	65%	1%	13%
普定水电站	1991	1996	—	—	5%			
引子渡水电站	2000	2003	94%	18%	39%	37%	6%	
彭水水电站	2006	2015	62%	—	—		38%	
银盘水电站	2010	2016	100%	—	—			

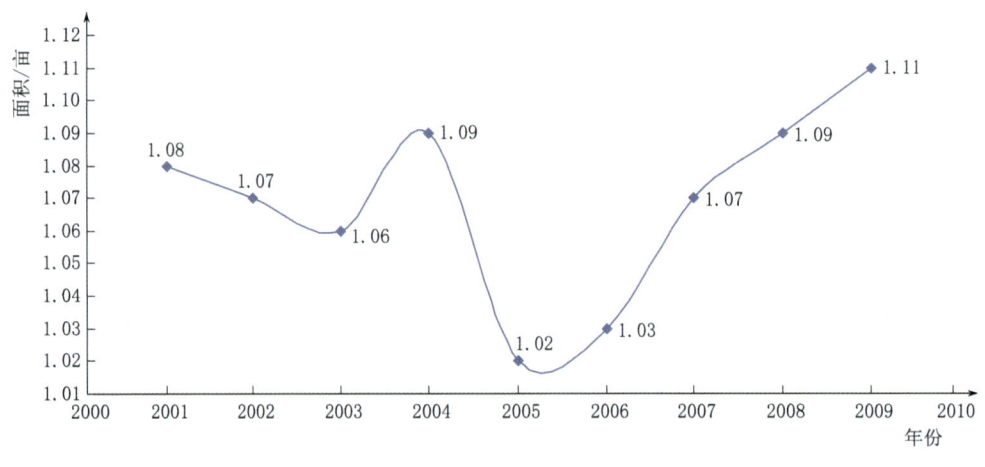

图 5.2-13　乌江流域移民人均耕园地数量指标长序列值

（2）移民土地资源状况不仅表现为土地数量的变化，还反映在土地质量的变化上。由于乌江流域的移民安置以有土安置为主，因此失去土地的风险很小。但是由于后靠安置比例较大，存在土地质量下降的风险。首先对移民搬迁前后的土地质量变化进行对比，根据对抽样调查所取得的问卷统计数据的分析，大多数移民土地的数量呈下降趋势，这种变化对于以农业生产作为家庭主要收入来源的移民户来说可谓是一个巨大的风险。如果不改变家庭创收结构，则只能通过改造中低产田、提高土地生产力的方式来增加收入。关于移民搬迁前后土地质量的探讨,此处选取亩产量作为参数。乌江流域移民搬迁前后土地质量变化对比见表 5.2-30,平均亩产量数据来源于抽样调查问卷的统计数据。

表 5.2-30　　　　　　　　乌江流域移民搬迁前后土地质量变化对比表

典型电站	搬迁前土地质量		搬迁后土地质量	
	平均亩产量/(斤/亩)	定性描述	平均亩产量/(斤/亩)	定性描述
乌江渡水电站	水稻 658.3；玉米 516.7；大豆 150.0	库区是典型的喀斯特地形,土质较好的水田、旱地较少	水稻 795.0；玉米 619.6；大豆 117.5	土地质量有所下降,土地本身的生产条件较淹没前也变得更差,亩产量提高的影响因素包括长期改造中低产田、重购土地的质量较高、耕作技术的改进等
东风水电站	水稻 642.9；玉米 512.5；红薯 1500.0；大豆 200	土地多为坡度大于 35°的坡耕地,因植被覆盖率较低,库区耕地存在一定程度的水土流失	水稻 800.0；玉米 555.3；红薯 200.0；大豆 67.5	库区目前垦殖指数较高,通过对水土流失等的治理,土地质量,尤其是旱地,总体上已符合耕作要求
洪家渡水电站	水稻 952.4；玉米 687.5；红薯 1666.7；大豆 200.0	水资源丰富,土地肥沃,既有水田,也有旱地	水稻 843.8；玉米 756.3；红薯 0；大豆 110.0	后靠安置移民购买所得的少量坡耕地质量严重下降,2006 年 6 月 30 日统计的移民人均粮食为 238kg
索风营水电站	水稻 1000.0；玉米 500.0；大豆 135.0	移民的耕地因受东风水库泄洪冲刷影响而一度减少,但库区土地质量较好,生产力较高,水田、旱地分布均匀,比例协调	水稻 500.0；玉米 575.0；大豆 150.0	由于按"人平法"将土地补偿补助资金直接发给移民,导致土地补偿资金不够,使得部分移民无法购买质量较好的耕地,现在有所改善
构皮滩水电站	水稻 969.2；玉米 669.2	土地多位于缓坡平坝区的少数开阔地段,土壤肥沃,是库区主要的产粮区,但淹没线以上耕地以旱地居多,水田较少,土地较贫瘠,产量低	水稻 1066.7；玉米 722.2	调补的旱地土地质量相对差,改造压力较大,但调补的水田和移民自购的水田质量较好
思林水电站	水稻 796.2；玉米 638.0；红薯 1966.7	移民搬迁前多居住在河谷地段,土地坡度小,质量较好,产量高	水稻 677.8；玉米 603.3	后靠安置的土地质量变差,加之分配的土地远离居住地,抛荒弃耕现象严重
沙沱水电站	水稻 463.6；玉米 566.9	库区所在的乌江峡谷区土地坡度较大,耕作条件较差,农作物产量很低,少部分土地相对肥沃	水稻 0；玉米 0	安置后土地数量急剧减少,且多为中低产田,土地质量的改造和提高需要一定过程
普定水电站				安置地农户给移民调剂出的耕地,大部分都是比较偏远且水源、交通条件较差的地段,农作物产出低,难以维持生计,部分安置地耕地资源现状较为紧张,使得耕地越来越少,能有富余土地租给移民耕种的也不多

续表

典型电站	搬迁前土地质量		搬迁后土地质量	
	平均亩产量/(斤/亩)	定性描述	平均亩产量/(斤/亩)	定性描述
银盘水电站		库区耕地主要是旱坡地,少数平缓地区水田和旱地各占一半,盛产稻谷、油菜,一般有灌溉设施,产量较高,其他地区一般以种植粮食作物为主,经济作物有油菜及烟叶等		改造现有中低产田地,重视农业水利配套等基础设施建设,使种植安置的每个移民都有一份稳产高产耕地。通过调整和优化种植结构,以市场为导向,依靠科技进步,科教兴农,发展高产、优质、高效农业

注 1. 问卷(共33份)中乌江渡库区从1978年到2003年的7次搬迁,粮食年产量数据差距较大,比较分散,平均亩产值的代表性和说服力都较弱。
2. 东风电站搬迁前所得土地红薯的年亩产值是根据3份有效问卷(共21份)得出的。
3. 思林电站搬迁前所得土地红薯的年亩产值是根据3份有效问卷(共27份)得出的,大部分移民现在主要从事非农生产。
4. 搬迁后土地亩产为0的情况多系土地数量剧减而弃耕,或土质较差、距离安置点较远出行不便等而抛荒。

移民搬迁以后,总体来讲土地质量有所下降,房屋质量和规格有所上升。土地质量的降低,一方面,促进了中低产田的改良和耕作技术的革新,努力推进了乌江流域现代农业的可持续发展;另一方面,土地质量的变化加速了农民的社会化过程,促进了当地产业结构的调整与优化,越来越多的农民开始进城打工,推动了该流域的城镇化进程。

2. 增加经济收入、建设和谐社会

乌江流域梯级电站的建设促进和保证了当地财政收入、生产总值的稳步增长。1999年,贵州省生产总值、县级公共财政收入为996.81亿元、43.59亿元,同年乌江流域地区生产总值、县级公共财政收入为623.59亿元、23.42亿元,占比分别为62.56%、53.72%;2012年,贵州省生产总值、县级公共财政收入为7092.85亿元、629.72亿元,乌江流域地区生产总值、县级公共财政收入为4156.39亿元、340.61亿元,占比分别为58.60%、54.09%。乌江流域地区生产总值、县级公共财政收入占贵州省比例如图5.2-14所示。

1999—2012年,乌江流域各县的县级公共财政收入、国内生产总值明显提高,增长比例分别为100.74%、92.64%。伴随着贵州省的财政收入、国内生产总值和城镇化率的提高,乌江流域各县的财政收入和国内生产总值占贵州省相应指标的比重略有下降,从一个侧面反映了乌江流域各县单纯依靠加大基础设施投入以增加财政收入的发展模式得以逐步改变,各县依托水电站建设的契机,努力发展与之相关的第三产业,经济发展模式和道路逐步规范化和可持续性。

乌江流域电站移民人均纯收入呈上升趋势、恩格尔系数逐渐下降。移民搬迁后,生产力上升,生产结构逐步优化,因而移民纯收入增加,生活条件不断改善,这都体现移民在搬迁后实现了生产生活的可持续性。乌江流域移民人均纯收入指标长序列值如图5.2-15所示,乌江流域移民恩格尔系数指标长序列值如图5.2-16所示。

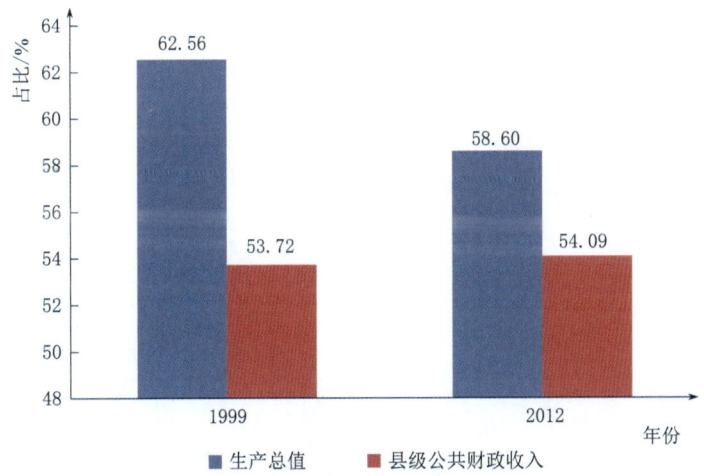

图 5.2-14 乌江流域地区生产总值、县级公共财政收入占贵州省比例
注：贵州省数据根据县级统计数据计算得出，不含市（州）级和省级部分。
（资料来源：《贵州统计年鉴 2013》《贵州统计年鉴 2000》。）

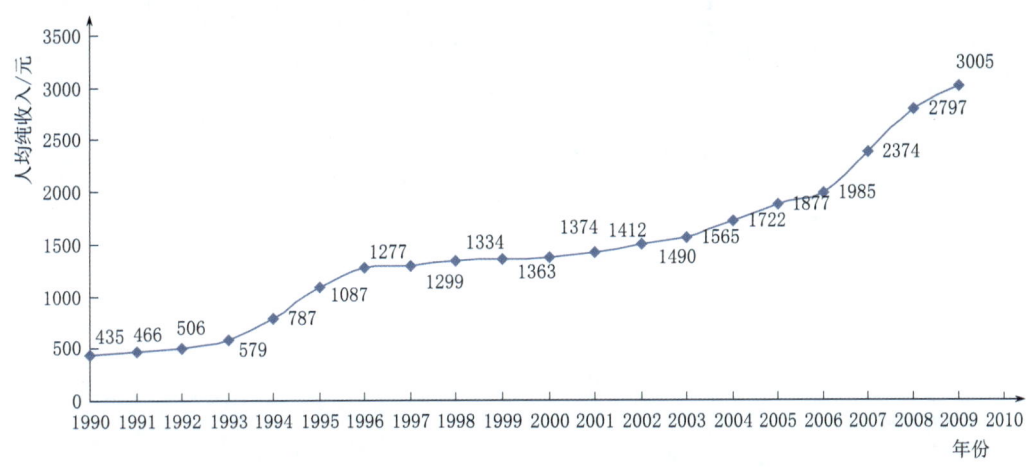

图 5.2-15 乌江流域移民人均纯收入指标长序列值

5.2.2.3 生活安置效果评价

乌江流域启动实施水电工程项目以来，在相关省委、省政府的领导下，通过库区各级党委、政府和各有关单位的共同努力，至 2017 年，全流域水电工程已按计划完成了移民生活安置 248201 人、生产安置 154121 人，占相应规划总数的 78.6% 和 66.2%（本数据不包括普定水电站移民安置数据）。

1. 完善基础配套设施建设

乌江流域梯级电站建设，移民搬迁安置点基础设施得到完善，包括安置点道路工程、饮用水工程、电力设施、文化教育设施以及公共卫生设施。这些基础设施的建设有利于城镇化步伐加快，实现发展。

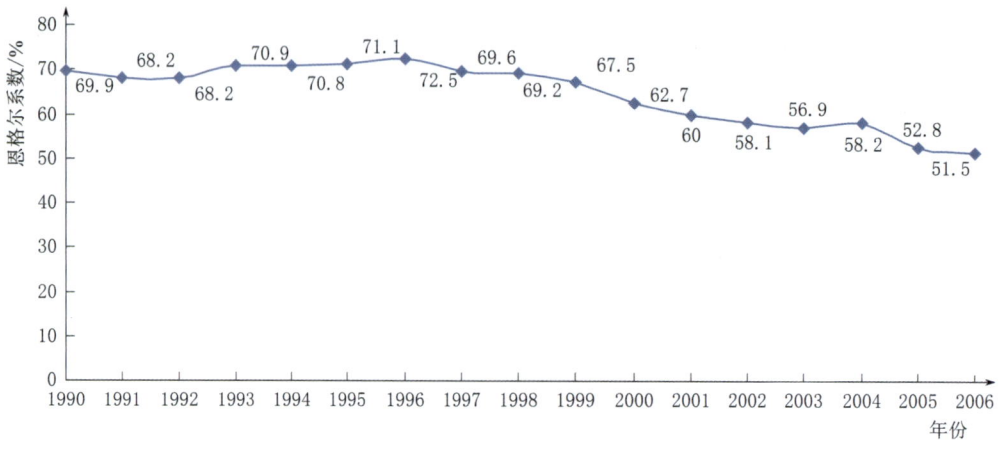

图 5.2-16　乌江流域移民恩格尔系数指标长序列值

（1）道路工程。搬迁前，乌江流域移民大多居住在山地或丘陵地带，交通十分不便，交通道路多为土石路面。搬迁后，移民的交通状况有了显著改善，移民安置地一般选择在交通发达的平原或距离县城很近的地方，安置地主次街道硬化率高。乌江梯级电站的建设从前期筹备、项目施工直至建成运行，整个过程都促进了交通基础设施的发展、完善。公路里程的增加、公路状况的进一步改善，将为本地区公路交通的发展提供基础条件，移民在搬迁后距公路更近。乌江流域移民搬迁前后道路工程一览表见表5.2-31。

表 5.2-31　　乌江流域移民搬迁前后道路工程一览表

项　目	规　划				已　实　施			
	三级公路/km	四级公路/km	大中型桥梁/（延m/座）	等外公路/km	三级公路/km	四级公路/km	大中型桥梁/（延m/座）	等外公路/km
普定水电站	改造简易公路7km							
引子渡水电站	新建简易公路13km；改造简易公路18km；新建简易码头8座							
洪家渡水电站	等外公路134.13km；维修公路231.09km				等外公路134.13km；维修公路231.09km			
东风水电站	新建、维修公路31处、73.5km；新建桥涵1座；新建人行便桥1座；新建码头（渡口）3处							
索风营水电站	乡村公路39.51km，其中新建25.48km，维修14.03km；库区规划码头2处；补偿渡口12处；补偿人行石桥2座				乡村公路建设68条，其中新建45.38km，维修87.56km，硬化25.06万m²；规划码头4处			

续表

项 目	规 划				已 实 施			
	三级公路/km	四级公路/km	大中型桥梁/(延 m/座)	等外公路/km	三级公路/km	四级公路/km	大中型桥梁/(延 m/座)	等外公路/km
构皮滩水电站	5.92	6.4	562.8	55.25	6.995	6.396	497.48	57.78
思林水电站	2	33.46	1012.28/9	118.86	—	17.28	655.28/5	87.34
沙沱水电站	四级公路12.62 km；汽车便道59.96km				四级公路12.62 km；汽车便道39.96km			
彭水水电站	2.55（二级）	42.79	1191.2	4.94	3.73	60.89	1712.4	24.21
银盘水电站	6.9	2						

注 沙沱水电站道路工程以思南县和德江县2014年数据计算。

资料来源：《乌江构皮滩水电站建设征地移民安置规划设计变更报告》《乌江思林水电站建设征地和移民安置实施完成情况报告》《乌江洪家渡水电站库区移民综合监理报告》《乌江沙沱水电站2014年度移民安置独立评估报告》《引子渡移民遗留问题处理规划报告》《索风营实施终稿》《彭水独立评估报告》《彭水水电站移民调概总报告》《总银盘实施规划报告》。

(2) 人饮工程。搬迁前，大多移民用水多为井水、泉水，水质未经过检测。搬迁后移民的用水情况得到了极大的改善。采用标准的自来水系统，在水质上有保障，方便了移民的生活用水，自来水用户比例上升，由37%上升到52%。样本村用水方式变化比例如图5.2-17所示。

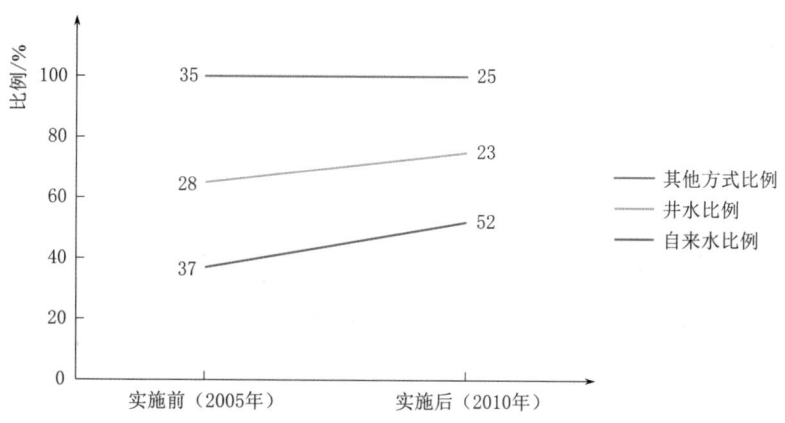

图 5.2-17 样本村用水方式变化比例图

注：数据根据监测样本村整理汇总所得。

（资料来源：河南黄河移民经济开发公司，贵州省大中型水库移民后期扶持政策实施情况（2006—2010年）监测评估报告，2012年3月。）

(3) 电力设施。乌江流域梯级电站的建设促使移民安置点的电力建设得到发展。2000—2012年，12年间新增水电装机容量640.5万kW，水电总装机达754.5万kW，翻了三番，乌江水电总发电量达到1782亿kW·h。梯级电站电网比单个电站的辐射范围要大，不仅仅是电源，还包括输变电线路和设备的建设，使得电网建设水平得到提高，增加了居民生活用电数量，并促进了流域经济社会发展。乌江流域生活用电工程建设前后一览表见表5.2-32。

表5.2-32　　　　　　乌江流域生活用电工程建设前后一览表

项　目	发电量 /(亿 kW·h)	移民前淹没输电线路 /km	移民后架设（复建）输电线路 /km
普定水电站	3.4		
引子渡水电站	9.13	1.5 (10kV) 9.1 (380V)	45.11 (10kV)
洪家渡水电站	15.6	0.6 (35kV) 75.23 (10kV)	9.8 (35kV) 115.3 (10kV)
东风水电站	29.58		58.02 (10kV)
索风营水电站	20.11	1.2 (380kV)	0.12 (10V) 4.78 (380V)
乌江渡水电站	41.4		324.16
构皮滩水电站	96.67	4.5 (35kV) 40.25	3.0 (35kV) 93.3 (10kV)
思林水电站	40.64	82.43 (10kV)	4.0 (35kV) 53.32 (10kV)
沙沱水电站	45.52		33.28 (35kV) 97.2 (10kV)
彭水水电站		14.24 (10kV)	31.25 (10kV) 13.49 (0.4kV) 19.55 (0.22kV)
银盘水电站		3.3 杆 km (10kV) 电信线路 4.9 杆 km	2.4 杆 km (35kV) 11.9 杆 km (10kV)

注　沙沱水电站移民后架设（复建）输电线路以沿河县和德江县2014年数据计算；洪家渡水电站移民后架设（复建）输电线路以织金县数据计算。

资料来源：《乌江构皮滩水电站建设征地移民安置规划设计变更报告》《水电工程建设对促进地方社会经济发展作用综合分析报告》《乌江思林水电站建设征地和移民安置实施完成情况报告》《乌江沙沱水电站2014年度移民安置独立评估报告》《乌江洪家渡水电站库区移民综合监理报告》《引子渡移民遗留问题处理规划设计报告》《东风水电站建设征地移民安置遗留问题处理规划》《索风营实施终稿》《总银盘实施规划报告》。

（4）公共卫生。移民在搬迁后距医院更近，享受卫生医疗资源增加。第一，在当地疾控部门的指导下，积极采取针对性措施，加强和完善传染病疫情检测报告系统，预防和控制疾病，加强卫生监督监测，改善卫生状况，预防和控制介水传染病及食物中毒，建立监测网络，开展长期系统的疾病和卫生监测，建立医疗急救系统，应对突发公共卫生事件，加强人群健康教育，提高群众自我预防能力，切实保护了施工队伍和库区人群的健康。第二，乌江流域所及县市医疗卫生事业发展迅速，卫生资源总量增加、结构优化。以遵义县、沿河土家族自治县、黔西县三县为例，自2000年以来县域内医疗卫生事业发展迅速，医疗机构数量、医疗工作人员数量、卫生机构病床床位数量在不同程度上呈现出普及化、精细化、专业化的发展趋势。遵义县、沿河土家族自治县、黔西县医疗卫生事业发展情况如图 5.2-18～图 5.2-20 所示。

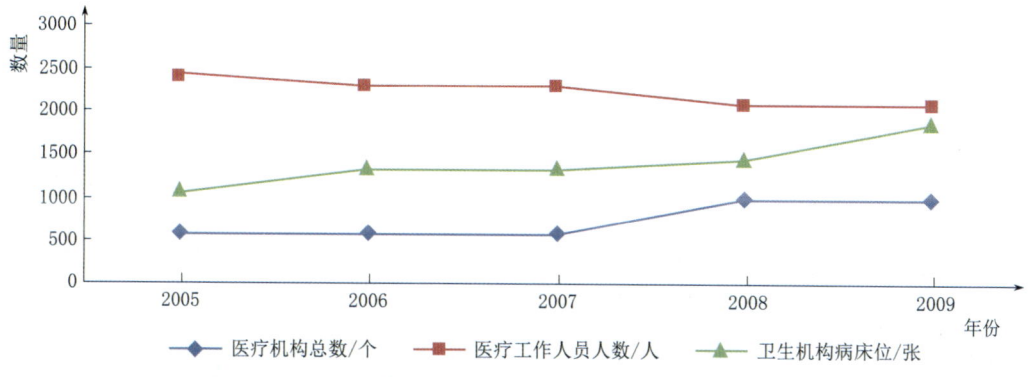

图 5.2-18　遵义县医疗卫生事业发展情况

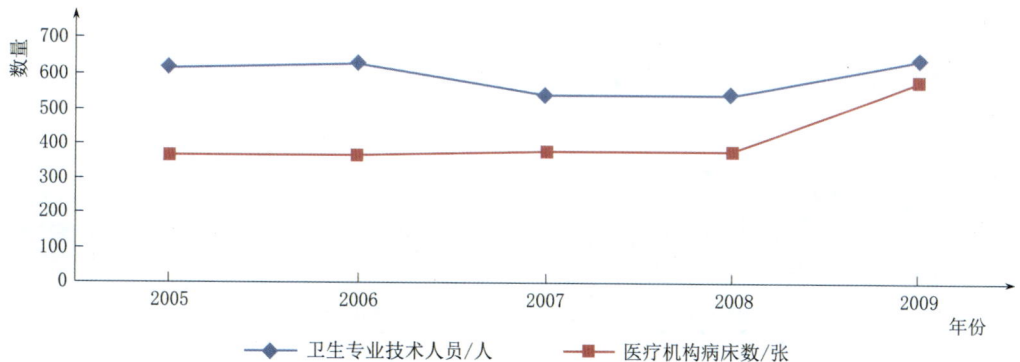

图 5.2-19　沿河土家族自治县医疗卫生事业发展情况

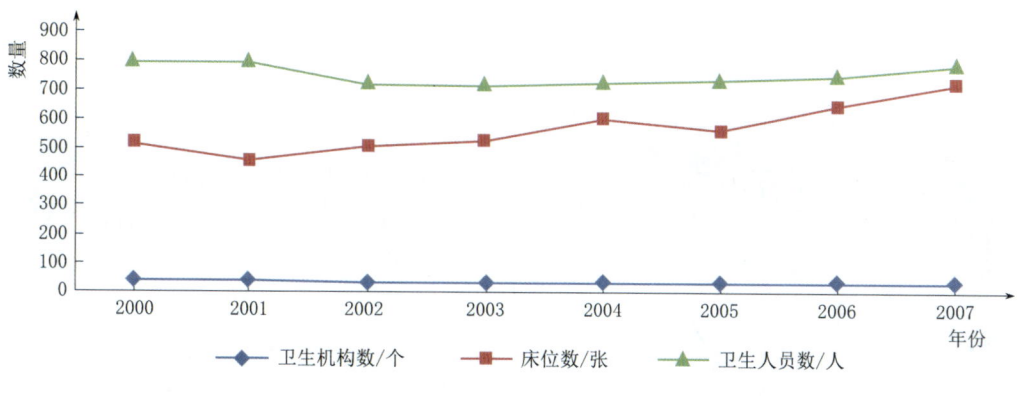

图 5.2-20　黔西县医疗卫生事业发展情况

（5）文化教育。建立和完善移民地区义务教育和职业技术培训体系，加大对移民及移民子女的教育培训力度，使移民和移民子女的受教育程度赶上当地农民，为移民稳定脱贫奔小康打好基础。从适龄儿童入学率来看，搬迁前后移民得到的教育资源发生改变。适龄儿童入学率指标长序列值如图 5.2-21 所示。搬迁前，流域内适龄儿童入学率在 1990 年是 91%，随着时间的逐步推移，流域内适龄儿童入学率逐渐走高，直至 2007 年的 98% 以上;义务教育阶段家庭经济困难学生都能享受到"两免一补";各村合理设置小学或教学点,乡乡有远程教育接收站、村村有接收点。根据调查,搬迁前,学校校舍和教室简陋,师资力量不足,且由于移民大多居住在山区、半山区,村落较分散,学生读书距离远,严重影响了移民的受教育程度。搬迁后,安置点靠近集镇,村内有小学、中学等,教育服务有很大改善,如构皮滩水电站工程部分安置在雍阳镇的移民,移民搬迁前就学平均需出行33km;移民搬迁安置在雍阳镇后,就学平均出行距离为1.1km,且雍阳镇地处瓮安县城,就学设施等较库区都相对完善。瓮安县第一、二、三小学,茅坡小学,花桥小学,云星小学,瓮安县第一、二、三、四中学等都为移民子女提供了系统的教学资源和良好的学习环境。

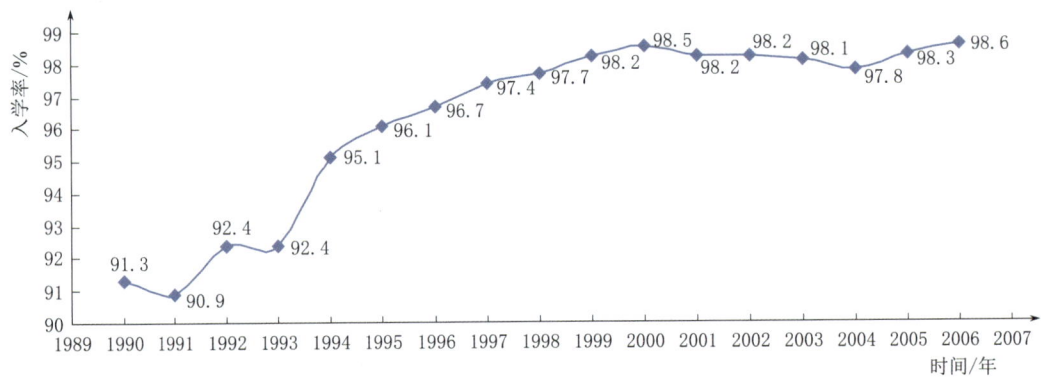

图 5.2-21　适龄儿童入学率指标长序列值

此外,加强移民地区科技推广,大力开展移民就业技能培训和移民向非农产业及城镇转移就业培训,增强移民进城和到经济发达地区就业的能力。自 2005 年起,从移民后期扶持资金中提取 11% 作为专项资金,用于移民地区科技推广和移民职业技术培训。以沿河县 2014 年一本样本户技能培训情况为例,在被调查的 144 户样本户中,28 户移民样本户表示参加当地政府组织劳动培训比较多,占被调查总户数的 19%;114 户移民样本户表示参加当地政府组织劳动技术培训一般,占被调查总户数的 79%;2 户移民样本户表示因为其他原因,没有参加当地政府组织劳动技术培训,占被调查总户数的 1%。沿河县移民样本户技能培训情况示意如图 5.2-22 所示。

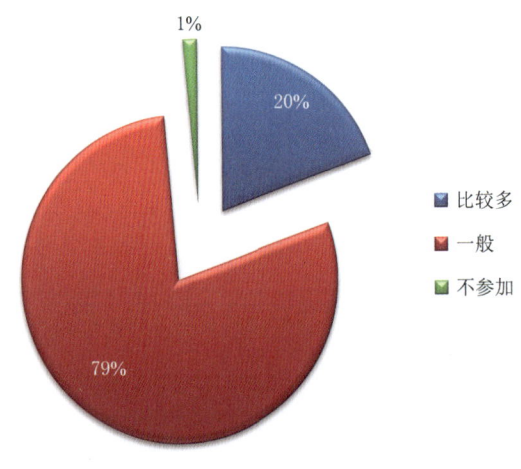

图 5.2-22　沿河县移民样本户技能培训情况示意图

2. 移民人居环境改善明显

房屋质量的对比主要从搬迁前后房屋的宅基地面积、房屋(主房部分)面积和房屋结构三个方面对移民住房的变化进行对比。通过对问卷数据的分析,问卷调查结果显示,移民搬迁以后,大部分移民家庭的房屋面积

表 5.2-33 乌江流域移民搬迁前后房屋状况对比表

典型电站	搬迁前 宅基地和房屋面积（主房）/m²	搬迁前 住房结构占比（主房）	搬迁前 定性描述	搬迁后 宅基地和房屋面积（主房）	搬迁后 住房结构占比（主房）	搬迁后 定性描述
乌江渡水电站	宅基地面积 69.4；房屋（主房）面积 40.5	无房 63.6%；草房 18.2%；砖木 12.1%；土木 6.1%	质量较差，且危房和塌方等灾害较多	宅基地面积 144.5；房屋（主房）面积 152.8	砖混 87.9%；砖木 3%；土木 6.1%；木 3%	移民的住房质量较好，房屋的规格、结构、户型等能够满足移民群体的需求，偶有危房和地质灾害
东风水电站	宅基地面积 102.1；房屋（主房）面积 80.5	砖混 4.8%；土木 66.7%；草房 29.5%	质量较差，某些移民房屋系危房，河谷地段的许多集中在一起的房屋经常遇到滑坡、泥石流等地质灾害，房屋的抗震性较差	宅基地面积 130.6；房屋（主房）面积 153.0	砖混 95.2%；土木 4.8%	房屋规格和居住环境质量都得到改善
洪家渡水电站	宅基地面积 164.4；房屋（主房）面积 125.7	砖混 27.3%；砖木 18.2%；土木 54.5%	房屋质量较好，危房数量较少，但许多房屋的选址地区易遭受地质灾害，某聚居区曾有400多户面临泥石流等灾害	宅基地面积 135.9；房屋（主房）面积 202.3	砖混 100%	绝大部分房屋的结构和质量均超过了搬迁前的原居住水平
索风营水电站	宅基地面积 159.5；房屋（主房）面积 90	砖混 25%；土木 25%；草房 25%	移民房屋质量好，所处地区的地质条件好	宅基地面积 102.5；房屋（主房）面积 167.5	砖混 100%	安置点所在地区的区位和基础设施较好
构皮滩水电站	宅基地面积 223.8；房屋（主房）面积 183.8	砖瓦 14.8%；砖木 23.1%；土木 30.8%；木 29.6%；草房 3.7%	宅基地面积较大，房屋质量较好，且所处地区地质条件较好，无地质灾害	宅基地面积 120.2；房屋（主房）面积 435.4	砖混 100%	房屋质量及周边环境明显得到改善，规格显著提高
思林水电站	宅基地面积 163.3；房屋（主房）面积 147.0	砖混 29.7%；砖木 14.8%；土木 22.2%；木 29.6%；草房 3.7%	居住条件较好，但耐用性差，维护成本较高，有泥石流、滑坡等威胁	宅基地面积 171.9；房屋（主房）面积 407.9	砖混 100%	安置点房屋规格较高
沙沱水电站	宅基地面积 120.1；房屋（主房）面积 77.8	砖混 14.3%；砖木 50%；土木 28.6%；草房 7.1%	房屋质量较好，也不存在泥石流、塌方等威胁，但房屋结构参差不齐，缺乏规划	宅基地面积 98.1；房屋（主房）面积 127.5	砖混 92.9%；土房 7.1%	新建房屋多为砖混结构

注　宅基地面积和房屋（主房）面积均为人均值，且均包括无房、少房户在内。

（主房）都有所增加，特别是位于安置点的安置较好的移民家庭所建房屋层数可以达到5层，房屋建筑面积增幅较大；从住房结构来讲，包括相当数量的无房、少房户在内的大部分抽样移民的房屋结构（主房）目前都是砖混结构，个别条件好的移民家庭房屋的主房部分采用了钢混结构，搬迁以后房屋的质量较以前有了很大的提升，房屋周边环境及基础服务设施的质量也得到了改善。乌江流域移民搬迁前后房屋状况对比表见表5.2-33。

就房屋质量来讲，移民搬迁安置改善了这部分农村居民的生活生产环境，同时，作为家庭资产的房屋，其质量的改善对移民家庭财产的增加也起到了一定的积极作用，这在某种程度上也解释了部分地区"争做移民"的现象。

5.2.2.4 移民安置效果总结

从最初的探索阶段到现在有条不紊地按照国家政策进行电站的开发，在乌江流域梯级水电开发的过程中，始终坚持以人为本，从移民群体的需要出发，在切实做好移民安置工作、维护社会稳定的同时，促进安置地区的社会发展和建设。

从生产安置和生活安置总体情况来看，乌江流域水电移民基本生活得到了有效保证。在生产安置方面，移民拥有的人均耕园地数量呈上升趋势，粮食产量增加。反映移民个体经济发展水平的人均纯收入水平指标波动式增长，恩格尔系数下降，移民经济收入恢复良好。在生活安置方面，搬迁前的库区村落是多年来自然形成的，缺乏统一规划。移民搬迁后，居民在路、水、电、公共卫生、文化教育等方面的基础设施均已配套。道路里程增加，用水和用电安全、规范供应，实现医疗、学校设施的就近服务等，户均宅基地增加、住房安全有保障，居住环境较搬迁前有明显改善。

第 6 章
实践与创新

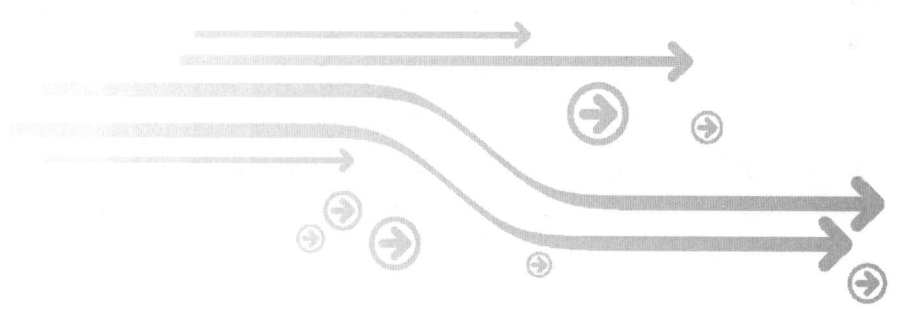

乌江流域的移民实践创新,主要体现在政策、规划设计、管理模式三个方面,在不同的历史时期,由于具体的关注点不同,创新点也各不相同。总体而言,可以分为四个阶段。

1. 第一阶段

通过宣传,成功动员群众"舍小家,为大家"。

这一时期限于当时的政治经济条件,移民安置工作还处在比较简单粗放的历史阶段,移民工作主要依靠"政治动员"。当时,国家和贵州省、重庆市均未出台移民政策或设置专门的移民管理机构。乌江流域水电开发移民工作主要依靠"政治动员、行政命令"的方式开展,党和政府动员群众发扬"舍小家,为大家"方式,具有很强的时代烙印。这一阶段,政府高度负责,通过全面动员、服从大局,顺利推进了移民安置进度。例如,1970年4月,乌江渡工程开始筹建,移民搬迁的工作迫在眉睫,需要动迁的单位和移民心理准备不足。为了保证工程的顺利进行,地方各级党政领导机关分别召集干部、党员和群众大会,大力宣传兴建乌江渡工程的伟大意义,教育干部群众正确处理国家利益和个人利益的关系。广大移民表示以战争年代之前的革命精神来支援工程建设,坚决服从大局,到安置区去艰苦创业,重建家园。在移民安置过程中,安置区政府依靠基层组织,注意发挥社会主义优越性,运用集体经济的优势,积极总结经验,并迅速推广,很快恢复壮大了集体经济。

案例:乌江渡移民工作"政治动员"事迹

1970年,乌江渡水电站大坝动工修建,这一年正好陈江生结婚。1971年,陈江生当了爸爸,女儿陈春生出生,这一年贵州省《关于乌江渡水库移民、水利灌溉和民工使用问题的会议纪要》出台。陈春生7岁那一年,遵义县组织了有乌江、三合、鸭溪3个区和有移民任务的7个公社14个大队的负责人参加的一次工作座谈会。形成了《遵义县移民工作座谈会纪要》。在动员会上,陈江生听到了关于乌江渡大坝建设的情况通报,年纪轻轻的他,就表态为了乌江大坝的修建,听从领导安排,说什么时候搬迁就什么时候搬迁。由于有了陈江生的带头,乌江双河村的搬迁工作很顺利。那时陈江生的孩子很小,生活条件很差。靠他一身好水性,从乌江河里打鱼,用鱼养活了孩子,喝鱼汤、吃鱼肉,女儿才长得白白胖胖,很招人喜欢。陈江生在动员会上表态回家后,老婆与他大吵一场,说家是夫妻两个人的家,居然不商量就乱说话,离开乌江边,辛苦添置的打渔家什没有用了,孩子喜欢吃鱼,到时候哪里有钱去买。媳妇一气之下跑回娘家20天,陈江生既当爹来又当妈。后来还是工作组的同志,做通了媳妇的思想工作,才回家与丈夫一起,把家从紧靠乌江边搬到了离乌江三华里的双河村。

陈江生家当时按遵义县移民搬迁补偿规定,得到近100元补助,用于搬迁至双河村,修建了一间土木结构的新瓦房,开始了新生活。在陈春生的记忆中,父亲老是忘不了乌江里的鱼,过年时总是要买几条乌江鱼做成豆腐鱼,常常说他做的才是正宗的乌江豆腐鱼。

陈春生就生长在一个因水电建设搬迁的家庭,从小看到父母对故土的难舍之情,理解父亲对国家建设的支持,感受到作为普通老百姓的牺牲精神。

2. 第二阶段

探索开发性移民,构建并完善了地方移民管理体系,开启流域规划新篇章。

这一时期是我国"开发性移民"从萌发到提出,直至实施的重要历史时期,而且开始关注前期移民工作的遗留问题。国家和地方政府在这一时期内相继出台重要的法律法规及行业规范,移民工作开始有章可循。在1986年7月29日,国务院办公厅印发《国务院办公厅转发水利电力部关于抓紧处理水库移民问题报告的通知》(国办发〔1986〕56号),对抓紧处理水库移民遗留问题作出全面部署,并提出了开发性移民的工作方针。国务院正式肯定了开发性移民的思路,并作为我国水库移民工作的基本方针。贵州省的移民安置从过去的补偿性安置开始向开发性安置转变。成立了省级及市县移民管理机构,在1986年1月9日,中共贵州省委印发《对省政府办公厅〈关于建立贵州省水库移民办公室的报告〉的批复》(〔86〕省通字第1号),该批复明确建立贵州省水库移民办公室,负责全省大中型水电工程的移民安置及库区维护工作。同月14日,贵州省政府办公厅下发《省人民政府办公厅关于建立贵州省水库移民办公室的通知》(黔府办〔1986〕7号),明确省水库移民办公室的职责,省级移民管理机构成立,极大保障了移民安置组织管理。各级移民管理机构进一步建立健全。该时期,各建设项目均建立了较为固定的移民管理机构,且移民管理机构随着移民安置实施工作的不断深入,其人员编制及地位不断得到加强,"政府领导、分级负责"的管理模式逐步形成。在这个时期,国家开始关注水库蓄水引发灾害的问题,在1981年2月20日召开的省级有关部门负责人及专业技术干部参加的会议上,进一步研究了乌江渡水电站库区诱发地震问题。会议确定:为做好地震监测工作,决定在息烽县九庄区设立固定地震台;乌江渡库区诱发地震问题列为1981年科研项目,进行专项研究;为保障库区人民生命财产安全,做好防震抗震工作。此外,设计单位也开始注重了对水库蓄水诱发的地陷、滑坡以及水库水位超高而产生的灾害的勘测和预防。总之,在这一时期,设计单位开始关注水库蓄水对库岸的影响。

乌江拥有丰富的水力资源,水电开发的指导思想、开发任务是"充分发挥乌江流域资源组合优势,突出重点,优先发展水电,促进河流的综合发展,用电力开发带动原材料和加工业的发展""乌江干流开发主要为发电,其次是航运,兼顾防洪、灌溉及其他",并且要求"坚持资源开发利用与环境保护治理相结合,改善生态环境,使之逐步转向良性循环,建立一个全面科学的乌江水电开发体系"。这些思想成为指导乌江干流规划和开发的依据。为开发乌江干流丰富的水力资源,1985—1992年,《乌江干流规划报告》《乌江流域综合利用规划》《乌江干流沿岸经济综合开发战略研究报告》和《乌江干流沿岸地区国土规划综合报告》等编制完成。1987年3月,水利电力部长江流域规划办公室与水利电力部贵阳勘测设计院共同编制完成了《乌江干流规划报告》,报告推荐了乌江干流11级开发方案。自此,开启了乌江流域规划新时期。

3. 第三阶段

基于日益完善的地方政策法规体系，因地制宜，探索并成功实施了多样化的移民安置方式，创新了管理机制。

这一时期是我国移民安置政策的一个发展期，1991年2月，国务院以74号令发布了《大中型水利水电工程建设征地补偿和移民安置条例》，第一次以行政法规的形式，对大中型水利水电工程建设征地和移民的管理，合理征用土地，妥善安置移民进行了统一和规范，标志着我国水库移民政策体系基本形成。在这个基础上，贵州省、重庆市等地方的政策法规体系不断地完善，如贵州省出台了《贵州省大中型水电工程水库移民安置实施管理试行办法》（黔移办发〔2001〕06号）、《关于进一步加强全省大中型水电工程移民工作有关问题的通知》（黔党办发〔2001〕20号）、《贵州省移民开发办公室关于全省新建大中型水电工程移民生产安置调控费提取等有关问题的通知》（黔移办发〔2002〕35号）等一系列政策规定，重庆市出台了《重庆市土地管理规定》（重庆市人民政府令第53号）、《重庆市征地补偿安置办法》（重庆市人民政府令第55号）等政策规定。地方上的政策法规不断完善，移民工作渐入佳境。

（1）移民安置方式上呈多样化发展的趋势。移民安置方式的选择，与安置地的实际、当时的政策导向和移民的意愿有密切关系。这一时期，贵州省移民安置主要实行"大分散、小集中"的有土安置方式，在耕地容量紧张的库区，还开展了长期补偿安置的试点，这是该时期贵州省移民安置工作的基本特点。普定县在安置引子渡电站移民时，按照"人随地走、家随土安"的办法，引导移民因地制宜实行分散有土安置，取得良好成效，称为"普定模式"，这便是"大分散、小集中"的范例。据对贵州省2001年以来开工建设的12座大中型水电站移民安置情况的调查，凡实行"大分散、小集中"移民安置方式的库区，都有以下共同特点：移民搬迁主动强，均提前完成搬迁任务，为电站提前下闸蓄水提供了条件。这说明了"大分散、小集中"移民安置方式是一种行得通的安置方式。这一时期也开始试行城镇复合安置方式，为了实现移民长远发展的目标，贵州省水库移民的城镇化安置往往与其他安置方式相结合，为移民生存发展提供了多重保险。城镇化安置与长期补偿安置、有土安置相结合，逐年的实物或现金补偿以及土地耕种确保移民的基本生活有保障；与资本经营相结合，规划建设门面，确保移民的增收致富有基础；与后期扶持相结合，项目扶持基础设施建设和产业发展，确保移民长远发展有潜力。城镇复合安置方式的实行，拓宽了移民搬得出、能致富的路径。

（2）逐步完善的移民政策法规体系，促进了移民搬迁安置有序实施。1991年，国务院颁布了《大中型水利水电工程建设征地补偿和移民安置条例》（国务院令第74号），对移民安置方针、原则、补偿范围和标准、安置方式和目标、移民工作程序以及法律责任等作了全面、系统的规定，并相应制定了一系列水库移民工作的政策性文件。加之《水电工程水库淹没处理规划设计规范》（DL/T 5064—1996）的出台，移民安置规划设计更加专业化。该阶段乌江流域兴建的洪家渡、普定、引子渡、索风营、构皮滩、彭水、思林工程，部分工程施工占地区和水库淹没区编制了较为详细、系统的移民安置规划。对所涉及的受影响实物指标进行了明确，对土地、受影响人口、房屋、专业设施等进行了详细的量化，并分农村、集镇、专业项目、工矿企业等内容编制了具体的安置或处理规划，明确了各项补偿费用和概算投资,且有具体的年度实施计划安排,从而对流域水库移民工作起到了科学的指导作用,促进了移民搬迁安置有序实施。

(3) 投资概算和专项规划受到重视。在索风营水电站移民安置规划设计中,对受影响的农村移民编制了具体的安置规划,专业项目具有专项设施规划,包括水文站、交通规划和供电规划等;编制了详细的补偿投资概算,明确农村移民补偿费用项目和标准、专项迁改建投资概算、基础设施投资概算以及库底清理费用计算标准等,并具有明确的年度投资计划表,主体设计单位开始注重专项设计。

(4) "人平法"的实施。贵州省对大中型水电站的征地补偿兑现方式,主要依据《中华人民共和国土地管理法》的有关规定并结合贵州的实际情况确定。这一时期的电站项目,除思林电站外,项目审批时间都在 2003 年《中华人民共和国农村土地承包法》实施以前,土地补偿兑现以"人平法"为主。将土地补偿费和安置补助费按全县生产安置人口平均后以生产安置费的方式直接兑现到户,这是该时期贵州水库移民工作的突出特点,处于摸索阶段。"人平法"的实施,是基于贵州省土地管理的有关规定和贵州省土地承包的实际情况,极大地弥补了当时实物调查精度不足、界限不清等缺陷。

"人平法"安置方式

贵州省山多地少,每户被水库淹没的土地数量很不均衡,如果按照淹没或征用土地的面积进行补偿,许多移民家庭无法搬迁。洪家渡库区(以及索风营、构皮滩库区)结合当地实际情况,对土地补偿采用了移民人口平均分配土地(指耕地、园地)补偿资金的办法,简称为"人平法",即以县为单位,用该县库区总的土地补偿费和安置补助费,按认定的移民人口补偿兑现人均土地费。这种补偿方式避免了淹没土地较少的家庭无法搬迁或搬迁后难以恢复生产生活的情况。

以洪家渡库区为例,洪家渡水库淹没涉及贵州省毕节地区的黔西、织金、大方、纳雍 4 个县。按照国家划分贫困县的标准,除黔西县之外,其余 3 县均属国家级贫困县,其特点是贫困乡多、贫困户多、贫困人口多,还有相当一部分群众未解决温饱问题。由于种种原因,库周各县工业基础极其薄弱,经济发展缓慢。农村虽有较优越的发展潜力,但生产经营管理水平较低,结构单一,农业收入较低。库区各县在农业经济方面上在贵州省属于较落后的地区。农作物单产低,人均占有的粮食以及肉、蛋、禽等均低于全省平均水平。洪家渡电站的兴建为本地区创造了发展良机,但同时,由于当地存在大量贫困户,他们的土地较少,房屋质量差、面积小。如果完全按照补偿标准进行补偿,他们在搬迁后将很难进行生产生活恢复。而按照"人平法"兑现人均土地补偿费后,贫困户也能够得到足够的补偿款来恢复其生产生活。

但这种方式也有一定的弊端。一是损害了拥有较多土地的富裕移民的利益,他们的不满可能会给库区带来不稳定因素。二是按照人数来发放土地补偿款会诱使移民超生,按照规定,在实物指标调查规定的日期前出生的没上户口的超生子女也算作移民,所以,多生一个孩子就可以多一份补偿款,这就造成了移民大量超生,很多在规定日期之后出生的超生子女按规定不能算作移民,许多移民不理解,频繁上访甚至闹事,产生了不稳定因素。三是造成了婚出人口问题。

(5) 开创了流域滚动开发的新模式。乌江流域梯级电站滚动开发开创了全国流域开发的先河。早在1988年，多元化投资办电的改革思路就被提出，并由贵州省政府组建乌江公司筹备处，拉开了乌江流域梯级滚动开发的序幕，用不到30年的时间为大江大河流域整体开发提供了成功典范。乌江流域开发模式有三个显著特点：①单一主体开发机制，整个流域贵州境内的水电资源由乌江公司独家开发，有利于梯级电站建设的统一规划、统一管理、统一调度，实现最优开发和综合效益最大化；②滚动开发机制，以国家授权的乌江渡、东风电站母体的收益和部分折旧作为原始资本，建成项目的投产收益直接用于下一个项目的开发，实现梯级水电站的滚动开发和良性循环；③联合开发机制，在乌江公司的股权结构上，中国华电集团有限公司（简称"华电集团"）持有51％股份，贵州省省属公司持有49％股份。这种方式充分调动了中央和地方两个投资主体的积极性，把工程建设、移民安置、环境保护的责任、利益和风险捆在一起，对加快乌江流域水电开发发挥了巨大作用。

(6) 创新移民工程返包代建机制。在乌江水电工程征地移民工作中，水电开发公司与移民管理部门密切配合，结合实践探索，积累了丰富的移民工作经验，在全国率先创新移民安置模式。如贵州省率先创新实践了移民工程返包代建机制，这是在移民工程项目管理模式上的一种探索和创新，对于调动移民搬迁积极性、保障移民长远生计、实现移民稳妥安置起到了重要作用，保证了工程的顺利建设，成为全国移民安置方式创新的成功典范，并作为移民工程管理的一项基本要求在库区推广实施。

(7) 妥善地处理了"4·26"移民群体性事件。2001年4月26日，洪家渡电站施工区按规划要在2000年10月前完成搬迁安置任务实现大江截流，位于施工区内的织金县茶店乡团结村曾家寨村民组14户移民以补偿标准过低为由一直拒绝搬迁。并在通往施工区的道路上设置多处障碍，阻断交通，阻挡施工，导致施工区交通中断，工程被迫停工。事件发生后，省委、省政府高度重视，省委书记钱运录、省长等同志先后率省直有关部门负责人组成工作组赶赴黔西、织金等县，组织指挥处置事宜和善后处理工作。毕节地区及黔西、织金、大方、纳雍四县广泛动员，抽调上千名干部深入村寨农户，认真细致地做了大量工作。从5月9日起，洪家渡电站施工区局势得到全面有效控制，工程全面复工。"4·26"移民群体性事件的妥善处理，不仅使工程恢复了施工，还促进了省级移民管理体制改革。

(8) 成立了省级移民管理机构。2001年6月5日，为切实加快贵州省大中型水电工程建设，确保全省"西电东送"目标的顺利实现，贵州省委办公厅、省政府办公厅下发黔党办发〔2001〕20号文《关于进一步加强全省大中型水电工程移民工作有关问题的通知》，解除省水库移民办公室与省电力公司的隶属关系，将"贵州省水库移民办公室"改为"贵州省大中型水电工程移民开发领导小组办公室"（以下简称"省移民办"），作为省政府直属正厅级事业单位，履行全省大中型水电工程移民开发行政管理职能。自此，贵州省级移民机构从电力企业中独立出来。1997年，重庆市直辖市正式成立，涪陵地区纳入重庆直辖市管辖。直辖市成立后，重庆市移民局成立，管理范围包括了三峡库区腹地涪陵地区。重庆直辖市的成立以及移民局的成立，对该地区的移民工作管理提供了强有力的保障。

这一时期，贵州省建立了三项工作机制：一是移民工作调度会议制度，每季度召开一次调度会议，参加对象为市（州、地）分管领导、移民局局长、项目业主、设计和监理单位，及时研究解决移民工作中遇到的突出矛盾和问题。二是双向目标考核制度，将移民搬迁安置、后期扶持、资金管理和社会稳定任务分解到市（州、地）人民政府，年初在全省移民工作大会上由政府分管领导与市（州、地）分管领导、省移民局局长与市（州、地）移民局局长签订双向目标责任书，同样，市与县签订双向目标责任书、县与乡和县直相关部门签订单向目标责任书，年底层层考核，考核结果作为兑现奖惩和干部任用依据，形成了横向到边、纵向到底的移民管理责任机制。三是领导联系库区制度，省、市（州、地）移民部门领导班子成员和市（州、地）移民工作领导小组成员定向定点联系库区移民工作，对所联系的库区移民搬迁安置进度和社会稳定承担相应的指导、协调、督导和领导责任。

贵州省出台一系列的搬迁激励措施，给予移民搬迁资金补助，对于移民在规定时间内完成搬迁任务的给予资金奖励等，极大激发了移民搬迁的积极性，确保了搬迁进度，为工程建设的推进创造良好条件。

4. 第四阶段

该阶段创新了地方政府和电站业主的协作机制，开创了工程建设与生态环境保护并重的新模式，完善了移民管理体系和工作机制，通过多方面的探索和创新，解决了移民安置实施中一系列问题。

在这个时期，乌江流域水电开发创新了"地方政府管民生，电站业主管工程"的协作机制，即在移民工作中，地方政府及其有关部门要按照属地管理、县为基础的原则，把主要工作放在移民的搬迁安置上，把主要精力放在解决移民的民生问题上，集中精力做好移民搬迁安置工作，维护好库区的社会稳定。而电站业主则充分发挥其在工程管理方面的技术优势和经验优势，承担起移民工程中的重大关键项目的建设任务，确保项目的投资、进度、质量及安全得到有效控制，确保项目实施满足电站建设进度的要求。工程建设中涉及的征地、拆迁等事宜，地方政府负责做好协调服务等工作，尽力提供良好的施工环境，促进项目顺利实施。随着贵州乌江水电开发有限责任公司的成立，流域水电开发权已由政府统筹转变为项目法人负责。该转变适应了我国社会、经济、文化的进步和发展，有利于流域水能资源的统筹利用，有利于流域水电的科学规划，有利于水电项目的有效管理。随着乌江渡、引子渡、洪家渡、索风营、东风、构皮滩、思林、沙沱、彭水等梯级水电站的相继核准和竣工验收，乌江流域水电开发呈现了国有、民营和股份制"百花齐放"的良好局面。

(1) 开创了工程建设与生态环境保护并重的新模式。华电集团在电站建设管理过程中，严格遵守国家和地方政府有关环境保护的法律、法规，严格执行环保设施与主体工程同时设计、同时施工和同时使用的"三同时"原则，采取大量环保措施，重点做好水土保持、植被恢复和有关鱼类及野生动植物的保护工作。例如，索风营电站建设从一开始就把工程和环保结合起来，被国家有关部门和地方政府誉为生态环境保护的成功典型。

(2) 创新了移民搬迁激励机制。在电站截流后，移民搬迁进入最后攻坚阶段，移民安置点场平、道路、供水等基础设施已基本完成。在宅基地已分配到户的情况下，为了促进移民搬迁进度，确保人民生命财产安全，对水位线下游移民实行度汛搬迁，采取相应的激励机制，鼓励移民到安置地建房，从而加快移民搬迁进度。例如，贵州沙沱水电站，2012年6月，贵州省移民部门商地方政府和电站业主同意，决定对在2013年4月汛前搬迁的移民给予临时建房补助费、过渡期生活补助费等，鼓励移民按期搬出库区，到安置地加快建房进度。得到了移民的积极响应，及时进入安置地租当地其他农民房屋为临时居住点，当自己的房屋建好第一层时，就入住建第二层，让移民获得了实惠，调动了移民的积极性，加快了移民搬迁进度，保证了电站安全下闸蓄水。到2013年3月，已有12000位移民按照这种方式实现了搬迁。

（3）创新采用了长期补偿安置方式。长期补偿安置指在一定时期内以水利水电项目水库淹没耕地（含枢纽工程建设占地）的地类、面积与经核定的年产值为基础，由项目法人对其所有权人或法定承包人进行逐年补偿的移民安置方式。补偿时限从耕地被征占之年起到工程项目报废为止，项目存在一年补偿一年。贵州省内长期补偿安置从试点到推广经历了漫长的实践过程，随着长期补偿机制的不断完善，不仅解决了人地矛盾，还营造了地方政府、移民和项目法人三大利益主体互利共赢的新局面，长补工作的成效是比较显著的。在这个时期，贵州省积极地探索逐年补偿方式，重庆市则率先在《重庆市人民政府关于调整征地补偿安置政策有关事项的通知》（渝府发〔2008〕45号）中创新实践，提出建立被征地农转非人员的基本生活保障制度。

（4）创新了资金筹措方式。在这个时期，贵州省不断探索多渠道筹措移民管理资金，用于搬迁安置过程以及对移民的后期扶持。采取多渠道的资金筹措办法，电力基金是后期扶持资金的主要来源，即从电费里征收一定的份额作为基金用于后期扶持，此外还包括了贷款和发行债券等方式。

（5）完善了移民管理体系和工作机制。为了适应"西电东送"工程大规模移民搬迁安置的形势需要，2001年，贵州省委、省政府印发了《关于进一步加强全省大中型水电工程移民工作有关问题的通知》，首先从组织保障入手，理顺了全省移民管理体制，不仅建立了省、市、县三级移民管理机构，而且借鉴三峡工程重庆市库区的办法，在市（州、地）、县增设移民工作的专职副州（市）长、副专员、副县长，不占同级政府领导职数，为移民工作的顺利开展提供了强有力的组织保障体系。

（6）制定了专项规划，妥善处理遗留问题。按照黔府办发〔2006〕125号的要求，贵州省于2006年12月启动了洪家渡电站移民遗留问题处理试点工作，按照国家批准的意见，贵州省组织开展了洪家渡电站移民遗留问题处理成果实施兑现工作。目前已实施完毕，有效解决了库区存在的突出问题，移民普遍感到满意，遗留问题处理试点工作取得实效。通过适度提高电价解决当前突出且急需解决的移民遗留问题。在洪家渡库区遗留问题处理试点取得成功的基础上，参照洪家渡库区的做法，贵州省开展了索风营、引子渡电站移民遗留问题处理工作，均取得成功。贵阳勘测设计研究院有限公司根据国家能源局及有关部门通知及批示意见和精神，编制完成了《乌江干流水电站建设征地移民安置遗留问题处理规划汇总报告》，对遗留问题的处理制定了专项规划。在《乌江构皮滩水电站建设征地移民安置实施规划修编报告》中，对地质灾害的处理单独列出并进行详细说明，体现了在水利水电建设以及移民安置中，对地质灾害预防与处理的不断重视。

在彭水水电站的建设中，涉及了龚滩古镇的搬迁问题。龚滩古镇是重庆市第一批历史文化名镇，位于重庆市酉阳县西部，居于乌江天险中段，山、水、建筑融为一体，是乌江画廊核心景区。因受彭水水电站水库淹没及库岸地质再造和滑坡的影响，龚滩古镇需整体搬迁。为保护好古镇风貌，在水电站建设征地及移民安置规划与实施中，根据地形地质条件，并充分征求移民意愿，实现了古镇复建和新镇分别选址、规划、建设，文物保护、古镇复建和移民搬迁安置补偿互相协调，促进了新镇迁建、古镇复建、文物保护和旅游发展，取得了良好的效果。其经验可供其他类似工程参考和借鉴，值得推广。

这一时期，乌江流域水电开发开创了工程建设与生态环境保护并重的新模式。华电集团在索风营电站建设管理过程中，严格遵守国家和地方政府有关环境保护的法律、法规，严格执行环保设施与主体工程同时设计、同时施工和同时使用的"三同时"原则，采取大量环保措施，重点做好水土保持、植被恢复和有关鱼类及野生动植物的保护工作。被国家有关部门和地方政府誉为生态环境保护的成功典型。

第 7 章
展望

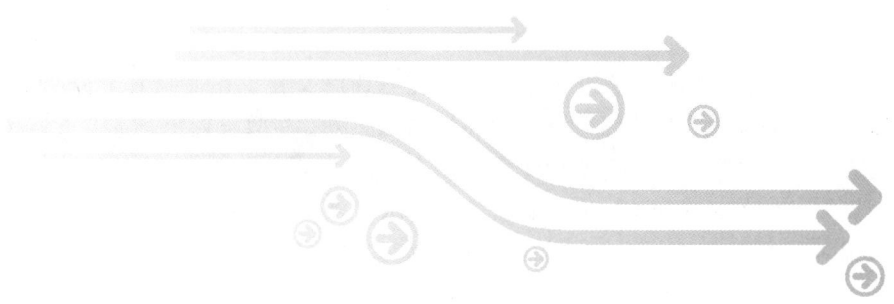

贵州省地形地貌特殊，贫困农民人口较多，乌江流域梯级水电工程项目对贵州省发电、防洪、灌溉、供水、航运、旅游、养殖等方面都产生了重要的社会效益和综合效益。

由工程建设所带来的移民安置工作是一项系统性、政策性很强的工作，贵州省特殊的地形地貌和生态环境给水库移民工作带来诸多不利因素。但贵州省各级移民工作者从贵州省实际出发，在水电工程移民安置过程中，因地制宜地不断探索和创新，始终坚持与时代背景和政策特点保持一致，并在政策的调整和完善中同步推进。经过多年的移民安置实践，移民工作由起初的摸着石头过河，逐步走上了开发性移民和可持续发展的道路，在实施过程中取得了诸多良好效果。在肯定成绩、总结经验的同时，乌江流域移民工作的未来发展还需要各部门继续发扬艰苦奋斗的优良传统，扎实做好移民后续的管理工作，为构建富裕和谐库区、推进移民生产生活快速发展作出更大的努力。

目前，在我国水能资源丰富的西南地区，水利水电工程建设日益增多，因地域性差距、政策性不一、移民群体的差异性等因素，使得移民安置工作面临着十分严峻的挑战。因此，水库移民的安置工作不可一成不变。根据新形势、新政策要求，需要人们从理论和实践中进行深入研究探索，创新水电工程移民安置方法。

(1) 以无土少土安置为主，满足移民安置需求的多元化。移民安置需求的多样化主要表现在移民对安置方式的选择、安置地的选择及安置地的公共服务设施配套上。

首先，移民安置方式多样化。随着土地资源和容量日趋紧张、城镇化建设的提速，未来的移民安置方式须转型到以无土少土安置为主。在移民安置前期阶段不仅要明确移民对安置方式和去向的意愿，使移民可以结合自身的情况自主选择集中或分散安置、就地后靠或外迁安置、一次性补偿安置或长期补偿安置等方式，还要分清主要和辅助安置模式，合理划分选择比例，立足实际、因地制宜，正确引导移民选择。同时，在安置方式上还需要进一步探索和创新，合理解决人地矛盾突出问题，尽量满足移民生存和发展的需求。其次，安置地的选择。无论是修建集中安置点，还是其他分散安置点，移民均可在政策范围内根据自身情况选择，要通过大力宣传将安置点情况较为详细地介绍给移民，把知情权和决定权留给移民，不能遮掩、不能误导。在安置点的公共设施配套上，不能停留在过去满足水、电、路的基本保障阶段，要符合时代发展的需求，满足移民日益增长的物质文化生活的需求，充分考虑就医、入学入托、生活休闲、信息网络、污水处理等设施。

(2) 要逐步完善政策，保障移民合法利益和长远生计。一是征地补偿政策需进一步统一。水利水电工程与其他工程的征地标准不一致，现行移民条例规定的征地补偿补助倍数与统一年产值政策规定倍数还存在一定差距。在实际征地中，甚至出现同一地块被三个不同的工程占用，三个工程具有不同的补偿标准，而水利水电工程占地的补偿标准最低。使得失地群众对这个问题想不通，反应很强烈，矛盾十分突出。需要在征地补偿标准上进一步完善，加快与土地管理法接轨，实现与其他工程同地同价。二是社会保障政策体系需进一步完善。移民失去土地资源后，如何考虑移民的后续生存发展能力。我国移民社会保障安置和体系总体滞后，还存在资金来源困难、保障水平低、保障制度不完善等问题。当前，十八大报告已提出统筹推进城乡社会保障体系建设的战略部署，移民安置应当纳入国家社会保障体系，在普惠的基础上，进一步提高保障档次和标准，消除移民后顾之忧，保障移民长远生计。

（3）要规范项目建设管理，处理遗留问题，多举措促进移民后期扶持工作。乌江流域部分水电站都存在一些遗留问题，后期扶持项目管理制度有待完善、后期扶持资金结存较大、产业发展推进困难、部分基础设施或配套设施工程建设项目进度滞后、已完工项目竣工验收和移交手续办理滞后、竣工后带来的水土流失等环境安全隐患等问题都亟待处理。脚踏实地地处理遗留问题是保证移民工作顺利实施、全面完成移民任务的需要，是提高移民安置质量的需要，也是贯彻落实科学发展观、构建和谐库区、促进社会和谐、维护库区稳定的需要。必须要坚持以人为本，充分考虑移民的实际困难和问题，对涉及移民个人财产补偿补助的项目，要计足计全，在政策范围内尽量给予倾斜照顾，保证移民真正得到实惠。

首先，要加强制度建设，简政放权，优化服务。对原项目管理办法进行修订，以适应形势和任务的需要。其次，督促加快项目实施进度，盘活存量、用好增量。要加大已完工项目的验收、审计力度，完善资料，支付工程尾款，减少资金结存；对未开工、未完工项目倒排工期，建立进度台账，按照期限要求建成。再次，要高度重视移民后期扶持工作，很多电站由于资金少，扶持面窄，效果不足以显现。要采取有力有效措施，切实加大库区移民后期扶持工作的推进力度。如加大移民安置区产业扶持和移民就业培训工作力度，提供移民创业等金融支持，加大对移民村文化和社会事业的扶持，探索推进移民村生态文明建设，努力建设美丽乡村。

（4）因地制宜、统筹管理乌江流域水电移民安置工作。《大中型水利水电工程建设征地补偿和移民安置条例》（国务院令第 471 号）的出台，提出大中型水利水电工程建设征地补偿和移民安置应当遵循下列原则：可持续发展，与资源综合开发利用、生态环境保护相协调；因地制宜，统筹规划。同时提出编制移民安置规划应当尊重少数民族的生产、生活方式和风俗习惯。移民安置规划应当与国民经济和社会发展规划以及土地利用总体规划、城市总体规划、村庄和集镇规划相衔接。可以看出，该条例在一定程度上已经提出移民安置规划应合理地与地方区域经济发展相结合的要求。

各地自然条件、经济发展状况和文化水平不同，各个水库的移民生活生产资料也千差万别，规划移民安置方式从本地本库实际出发，因人因地制宜，具体问题具体解决，形成具有地域特色的最佳安置方案。随着时代的变迁，"以土为本，以农为主"的安置方式受资源、环境、民族等多方面因素影响，无法在西部土地资源不足的地区全面推行，移民安置规划设计开始向大农业安置与非农业安置相结合的生产安置方式转变，宜农则农，宜商则商。对生产技能单一、文化素质普遍不高的农村移民来说，习惯了以农为主的生产生活方式，有土安置是最可靠的方式，宜采取大农业安置；而对于经济较为发达地区的农村和城镇移民，宜结合城镇化采取非农安置，使他们依靠第二、第三产业得以妥善安置，同时可以缓解农村移民对土地的压力。

此外，乌江干流 11 级开发方案涉及贵州、重庆两省（直辖市），乌江流域贵州省内各水电站的开发和移民安置都是依据国家和贵州省的相关政策执行,而银盘水电站和白马水电站水电开发和移民安置则按重庆市相关政策执行。两省(直辖市)应在移民安置工作上搞好综合协调,努力形成移民工作的合力。白马水电站暂时处于可行性研究阶段,并未开工建设,其后期的移民安置工作应借鉴乌江流域其他电站移民安置的成效和不足,取其所长,补其所短,妥善安排移民安置工作。

(5)加强公众参与和社会沟通,使移民积极主动恢复生产生活、融入当地社会。一方面,由于乌江流域开发时间早、周期长,移民公众参与机制薄弱,与现行社会制度和法律法规不适应,社会参与的积极性和社会参与的有效性还未能得到充分发挥。对此,当地政府以及业主要解放思想、转变观念,开放部门资源,开放活动空间,提供多种参与机会,搭建多种参与平台。大力培育并着力支持各种社会组织参与社会公共事务,要鼓励公民、法人和社会组织在社会公共事务中"志愿投入、有序参与、有效服务",使全体公民和各个社会群体都能在社会建设中找到自己的用武之地。

另一方面,由于传统文化中缺乏"公共"意识和理念,再加上移民自身素质的基础条件较弱,对安置后的生产生活思想准备不足,往往不能及时地融入新环境之中,影响到了自身生活水平的提高,对社会治安也提出了较为严峻的考验。因此,当地政府以及业主单位,要结合移民内不同群体的具体情况实施分类培训,并建立跟踪反馈机制,及时了解移民的教育需求,多角度、多方面、多形式提高移民的综合素质,增强移民的社会适应性和竞争力。同时,在全社会加强公民意识教育,培育和激发移民的公民责任意识和参与意识,激励他们关心家乡建设、关心流域开发,为新型社会管理体制奠定社会基础和思想基础。

参 考 文 献

[1] ODUMDE H T. Environmental Accounting: Emergy and Environmental Decision Making [M]. New York: John Wiley & Sons, 1996.
[2] BERGH J C J M. A general dynamic economic – ecological model for regional sustainable development [J]. Serie Research Memoranda, 1990.
[3] 丘东, 宋旭光. 可持续发展层次论 [J]. 经济研究, 1999 (2): 64 – 69.
[4] 吴季松. 水资源及其管理的研究与应用——以水资源的可持续利用保障可持续发展 [M]. 北京: 中国水利水电出版社, 2000.
[5] 方春阳. 水电开发与区域经济协调发展研究 [D]. 北京: 北京交通大学, 2010.
[6] 夏庆杰, 张春晓, 刘振楠. 乌江水电开发对区域经济发展的影响 [J]. 经济与管理评论, 2012, 28 (6): 138 – 142.
[7] 庞峰. 乌江梯级水电站在贵州西电东送中的作用 [J]. 水利水电技术, 2005 (9): 14 – 16.
[8] 张建民, 陈国柱, 张虎成, 等. 乌江流域水电开发经济影响分析 [J]. 安徽农业科学, 2012, 40 (10): 74 – 77.
[9] 张永江. 着力构建乌江特色产业经济带的战略构想 [C] //贵州省农业工程学会, 贵州省有机农业学会, 贵州省技术经济研究会, 贵阳市农业经济学会. 贵州省高效生态 (有机) 特色农业学术研讨会论文集. 思南县农业资源区划研究中心, 2011: 6.
[10] 代应勇, 张美琴. 发展视域下库区移民可持续农业生产模式研究——以贵州省铜仁市思林库区为例 [J]. 安徽农业科学, 2014, 42 (17): 5660 – 5662.
[11] 陈刚. "五镇八桥": 移民移出新生活 [N]. 铜仁日报, 2013 – 04 – 16 (3).
[12] 赵蓉, 禹雪中, 冯时. 流域水电可持续性评价方法研究及应用 [J]. 水力发电学报, 2013, 32 (6): 287 – 293.
[13] 黄健, 黄莉. 流域水电梯级开发社会可持续性评价体系研究 [J]. 求索, 2013 (9): 9 – 12, 8.
[14] 邱兴春, 邹建国, 陈凡. 乌江流域水电梯级开发对陆生生态的累积性影响分析 [J]. 贵州水力发电, 2011, 25 (1): 10 – 12.
[15] 王玮. 乌江——流域水电开发的典范 [J]. 中国三峡, 2010 (3): 70 – 74.
[16] 王梦. 乌江流域水资源开发中的岩溶地质问题探讨 [J]. 人民长江, 2008, 39 (24): 55 – 56, 70.
[17] 贵州乌江水电开发有限责任公司. 乌江水电滚动开发的实践与探索 [J]. 贵州水力发电, 1999 (s1): 36 – 39.
[18] 张锐连, 施国庆, 赵思. 可持续水电开发利益分享探究 [J]. 水力发电, 2017, 43 (9): 15 – 18.
[19] 张佐, 陈建成. 建立水电开发库区社区共同治理发展机制研究 [J]. 思想战线, 2014, 40 (6): 90 – 93.
[20] 彭程, 王松江. 云南水利水电项目 SWOT 分析及策略研究 [J]. 云南社会科学, 2012 (4): 115 – 118.
[21] 裴厦, 谢高地, 鲁春霞, 等. 水利工程梯级开发对河流生态系统服务累积影响浅析——以猫跳河为例 [J]. 资源科学, 2011, 33 (8): 1469 – 1474.

[22] 王应政. 以科学发展观统领新时期水库移民工作 [J]. 人民长江, 2007 (12): 79-81.

[23] 张阳, 唐震, 王文珂. 水电开发企业利益相关者治理模式探讨 [J]. 水利水电科技进展, 2007 (5): 75-79.

[24] 阳波, 强茂山. 多项目水电开发企业项目组织模式变革探索 [J]. 水力发电, 2006 (9): 1-5.

[25] 黄万林, 李盛青. 社会主义市场经济条件下的水利水电开发模式 [J]. 人民长江, 1999 (12): 48-50.

[26] 王姝力, 唐文哲, 沈文欣, 等. 水电开发利益相关方合作管理研究 [J]. 清华大学学报（自然科学版）, 2016, 56 (5): 558-564.

[27] 程鹏立. 西藏地区水电开发移民安置方式研究 [J]. 人民黄河, 2015, 37 (11): 122-124, 128.

[28] 陈鹰. 西部民族地区水电开发中"新贫困"难题破解——基于四川甘孜藏族自治州泸定县水电开发农村移民的实地调查 [J]. 西南民族大学学报（人文社科版）, 2015, 36 (6): 142-146.

[29] 李明, 傅斌, 王玉宽, 等. 岷江上游水电开发特点及其空间格局分析 [J]. 长江流域资源与环境, 2015, 24 (1): 74-80.

[30] 张佐, 陈建成. 金融支持水电开发移民安置扶持机制的研究 [J]. 经济问题探索, 2014 (10): 175-180.

[31] 陈鹰, 丁彦华. 公平视角下四川民族地区水电开发生态资源有偿使用研究 [J]. 西南民族大学学报（人文社会科学版）, 2014, 35 (3): 135-139.

[32] 王姝力, 唐文哲, 强茂山, 等. 水电开发企业组织设计 [J]. 中国科技论文, 2013, 8 (5): 477-480.

[33] 冯志军, 孙永健, 李引转. 水电开发"政府主导+市场运作"模式探讨 [J]. 中国水利, 2011 (2): 29-30.

[34] 尚凯, 施国庆, 盛济川. 水电开发农村移民补偿安置模式经济分析 [J]. 统计与决策, 2010 (17): 74-77.

[35] 毛燕玲, 傅春. PPP融资模式在农村水电开发中的应用研究 [J]. 中国农村水利水电, 2009 (12): 138-140.

[36] 李子叶, 席酉民, 葛京. 流域化水电开发企业管理模式研究——以雅砻江流域水电开发为例 [J]. 科学学与科学技术管理, 2009, 30 (5): 163-169.

[37] 王文长, 张菁, 杨慧. 论西部水电开发中库区利益的协调 [J]. 广西民族研究, 2008 (3): 132-138.

[38] "中国水电开发投融资问题研究"课题组. 中国水电开发投融资问题研究 [J]. 经济研究参考, 2008 (8): 2-56.

[39] 李雪淋, 王卓甫, 毛建平, 等. 水电开发企业项目群管理模式研究 [J]. 水力发电, 2007 (10): 1-3, 37.

[40] 张诚. 科学和谐地开发水电 [J]. 水力发电, 2005 (12): 1-3, 7.

[41] 单思超. 澜沧江流域水电开发模式选择初探 [J]. 水力发电, 2003 (9): 5-6, 26.

[42] 蒋洪明, 朱健. 创新怒江水电开发移民安置方式探讨 [J]. 水力发电, 2015, 41 (9): 60-63, 66.

[43] 樊启祥, 陆佑楣, 强茂山, 等. 可持续发展视角的中国水电开发水库移民安置方式研究 [J]. 水力发电学报, 2015, 34 (1): 237-244.

[44] 丁一, 陈鹰. 西部民族地区水电开发农村生态移民问题探讨——以四川省大渡河硬梁包水电站移民安置为例 [J]. 农村经济, 2014 (9): 58-62.

[45] 杨松利. 搞好移民安置与构建和谐社会的有关问题探讨——基于云南水电开发的移民安置对策研究 [J]. 经济问题探索, 2007 (5): 187-190.

[46] 晏志勇,张一军.我国水电开发与移民安置[J].水力发电,2005(1):1-4.
[47] 罗仲伟.清江流域水电开发模式及其意义[J].经济管理,2001(2):77-80.
[48] 田灿明,张林洪,杨保健,等.水电移民安置与补偿机制研究综述[J].人民长江,2012,43(s1):163-166.
[49] 河海大学.乌江梯级电站社会及移民可持续性评价专题报告[R].2012.
[50] 李如成,陈国柱.贵州省水力资源复查成果及开发前景[J].贵州水力发电,2004(2):9-12.
[51] 贵阳勘测设计研究院有限公司.水电工程建设对促进地方社会经济发展作用综合分析——以贵州乌江流域水电站梯级开发为例[R].2014.
[52] 贵州乌江水电开发有限责任公司.乌江流域水电开发工程建设管理实践与探索[M].北京:中国电力出版社,2015.
[53] 中国水利水电建设工程咨询公司,洪家渡水电站水库移民综合监理部.乌江洪家渡水电站库区移民综合监理报告(2004年年报)[R].2005.
[54] 长江设计院乌江思林水电站移民安置监督评估部.乌江思林水电站建设征地和移民安置实施完成情况报告[R].2010.
[55] 华东勘测设计研究院有限公司.乌江沙沱水电站2014年度移民安置独立评估报告[R].2015.
[56] 长江水利委员会工程建设监理中心(湖北),乌江彭水水电站移民安置评估部.乌江彭水水电站(贵州库区)移民安置评估报告[R].2015.
[57] 聂娜.水电开发中的移民安置问题——以贵州为例[D].北京:清华大学,2013.

附录 A 重大事项清单

1970年，乌江渡水电工程启动建设。

1975年，贵州省革命委员会乌江渡水电站移民领导小组成立。

1976年，乌江渡水电站开始进行搬迁动员工作。

1982年，国务院颁布《国家建设征用土地条例》，开始对水库移民专项法规的研究和制定工作。

1984年，水利电力部制定和颁布《水利水电工程水库淹没处理设计规范》(SD 130—84)，移民前期工作开始步入了制度化、规范化和科学化的轨道。

1985年，乌江渡水电站建设水库移民搬迁完成。

1986年1月，经中共贵州省委批复、省政府办公厅通知，建立贵州省水库移民办公室，省级移民管理机构成立。

1986年7月，国务院办公厅全面部署处理水库移民遗留问题，提出开发性移民的工作方针。

1987年3月，编制完成《乌江干流规划报告》，推荐乌江干流11级开发方案，开启乌江流域规划新时期。

1989年5月，国家计划委员会批复《乌江干流规划报告》，指出乌江干流水资源开发以发电为主，其次为航运，兼顾防洪、灌溉等任务。

1996年，国家修编发布《水电工程水库淹没处理规划设计规范》(DL/T 5064—1996)，水库移民安置规划得到规范。

1997年，重庆市直辖市、重庆市移民局正式成立，涪陵地区纳入重庆直辖市管辖，该地区的移民工作管理得到强有力的保障。

2001年6月，贵州省水库移民办公室与省电力公司的隶属关系解除，成立贵州省大中型水电工程移民开发领导小组办公室。

2001年，贵州省委、省人民政府印发《关于进一步加强全省大中型水电工程移民工作有关问题的通知》，理顺全省移民管理体制，建立省、市、县三级移民管理机构，在市（州、地）、县增设移民工作的专职领导。

2003年3月，省移民办与贵州乌江水电开发有限责任公司签订《乌江洪家渡水电站水库淹没处理和移民安置补偿投资包干补充协议》。

2005年12月，重庆市人民政府同意《重庆市乌江干流彭水至河口河段开发方案优化专题研究》，乌江干流开发方案调整为12级开发。

2006年，国务院印发《国务院关于完善大中型水库移民后期扶持政策的意见》。

2006年，国务院公布《大中型水利水电工程建设征地补偿和移民安置条例》（国务院令第 471 号）。

2006 年 12 月，贵州省启动洪家渡电站移民遗留问题处理试点工作。

2013 年，乌江干流贵州省境内水电站开发全部完成，乌江流域水电站开发已基本完毕。

附录B 主要案例清单

B.1 移民安置规划与实施案例

案例1：早期国家处于计划经济体制下的乌江渡水电移民安置。
案例2：计划经济向市场经济转型变革过程中的东风、普定水电移民安置。
案例3："西电东送"战略背景下的洪家渡水电移民安置。
案例4：新老政策交替阶段的彭水、思林水电移民安置。
案例5：政策完善后的沙沱、银盘、白马水电移民安置。

B.2 移民管理模式案例

案例1：实施管理模式下的"沙沱水电站招标投标制创新"。
案例2：开发管理模式下的"乌江流域水电'流域、梯级、滚动、综合'开发"。
案例3：开发管理模式下的"华电乌江公司开发管理模式"。
案例4：监督评估管理模式下的"洪家渡水电站移民监理的实施"。

B.3 实践创新案例

案例1：乌江渡移民工作"政治动员"事迹。
案例2："开发性移民"安置，构建地方移民管理体系，保障移民安置组织管理。
案例3：因地制宜，移民安置方式多样化下的"普定模式"与洪家渡库区的"人平法"安置方式。
案例4："流域滚动开发"新模式，大江大河流域整体开发的成功典范。
案例5：创新移民工程项目管理模式——"移民工程返包代建机制"。
案例6：单独成立地区移民管理机构，有效保障地区移民工作管理。
案例7："地方政府管民生，电站业主管工程"协作机制——乌江流域水电开发国有、民营和股份制的"百花争放"。
案例8："工程建设与生态环境保护并重"新模式下索风营电站建设。
案例9：沙沱水电站创新"移民搬迁激励机制"，兼顾移民搬迁进度与电站建设。
案例10：创新采用"长期补偿安置方式"，营造地方政府、移民和项目法人三大利益主体互利共赢新局面。

案例11：探索多渠道筹措资金，做好搬迁安置与后期扶持资金保障。

案例12：建立"移民工作调度会议制度、双向目标考核制度、领导联系库区制度"三项移民工作机制。

案例13：制定移民遗留问题的处理专项规划，重视相关灾害预防与处理。

案例14："文物保护、古镇复建和移民搬迁安置补偿互相协调"——搬迁的龚滩古镇。

附录 C 主要政策文件清单

C.1 国家层面出台的政策

1953 年,《国家建设征用土地办法》。
1981 年,《关于从水电站发电成本中提取库区维护基金的通知》(〔1981〕电财字第 56 号)。
1982 年,《国家建设征用土地条例》(国发〔1982〕80 号)。
1984 年,《水利水电工程水库淹没处理设计规范》(SD 130—84)。
1986 年,《中华人民共和国土地管理法》。
1986 年,《国务院办公厅转发水利电力部关于抓紧处理水库移民问题报告的通知》(国办发〔1986〕56 号)。
1988 年,《中华人民共和国水法》。
1991 年,《大中型水利水电工程建设征地补偿和移民安置条例》(国务院令第 74 号)。
1992 年,《国务院批转国家计委关于加强水库移民工作若干意见的通知》(国发〔1992〕20 号)。
1996 年,《水电工程水库淹没处理规划设计规范》(DL/T 5064—1996)。
1996 年,《水利水电工程水库移民遗留问题处理项目管理办法（试行）》(移办〔1996〕20 号)。
1996 年,《关于设立水电站和水库库区后期扶持基金的通知》(计建设〔1996〕526 号)。
1998 年,《水库移民补偿经费管理办法（试行）》(电综〔1998〕90 号)。
1998 年,《水电工程水库移民监理规定》(电综〔1998〕251 号)。
1999 年,《库区建设基金项目管理办法》水移〔1999〕133 号。
1999 年,《水利水电建设工程验收规程》(SL 223—1999)。
1999 年,《中华人民共和国土地管理法》。
2002 年,《关于印发水电工程建设征地移民工作暂行管理办法的通知》(计基础〔2002〕2623 号)。
2002 年,《水库移民专项资金管理办法》。
2006 年,《大中型水利水电工程建设征地补偿和移民安置条例》(国务院令第 471 号)。
2009 年,《水利水电工程建设征地移民安置规划设计规范》(SL 290—2009)。
2014 年,《水电工程建设征地移民安置综合监理规范》(NB/T 35038—2014)。

C.2 贵州省层面出台的政策

1992年,《贵州省在建大中型水电工程水库移民专项资金管理试行办法》(黔移办〔1992〕4号)。

1999年,《贵州省实施〈库区建设基金项目管理办法实施细则〉意见》(黔移办发〔1999〕70号)。

2001年,《贵州省大中型水电工程水库移民安置实施管理试行办法》(黔移办发〔2001〕006号)。

2002年,《贵州省移民开发办公室关于全省新建大中型水电工程移民生产安置调控费提取等有关问题的通知》(黔移办发〔2002〕35号)。

2004年,《贵州省移民开发办关于做好中央直属水库移民遗留问题处理六年规划实施管理工作的意见》(黔移办发〔2004〕8号)。

2004年,《中共贵州省委 贵州省人民政府 关于加大全省大中型水电工程移民后期扶持工作力度的意见》(黔党发〔2004〕17号)。

2005年,《贵州省大中型水电工程移民后期扶持资金征收管理暂行办法》(黔财综〔2005〕47号)。

2005年,《贵州省人民政府办公厅关于调整我省大中型水电工程移民房屋补偿标准的通知》(黔府办发〔2005〕77号)。

2007年,《贵州省大中型水库移民后期扶持方式确定办法》(黔移办发〔2007〕5号)。

2007年,《贵州省人民政府关于深入贯彻落实国务院大中型水库移民后期扶持政策的意见》(黔府发〔2007〕7号)。

2009年,《省人民政府办公厅关于印发贵州省大中型水库库区水域安全生产管理办法的通知》(黔府办发〔2009〕87号)。

2009年,《关于做好移民后期扶持常态化工作的通知》(黔移办发〔2009〕1号)。

2010年,《贵州省人民政府关于进一步加强移民工作的意见》(黔府发〔2010〕12号)。

2010年,《关于进一步核对符合库区基金征收条件大中型水库和水电站基本情况的通知》(黔移发〔2010〕19号)。

2011年,《省人民政府办公厅关于转发省移民局省财政厅贵州省水库移民后期扶持项目管理办法的通知》(黔府办发〔2011〕72号)。

2011年,《省人民政府关于印发贵州省地方水利建设基金筹集和使用管理实施细则的通知》(黔府发〔2011〕30号)。

2011年,《贵州省大中型水利水电工程移民安置建设项目管理暂行办法》(黔移发〔2011〕38号)。

2011年,《贵州省大中型水利水电工程移民安置监督评估管理暂行办法》(黔移发〔2011〕41号)。

2011年,《贵州省大中型水利水电工程移民安置社会稳定风险评估暂行办法》(黔移发〔2011〕22号)。

2011年，《贵州省大中型水利水电工程移民规划实施稽查暂行办法》（黔移发〔2011〕40号）。

2012年，《关于进一步做好水库移民示范新村建设"整村推进"工作的通知》（黔移发〔2012〕18号）。

2012年，《贵州省大中型水利水电工程移民资金计划管理暂行办法》。

2013年《贵州省在建大中型水利水电工程移民资金会计核算暂行办法》。

2013年，《贵州省进一步解决小型水库移民困难问题实施方案》（黔移发〔2013〕2号）。

2014年，《关于对移民素质提升和购置农机具实施补贴的通知》（黔移发〔2014〕60号）。

2014年，《省人民政府办公厅关于印发贵州省水库和生态移民局主要职责内设机构和人员编制规定的通知》（黔府发〔2014〕13号）。

C.3 重庆市层面出台的政策规定

1999年，《重庆市土地管理规定》（重庆市人民政府令第53号）。

1999年，《重庆市征地补偿安置办法》（重庆市人民政府令第53号）。

2001年，《重庆市人民政府关于印发重庆市大中型水利水电工程建设征地和移民安置暂行规定的通知》（渝府发〔2001〕28号）。

2004年，《重庆市人民政府关于乌江彭水水电站移民安置工作的意见》（渝府发〔2004〕85号）。

2005年，《重庆市人民政府关于调整征地补偿安置标准 做好征地补偿安置工作的通知》（渝府发〔2005〕67号）。

2007年，《重庆市人民政府关于贯彻国务院〈大中型水利水电工程建设征地补偿和移民安置条例〉的通知》（渝府发〔2007〕64号）。

2008年，《重庆市人民政府关于调整征地补偿安置政策有关事项的通知》（渝府发〔2008〕45号）。

2008年，《重庆市人民政府关于贯彻大中型水利水电工程建设征地补偿和移民安置条例有关问题的补充通知》（渝府发〔2008〕128号）。

2009年，《武隆县人民政府办公室关于印发乌江银盘水电站移民安置优惠政策的通知》（武隆府办发〔2009〕103号）。

2014年，《关于进一步调整大中型水利水电工程建设征地补偿安置标准有关事项的通知》（渝府办发〔2014〕81号）。

后　　记

　　大江东去，滔滔不息。回首半个多世纪的水库移民工作历程，道路曲折，走过的每一步，都有着无数人的艰辛和奋斗。

　　历史不会忘记——乌江流域涉及的贵州省、重庆市移民工作实践与曲折，移民工作的传承与开拓。

　　历史不会忘记——地方政府、项目法人、规划设计单位、审查咨询及监督评估单位等与时俱进、勇于探索、主动担当。

　　不忘初心，牢记使命。通过这本书，让我们追逐移民安置的步伐，寻找移民精神的初心，推广移民安置经验，展望辉煌未来，引导和激励广大干部群众以习近平新时代中国特色社会主义思想为指导，为夺取新时代中国特色社会主义伟大胜利、实现中华民族伟大复兴的中国梦、满足人民对美好生活的需求继续努力奋斗。

　　谨为后记！

作者

2024 年 6 月

《中国水电移民安置实践与管理创新丛书》编辑出版人员名单

总责任编辑：王　丽

副总责任编辑：黄会明　刘向杰　冯红春

项目组成员：邹　静　张　晓　石金龙　郭子君　李丽辉
　　　　　　王海琴

《乌江流域卷》

责任编辑：冯红春

审稿编辑：郭子君　陈静杰　柯尊斌　冯红春

封面设计：芦　博

责任校对：梁晓静　张伟娜

责任印制：崔志强　焦　岩

排　　版：吴建军　孙　静　郭会东　丁英玲